Eva Schulte-Austum

VERTRAUEN KANN JEDER

Das Rezeptbuch für ein erfülltes Leben

Besuchen Sie uns im Internet:
www.knaur.de

Deutsche Erstausgabe Mai 2019
© 2019 Knaur Verlag
Ein Imprint der Verlagsgruppe
Droemer Knaur GmbH & Co. KG, München
Alle Rechte vorbehalten. Das Werk darf – auch teilweise – nur mit
Genehmigung des Verlags wiedergegeben werden.
Covergestaltung: ZERO Werbeagentur, München
Coverabbildungen: Dieter Duevelmeyer, Berlin;
FinePic®; shutterstock.com
Abbildungen im Innenteil: Eva Schulte-Austum
Satz: Adobe InDesign im Verlag
Druck und Bindung: CPI books GmbH, Leck
ISBN 978-3-426-21435-0

2   4   5   3

Für meine Mutter:
»Versprochen ist versprochen.«

Für all die Menschen, die mich auf meinem Weg
begleitet, unterstützt und an mich geglaubt haben.
Ihr habt mich immer wieder aufs Neue erkennen lassen:
Mit Vertrauen fangen die schönsten Geschichten an ...
DANKE.

Inhalt

Vorwort 11

TEIL 1: VERTRAUEN KANN JEDER 19

TEIL 2: DIE 6 GRÖSSTEN VERTRAUENSMYTHEN 35

1. Mythos: »Vertrauen muss man sich verdienen.« 36
Wie Vertrauen entsteht – die wichtigsten
Akteure im Überblick 38

2. Mythos: »Vetrauen ist gut, Kontrolle ist besser.« 40
Kontrolle ist nicht gleich Kontrolle 40
Vertrauen ist nicht gleich Vertrauen 42
Vertrauen oder Kontrolle: Was ist nun besser? 43

3. Mythos: »Misstrauen schützt uns vor
schlechten Erfahrungen.« 46
Der Preis von Misstrauen 48
Die Dividende von Vertrauen 49

4. Mythos: »Vertrauen geht in Sekunden verloren.« 51
Der Moment der Wahrheit 52

5. Mythos: »Vertrauen braucht Zeit.« 53
Vertrauen und Vertrautheit 54
Vertrautheit erleichtert Vertrauen 55
Der schnelle Weg zu Vertrauen 56

6. Mythos: »Ich kann nicht mehr vertrauen.
Ich habe es verlernt.« 58

Vertrauen ist angeboren 59

Vertrauen ist auch erlernt 59

Vertrauen ist eine Entscheidung 61

Vertrauen ist wie Fahrradfahren 61

TEIL 3: VERTRAUENSREZEPTE 65

1. Rezept: Verschwiegenheit 69

Definition von Verschwiegenheit 70

Wie wir Verschwiegenheit praktizieren können 71

Zutaten für Verschwiegenheit 72

Zutaten – mit Vorsicht zu genießen 74

Verschwiegenheit schafft Vertrauen 78

Verschwiegenheit in anderen Ländern 84

2. Rezept: Ehrlichkeit 88

Definition von Ehrlichkeit 90

Wie wir Ehrlichkeit praktizieren können 91

Zutaten für Ehrlichkeit 92

Vertrauensfalle Ehrlichkeit 104

Ehrlichkeit schafft Vertrauen 109

Wann Ehrlichkeit eher schaden kann 111

Ehrlichkeit in anderen Ländern 112

3. Rezept: Respekt 114

Definition von Respekt 116

Wie wir Respekt praktizieren können 116

Zutaten für Respekt 118

Respekt schafft Vertrauen 124

Respekt in anderen Ländern 133

4. Rezept: Transparenz   139
    Definition von Transparenz   141
    Wie wir Transparenz praktizieren können   142
    Zutaten für Transparenz   144
    Warum Transparenz befreiend sein kann   147
    Transparenz – ein zweischneidiges Schwert   150
    Transparenz schafft Vertrauen   151
    Transparenz in anderen Ländern   157

5. Rezept: Reliabilität   161
    Definition von Reliabilität   163
    Wie wir Reliabilität praktizieren können   163
    Zutaten für Reliabilität   165
    Reliabilität – auf den Punkt gebracht   175
    Warum Reliabilität Vertrauen schafft   176
    Reliabilität: Auf das richtige Maß kommt es an   178
    Reliabilität in anderen Ländern   180

6. Rezept: Aufrichtigkeit   186
    Definition von Aufrichtigkeit   188
    Wie wir Aufrichtigkeit praktizieren können   189
    Zutatenliste Aufrichtigkeit   190
    Aufrichtigkeit schafft Vertrauen   196
    Aufrichtigkeit in anderen Ländern   203

7. Rezept: Unterstützung   208
    Definition von Unterstützung   210
    Wie wir Unterstützung praktizieren können   210
    Zutaten für Unterstützung   214
    Unterstützung schafft Vertrauen   217
    Warum sich Hilfsbereitschaft auszahlt   223
    Unterstützung in anderen Ländern   226

8. Rezept: Empathie 230

Definition von Empathie 233

Wie wir Empathie praktizieren können 234

Zutaten für Empathie 234

Empathie und ihre Wurzeln 246

Warum Empathie Vertrauen schafft 251

Empathie hat viele Vorteile 253

Das Empathierezept:

Eine Frage der richtigen Zutaten 257

Empathie und ihre Schattenseiten 259

Empathie in anderen Ländern 262

9. Rezept: Neutralität 266

Definition von Neutralität 268

Wie wir Neutralität praktizieren können 269

Zutaten für Neutralität 272

Neutralität schafft Vertrauen 285

Neutralität in anderen Ländern 286

**Was wir von den vertrauensstarken Ländern
lernen können** 291

Dank 303

Weiterführende Literatur und Links 307

Vorwort

Was würdest du tun, wenn du Vertrauen in deine eigene Idee hättest? Im Februar 2016 stellte ich mir genau diese Frage. Meine Antwort darauf: Ich nahm allen Mut zusammen, kündigte und machte mich weltweit auf die Suche nach Vertrauen – meinem Herzensthema.

Ich bin von Natur aus neugierig. Seit ich denken kann, gehe ich den Dingen auf den Grund. Ich will verstehen, warum die Welt ist, wie sie ist, und nicht anders. Seit jeher interessiert mich brennend, weshalb Menschen das tun, was sie tun – und warum sie überhaupt so etwas entwickeln wie Vertrauen.

Tatsächlich ist Vertrauen schon lange nicht mehr selbstverständlich. Und das, obwohl es uns in die Wiege gelegt ist, wie wissenschaftliche Studien belegen. Wir alle kommen mit der Fähigkeit und dem Bedürfnis, anderen zu vertrauen, auf die Welt. Der Mechanismus selbst gehört somit zur Grundausstattung eines jeden von uns. Und das hat gute Gründe: Wir Menschen sind soziale Wesen und brauchen Beziehungen, um glücklich zu sein. Von dem Moment an, in dem wir das Licht der Welt erblicken, erlernen wir deshalb bestimmte Handlungsmuster für unser Zusammenleben: eine Art soziale Grammatik. Vertrauen ist ein wesentlicher Teil davon, ebenso wie die Fähigkeit, uns in andere einzufühlen und ihnen zu helfen.

Und doch: Wenn wir unsere Beziehungen genauer betrachten, stellen wir fest, dass einiges im Argen liegt. Wir fühlen uns nicht respektiert und gesehen, werden belogen und enttäuscht und leiden immer öfter unter Angst, Unsicherheit und Misstrauen. Da wundert es nicht, dass wir uns mit dem Vertrauen mitunter schwertun.

Wir alle kennen Menschen, denen es an Vertrauen fehlt – in sich selbst und in andere. Einige von ihnen werden von Selbstzweifeln gequält. Andere haben ein starkes Bedürfnis nach Kontrolle, das gerade in Beziehungen zum Problem werden kann. Wieder andere hinterfragen alles und trauen niemandem über den Weg.

Diese und weitere Beispiele zeigen: Mangelndes Vertrauen belastet uns. Es kostet uns Zeit, Energie und nicht selten auch Nerven. Denn wenn es daran hapert, zögern, zweifeln und hadern wir. Dann sind wir ständig auf der Hut oder ziehen uns zurück. Im Extremfall fühlen wir uns wie gelähmt und erstarren innerlich. Kein erstrebenswerter Zustand.

Vertrauen hingegen entlastet uns. Es macht den Kopf frei, lässt uns durchatmen und stärkt uns und unsere Beziehungen. Denn mit ihm an unserer Seite wird vieles leichter: Wir fühlen uns mit anderen verbunden, sicher und geborgen. Wir erleben uns als geschützt, getragen und gestärkt. Und aus diesem Zustand heraus gelingt es uns leichter, mutig zu sein und Herausforderungen zu meistern. Vertrauen ist also der Schlüssel zu persönlichem Glück, stabilen Beziehungen und einem gelungenen Leben.

Was genau aber ist Vertrauen? Woher kommt Vertrauen, und wohin geht es, wenn wir es verlieren? Welche Hürden und Fallen lauern diesbezüglich in unserem Alltag? Und wie kann Vertrauen dennoch gelingen?

Diese und weitere Fragen beschäftigten mich bereits seit Jahren, schon während meines Studiums, später dann bei meiner Arbeit als Coach und Wirtschaftspsychologin. Ich recherchierte viel, las unzählige Bücher und Forschungsarbeiten. Doch so unterschiedlich all diese Erkenntnisse aus Wissenschaft und Praxis auch waren, eines hatten sie gemeinsam: Sie zeigten mir, wie wenig das Phänomen Vertrauen im Vergleich zu anderen psychologischen Themen bisher erforscht war.

Je mehr ich in das Thema eintauchte, desto stärker hatte ich das Gefühl, dass etwas Wesentliches noch nicht gesagt worden war. Dass die bisherigen Konzepte zwar nicht falsch, häufig jedoch unvollständig waren. Dass sie einige Aspekte beleuchteten, andere jedoch ausblendeten. Und je mehr ich mich in mein Herzensthema hineinkniete, desto größer wurde der Berg an Fragen, auf die ich keine Antworten fand. Doch mit der Zeit entwickelte sich der Traum, dem Phänomen Vertrauen selbst auf den Grund zu gehen.

Im Juni 2016 wurde dieser Traum Wirklichkeit. Ich tauschte meinen sicheren Job samt Führungsposition gegen das Abenteuer, Vertrauen international zu erforschen. Dazu gründete ich das *World Trust Project* und machte mich weltweit auf die Suche nach bewährten Konzepten, wie Vertrauen gelingen kann. Aus einer großen Studie, die 117 Länder weltweit vergleicht, wusste ich: In Bezug auf das zwischenmenschliche Vertrauen gibt es von Land zu Land große Unterschiede. Das Ergebnis der Studie zeigt: Die Welt vertraut anderen nicht viel. Mit Ausnahme der vier nordeuropäischen Länder Norwegen, Schweden, Dänemark und Finnland und sechs weiteren, zu denen auch die Schweiz gehört, misstrauen wir unseren Mitmenschen tatsächlich. Auch in Deutschland und in Österreich.

Gerade die Länder, die sich durch mehr Vertrauen auszeichneten als meine Heimat Deutschland, waren ideal, um nach Antworten zu suchen. Was machten die Menschen in diesen Ländern anders als wir? Worin lag ihr Geheimnis für gelingende Beziehungen? Und welche bewährten Konzepte könnten auch Menschen anderenorts und sogar hierzulande helfen, einander wieder mehr zu vertrauen? Auf diese und weitere Fragen suchte ich Antworten.

Meine Reise führte mich nach Vietnam, Kanada und in die USA. Nach Schweden, in die Schweiz und nach Dänemark. In den Niederlanden, in Norwegen und auch in Deutschland war ich unterwegs, um meinem Herzensthema auf den Grund zu gehen. Ich sprach mit renommierten Vertrauensforschern, mit führenden Experten aus Politik und Wirtschaft, und auch ganz normale Menschen habe ich befragt, denn jeder von uns hat zu diesem Thema seine persönliche Geschichte.

In mehr als 350 Interviews weltweit und durch intensive Literaturrecherche habe ich eine Menge über Vertrauen gehört, gelesen und gelernt. Einiges hat mich überrascht, etwa, dass Frauen gegenüber Männern einen klaren Vertrauensvorteil haben. Anderes hat mich nachdenklich gemacht, zum Beispiel, dass Misstrauen uns nicht vor Enttäuschungen schützt, sondern diese sogar erst wahrscheinlich macht. Und einige wenige Erkenntnisse haben die Art und Weise, wie ich heute über Vertrauen denke, für immer verändert. Wie etwa die Tatsache, dass wir lernen können, was es heißt, klug zu vertrauen, um erfüllende Beziehungen zu führen und glücklich zu sein.

Heute weiß ich: Vertrauen kann jeder. Zum einen ist uns die Fähigkeit dazu bereits in die Wiege gelegt. Demnach können wir es nicht verlernen, nur ein bisschen aus der Übung geraten. Zum anderen ist Vertrauen vor allem eines: eine persönliche Entscheidung, die jeder für sich treffen kann. Und das unabhängig von dem, was er bisher erlebt hat.

Noch etwas Wesentliches habe ich erkannt: Glückliche und stabile Beziehungen zu führen ist leicht, wenn wir wissen, wie es funktioniert. Denn ob wir Vertrauen gewinnen oder es selbst verschenken: Der Mechanismus dahinter folgt denselben Rezepten. Rezepten, die wir leicht verstehen und nach denen wir handeln können, damit wir unser Beziehungsglück nicht länger dem Zufall überlassen müssen, sondern es aktiv mitgestalten können.

Damit Sie diese Rezepte grundlegend verstehen und erfolgreich für sich im Alltag anwenden können, braucht jeder von uns etwas Zutatenkunde, denn mit den richtigen Zutaten können wir viel bewirken. Natürlich darf auch die Grundausstattung nicht fehlen, aber dazu am Schluss mehr.

Auf den kommenden Seiten erwartet Sie daher lebendige Wissenschaft: persönliche Geschichten von Menschen aus der ganzen Welt, gepaart mit meinen eigenen Erfahrungen und überraschenden Erkenntnissen aus der Forschung. Wussten Sie etwa, dass Vertrauen teilweise angeboren, Misstrauen hingegen komplett erlernt ist? Dass wir allein mit unseren Gedanken Einfluss darauf nehmen können, wie sich jemand uns gegenüber verhält? Dass wir, indem wir jemanden enttäuschen, sogar Vertrauen gewinnen können? Dass vier konkrete Zutaten unsere Beziehungen vergiften und ihren Untergang ankündigen? Oder dass Vertrauen mehr Einfluss auf unser persönliches Glück nimmt als unser Einkommen? Forschung kann also durchaus spannend sein.

Mit diesem Buch möchte ich mich für mehr Vertrauen in unseren Beziehungen einsetzen. Vertrauen zu Eltern und Kindern. Zu Freunden und Partnern. Zu Mitarbeitern und Vorgesetzten. Und zu Menschen, die wir noch gar nicht kennen.

Ich verstehe, dass uns Vertrauen mitunter schwerfällt. Deshalb möchte ich Mut stiften, mehr in unser Vertrauen zu investieren, denn es macht unser Leben so viel leichter und erfüllter. Das lässt sich beweisen anhand von zahlreichen Studien über die Vorteile von Vertrauen und die Nachteile von Misstrauen.

Einen wesentlichen Grund, warum wir Vertrauen aktiv in unser Leben einladen sollten, lasse ich am besten Bent Greve erklären, einen dänischen Glücksforscher, den ich in Berlin zum Interview traf:»Der Weg zum persönlichen Glück führt immer über Vertrauen. Vertrauen allein macht zwar nicht glücklich. Aber ohne Vertrauen ist glücklich zu sein so gut wie unmöglich.« Und Bent muss es wissen, schließlich beschäftigt er sich gemeinsam mit Meik Wiking, dem berühmten Bestsellerautor, seit Jahren mit dem Thema Glück. Greve sagt:»Vertrauen ist ein wesentlicher Glücksfaktor.«

Dieses Buch kann Sie deshalb nicht nur zu mehr Vertrauen, sondern auf Ihrem Weg zum Glück und zu gelingenden Beziehungen begleiten. Dazu mache ich das Phänomen Vertrauen greifbar und verständlich, enttarne bekannte Mythen und zeige häufige Fallen auf. Ich erkläre bewährte Rezepte aus den Ländern der Vertrauenschampions und biete praktisches Handwerkszeug, wie vertrauensvolle Beziehungen für jeden von uns gelingen können. Denn es ist doch so: Mit Vertrauen fangen oft die schönsten Geschichten an …

Ja – auch die Geschichte hinter diesem Buch. Denn ohne Vertrauen hätte es weder mein Projekt noch diese Seiten je gegeben. Bevor wir tief ins Thema einsteigen, lade ich Sie deshalb ein, gemeinsam mit mir hinter die Kulissen zu blicken:

Wann genau bin ich zum ersten Mal auf das Thema gestoßen? Und warum liegt es mir so am Herzen? Wen genau habe ich weltweit zum Interview getroffen? Welche Fragen habe ich meinen Gesprächspartnern gestellt? Wie habe ich meine Reiseländer ausgewählt? Wie misst man überhaupt Vertrauen? Und warum ist eine rüstige Dame jenseits der siebzig das vielleicht beste Beispiel für den Titel dieses Buches?

Begleiten Sie mich auf eine inspirierende Reise in die Vertrauensländer, stöbern Sie in bewährten Vertrauensrezepten, und tauchen Sie ein in spannende Geschichten aus der Forschung. Damit auch Sie am Ende sagen können: Stimmt, Vertrauen kann jeder!

TEIL I:
VERTRAUEN KANN JEDER

Wonach suchen Sie Ihre Freunde aus? Wie entscheiden Sie, wen Sie um Hilfe bitten? Auf welche Freundin verlassen Sie sich blind? Für welchen Freund würden Sie durchs Feuer gehen? Welchem Kollegen erzählen Sie auch Privates von sich?

Haben Sie sich schon einmal gefragt, wie und warum Sie all diese Entscheidungen treffen? Sie denken jetzt vielleicht: Das entscheide ich nach Gefühl. Falls dem so ist, befinden Sie sich übrigens in bester Gesellschaft. Denn das glauben die meisten von uns. Ich behaupte allerdings zu wissen, was es tatsächlich ist: Vertrauen.

Wir alle denken recht selten darüber nach, warum wir jemandem vertrauen. Wir tun es einfach – oder lassen es bleiben. Auf Nachfrage begründen wir unsere Entscheidung häufig mit dem berühmten Bauchgefühl. Die Gründe selbst bleiben unklar.

Falls Sie live erleben möchten, was ich meine: Fragen Sie gerne einmal Ihren Partner, eine Freundin oder einen Kollegen, warum er oder sie Ihnen vertraut. Sie werden feststellen: Jeder von ihnen wird zumindest für einen kurzen Moment überlegen – und Ihnen erst dann eine Antwort geben.

Dafür gibt es eine einfache Erklärung: Wir setzen uns meist erst bewusst mit Vertrauen auseinander, wenn wir eine negative Erfahrung gemacht haben oder wir enttäuscht oder verletzt worden sind. Denn oft müssen wir Vertrauen erst vermissen, um uns bewusst zu werden, wie wertvoll es ist.

Auf diesem Weg bin auch ich vor vielen Jahren auf mein heutiges Herzensthema gestoßen. Als ich 13 Jahre alt war, gab es ein Ereignis, das mein Leben komplett auf den Kopf gestellt hat. Damals hat jemand nicht nur mein Vertrauen missbraucht – sondern auch mich. Rückblickend kann ich heute sagen: Dieses einschneidende Erlebnis führte dazu, dass ich mein Vertrauen an diesem Tag gänzlich verlor. Von einem Tag zum anderen traute ich weder mir noch anderen über den Weg, und auch mit dem Vertrauen in das Leben selbst stand ich auf Kriegsfuß. Ich war unsicher, zweifelte ständig und hinterfragte fast alles. Eine nervenaufreibende Zeit.

Obwohl ich damals umringt war von wunderbaren Menschen, fühlte ich mich mutterseelenallein. Ich war zwar objektiv betrachtet nicht einsam, mein Herz sagte allerdings etwas anderes. Leider ist es unserem Hirn egal, ob wir wirklich allein sind oder ob wir nur das Gefühl haben, der einsamste Mensch unter der Sonne zu sein. Die Wirkung ist dieselbe: Wir leiden.

Dieser Zustand hielt einige Monate an, und mir ging es von Tag zu Tag schlechter. Ich fühlte mich energielos, verlor den Appetit und auch meine Lebensfreude. All das hatte ich irgendwann satt. Das war nicht das Leben, das ich führen wollte. Nach einem intensiven Gespräch mit einer Freundin, die viele Jahre älter war als ich, wurde mir klar, was mir zu meinem Glück fehlte: Vertrauen. Was ich heute rückblickend leicht sagen kann, war damals ein langwieriger Prozess. Nach dieser Erkenntnis gab ich mir einen Ruck und beschloss, mir selbst zu helfen.

Dafür wollte ich dem Thema Vertrauen einmal wirklich auf den Grund gehen: herausfinden, wie der Mechanismus dahinter funktioniert – wann, warum und wem wir Vertrauen schenken –, und dann alles daransetzen, es wieder zu erlernen. Das war der Plan.

Ob ich am Ende erfolgreich war? Ich bin allein um die Welt gereist, um mein Lieblingsthema zu erforschen. Ich wollte dieses Buch schreiben und wagte dafür den Schritt in die Selbstständigkeit. Heute begeistere ich mit Vorträgen Hunderte von Menschen und arbeite als Coach und Wirtschaftspsychologin für große Unternehmen. Ohne das nötige Selbstvertrauen, das Vertrauen in meine Mitmenschen und in das Leben wäre all dies unmöglich.

Warum aber erzähle ich Ihnen so etwas Persönliches? Weil meine Geschichte nur eine von vielen ist, die zeigt: Vertrauen ist kein Buch mit sieben Siegeln, sondern Vertrauen ist eine Fähigkeit, die sich erlernen und wie ein Muskel trainieren lässt. Und nicht nur das: Vertrauen folgt klaren Rezepten, die uns den Weg erleichtern und nach denen wir handeln können. Vertrauensforscher und Experten weltweit, dazu persönliche Erlebnisse von mehr als 350 Menschen – sie sind die Grundlage der folgenden Beispiele und Anekdoten aus Ländern, in denen Menschen die Kunst des Vertrauens beherrschen.

Die schönsten dieser Geschichten habe ich für Sie zusammengestellt. Denn: »Kindern erzählt man Geschichten, damit sie einschlafen. Erwachsenen, damit sie aufwachen.« Ein Zitat von Jorge Bucay, einem argentinischen Psychiater, das ich einmal von einem geschätzten Kollegen gehört habe.

Geschichten können uns inspirieren, Kraft geben und Mut stiften. Sie können uns aber auch neugierig machen, nachdenklich stimmen und zum Lachen bringen. Sie können sogar die Welt verändern, denn viele bedeutende Ereignisse in der Welthistorie begannen auf diese Weise. Denken Sie nur einmal an die bewegende Rede von Martin Luther King »Ich habe einen Traum«. Auch das war im Grunde genommen eine Geschichte, die wir nur kennen, weil er sie uns anvertraut hat.

Seit Jahrtausenden erzählen sich Menschen Geschichten, um Wissen weiterzugeben. Und ist es nicht so: Geschichten können wir behalten. Daran erinnern wir uns auch noch Wochen und Monate, manchmal sogar Jahre später. Reine Zahlen, Daten und Fakten hingegen, die haben wir schnell wieder vergessen.

Deshalb habe ich aktuelle Forschungsergebnisse und wissenschaftliche Studien in lebendige Geschichten verpackt. Wahre Geschichten, über die Durchführung von Experimenten, über die Menschen hinter den Studien und über das, was wir aus den Forschungsergebnissen für unseren Alltag lernen können. Wissenschaft kann durchaus spannend sein. Wussten Sie etwa, dass ein Mathematiker eine einfache Formel entdeckte, mit der sich sehr schnell und treffend bestimmen lässt, ob Ihre Beziehung langfristig glücklich sein wird? Und dass seine Forschungsergebnisse heute von zahlreichen Paartherapeuten weltweit genutzt werden, um Paaren in Krisen zu helfen? So viel sei an dieser Stelle verraten: Diese Formel hilft nicht nur Paaren, glücklicher zu werden. Wer sie versteht und danach handelt, kann leichter stabile und vertrauensvolle Beziehungen eingehen – zu Freunden, Kollegen und etwa den eigenen Kindern.

Letztendlich sind auch meine persönlichen Anekdoten und die Geschichten meiner Interviewpartner, die ich der Forschung unterstützend zur Seite stelle, nichts anderes als wissenschaftliche Daten mit einer Seele. Jede Forschung, jede noch so große und bedeutsame Studie, geht in ihrem Ursprung auf viele persönliche Geschichten zurück, das ist gerade im Bereich der Psychologie oft so. Und die Geschichten hinter den Studien sind mindestens ebenso spannend wie die Forschungsergebnisse.

Von dem Auslandsdeutschen Gerry erfahren wir etwa,

was saubere Straßen in der Schweiz mit einer der wichtigsten Vertrauenszutaten zu tun haben. Wir verstehen, wie es ein Astronaut und ein Indianer an die Spitze einer Regierung geschafft haben und warum das ein Sinnbild für ein wichtiges Vertrauensrezept ist. Der Schweizer Shaolin-Mönch Shi Xing Mi erklärt uns, was jeder von uns selbst tun kann, um sein Vertrauen zu stärken. Und der Schwede Patrick verrät, warum ein schwedisches Kompliment in Deutschland eher an eine Beleidigung grenzt – in Schweden jedoch dazu beiträgt, dass alle gut miteinander auskommen.

Ich glaube an die Kraft, die Geschichten entwickeln können. Für uns und die Menschen, mit denen wir sie teilen. Lassen Sie sich wie ich inspirieren, daraus Kraft zu tanken und Mut zu schöpfen für all das, was Sie schon immer einmal machen wollten. Vertrauen ist nicht nur ein gutes Fundament für unsere Beziehungen, sondern auch für unsere eigenen Träume.

 Auch der Traum zu diesem Buch begann mit Vertrauen. Am 24. Juni 2016 machte ich mich erstmals auf die Reise. Im Gepäck hatte ich mein ambitioniertes Ziel, die Menschen im deutschsprachigen Raum für mein Herzensthema zu begeistern. Mein erster Halt damals: Kanada. Ein Land, das ich direkt in mein Herz geschlossen habe. Durch ihre freundliche, hilfsbereite Art und ihre beeindruckende Offenheit haben mir die Kanadier den Start in mein Projekt leicht gemacht und mich viel über das Thema Vertrauen lernen lassen. Nicht zuletzt, weil sie damit so herrlich anders umgehen als die Menschen in meiner Heimat Deutschland. Peng, ein kanadischer Einwanderer mit chinesischen Wurzeln,

brachte in unserem Gespräch die kanadische Einstellung ganz treffend auf den Punkt: »Wir schenken anderen Menschen prinzipiell Vertrauen. Zumindest so lange, bis sie uns eines Besseren belehren. Das ist nichts Besonderes, sondern hier ganz normal.« Von Misstrauen keine Spur, stattdessen ein genereller Vertrauensvorschuss, Toleranz für andere Denk- und Verhaltensweisen und Vorurteilsfreiheit, nur drei von vielen Vertrauenszutaten, die mir in Kanada immer wieder begegneten. Und das war erst der Anfang meiner Reise. Auf mich warteten schließlich noch acht weitere Länder …

Um alle Interviews zu dokumentieren, kaufte ich mir vorab ein Diktiergerät, eine Kameraausrüstung und einen großen schwarzen Koffer mit viel Stauraum, der mich auf meinen Reisen begleiten sollte. Um nichts zu verpassen und den Interviewpartnern meine volle Aufmerksamkeit zu schenken, filmte ich die Interviews. So konnte ich auch im Nachhinein immer wieder tief in die Gespräche eintauchen. Alle Geschichten und Zitate in diesem Buch sind also echte Zitate von echten Menschen. Menschen wie Ihnen und mir, die ihre oft sehr persönlichen Sichtweisen und Erfahrungen mit uns teilen.

Die technische Begleitung meines Vorhabens gestaltete sich zunächst schwieriger, als ich es mir vorgestellt hatte. Heute verstehe ich besser, warum es Ausbildungsberufe wie Regieassistent oder Kameramann gibt. Denn beides erfordert viel Fingerspitzengefühl, ganz abgesehen von dem notwendigen technischen Verständnis: Interviewpartner auf der Straße zu rekrutieren, sie bei Laune zu halten, während ich minutenlang die Kamera aufbaute. Dann galt es, meinem Gegenüber aufmerksam zuzuhören und gleichzeitig dafür zu sorgen, dass Ton und Bild funktionieren. Das brachte mich gerade zu Beginn meiner Reise fast um den Verstand. Irgendwie hatte ich mir das einfacher vorgestellt.

Wie auch bei Vertrauen lernte ich: Mit der Übung kommt die Routine, und nach den ersten Fehlversuchen mit unscharfem Bild, fehlender Speicherkarte und leerem Akku hatte ich den Bogen endlich heraus. Das übrigens auch dank Sebastian, einem engen Freund und Journalisten, der mir am Tag vor meinem Reisestart noch einmal einen Intensivkurs in Sachen Dokumentarfilm gab: »Achte auf den Ton, mit Mikrofon und Kamera so nah ran wie möglich, schließlich wollen wir die Leute ja sehen und hören können. Die Kamera muss gerade stehen. Und nicht überblenden. Das Bild lieber zu dunkel als zu hell.«

So also startete ich in meine Interviews. Ich sprach mit Vertrauensforschern, Experten aus Politik und Wirtschaft und auch mit ganz »normalen« Menschen, wie Ihnen und mir. Mit Menschen auf der Straße, in der U-Bahn, im Café, sogar im Flugzeug über dem Atlantik und im kleinen Ruderboot irgendwo im Nirgendwo des Mekong-Deltas warf ich die Kamera an, um ja nichts von dem zu verpassen, was meine Gesprächspartner zu berichten hatten. Immer auf der Suche nach Antworten …

Die Gespräche selbst waren genauso vielfältig wie meine Interviewpartner. Nur die Fragen, die ich stellte, hatte ich vorbereitet im Gepäck. Diese Vergleichbarkeit half mir, nach meiner Rückkehr die Befragungen auszuwerten und Gemeinsamkeiten, aber auch Unterschiede zu entdecken:

»Was bedeutet für Sie Vertrauen? Aus welchen Gründen vertrauen Sie anderen Menschen? Finden Sie Vertrauen wichtig, und warum? Welche Gründe, glauben Sie, machen es Menschen manchmal schwer, anderen zu vertrauen? Was würden Sie anderen Menschen raten, um mehr Vertrauen in ihre Mitmenschen zu fassen? Wie würden Sie Ihre Landsleute in drei Worten beschreiben? Warum, glauben Sie, haben diese viel Vertrauen? Wo würden Sie sich selbst auf einer Vertrauensskala von 0, für kein Vertrauen in andere Menschen, bis 10, sehr viel Vertrauen in andere Menschen, einschätzen? Was ist Ihre schönste Vertrauensgeschichte?«

Am Ende meiner Reise haben über 350 Interviewpartner weltweit und mehr als 300 Menschen im deutschsprachigen Raum in einer Online-Umfrage geduldig auf all meine Fragen geantwortet. Danke dafür!

Der finanzielle Einsatz, die lange Vorbereitung und die schwierigen Rahmenbedingungen, unter denen ich das Projekt fortgeführt habe, haben mich an meine Grenzen gebracht und sich doch absolut gelohnt. Vom ersten Tag an trugen mich die Offenheit und die Herzlichkeit der Menschen, denen ich begegnete. Menschen, die mir ihre ganz persönlichen, oft sehr bewegenden Geschichten erzählten, die mir ihr Vertrauen schenkten und mich nach Kräften unterstützten.

Katrina ließ mich in ihrem Apartment in New York übernachten. Jeanette trommelte in Chicago ihre Freunde für Interviews zusammen und kochte am Ende für alle. Peng und Mehdi gaben mir ein Zuhause in Montreal, während mich Melissa einen Tag als Kameraassistentin durch die Stadt begleitete.

Shi Xing Mi verkürzte seinen Urlaub, um mich in Zürich zu treffen, und die Schweizer Vertrauensforscherin Antoinette stand mir als Expertin mit Rat und Tat zur Seite. Miriam gab mir ein Zuhause in Berlin, und Reinhard Sprenger lud mich zum Interview nach Winterthur ein. Jonis fuhr mich in Kopenhagen spontan mit seinem Auto zum Termin, und der norwegische Vertrauensforscher Svein beantwortete geduldig all meine Fragen, und das waren viele. Ralf und Huen führten mich zwei Tage durch Ho-Chi-Minh-Stadt, und Yen begleitete mich als Übersetzerin durch die Straßen von Hanoi …

Und das sind nur einige der wunderbaren Menschen, die mich auf meinem Weg zu diesem Buch begleitet haben. Dafür ein großes Dankeschön an alle Mitwirkenden. Ohne euch wäre dieses Projekt so nicht möglich gewesen.

Das Leben hat seine eigenen Regeln. Und mitunter einen seltsamen Humor, über den wir nicht immer lachen können. So auch in meinem Fall: Mitten im Projekt wurde meine Mutter sehr krank und verstarb kurz darauf. In dieser Zeit legte ich eine Projektpause ein, um mich vollständig um meine Familie zu kümmern. Rückblickend betrachtet, kann ich heute sagen: Was mich durch diese herausfordernde Zeit trug, war genau das, wonach ich mich bereits weltweit auf die Suche gemacht hatte und weiterhin machen werde: Vertrauen.

 Dass Sie heute dieses Buch in den Händen halten, ist nur ein Beispiel dafür, dass Vertrauen uns auch durch stürmische Zeiten tragen kann. Denn es ist wie ein Rettungsring. Selbst wenn die See stürmisch ist und die Wellen über uns zusammenschlagen: Mit Vertrauen an unserer Seite werden wir zwar trotzdem durchgeschüttelt und ziemlich nass, aber wir behalten den Kopf oben und gehen nicht unter. Mit der Zeit legt sich der Sturm, und zurück bleibt eine Mischung aus Dankbarkeit, Erleichterung und der Freude, es geschafft zu haben. Nur ein Grund, warum Vertrauen so wertvoll ist. Für jeden von uns.

Wenn jeder von uns Vertrauen schätzt, dann gab es vielleicht viele Zutaten dafür? So viele, wie es Menschen gibt? Die Antworten, die ich in meinem Gepäck nach der Reise nach Hause brachte, überraschten mich. Denn egal, ob in Skandinavien oder Vietnam, in Kanada oder den Niederlanden, die Menschen hatten die gleichen Tipps und Ideen. Und so formten sich mit der Zeit neun konkrete Rezepte, die mithilfe von Zutaten leicht verständlich und greifbar werden. Was Vertrauen gelingen lässt, ist also viel universeller, als ich es zunächst erwartet hatte. Auch die Forschung, in die ich immer tiefer eintauchte, bestätigte diese Rezeptur und zeigte anhand von Experimenten und wissenschaftlichen Studien, warum es gerade diese neun Rezepte sind, aus denen wir Vertrauen zusammenstellen: Verschwiegenheit, Ehrlichkeit, Respekt, Transparenz, Reliabilität, Aufrichtigkeit, Unterstützung, Empathie und Neutralität. Vertrauensstifter scheinen tatsächlich kulturübergreifend zu sein. Sosehr sich also Vietnamesen beispielsweise von Norwegern kulturell und in ihrer Lebensführung unterscheiden mögen, die Schnittmenge der gemeinsam geteilten Rezepte ist das, was Menschen in diesen Ländern ein hohes Grundvertrauen in ihre Mitmenschen haben und ihre Beziehungen gelingen lässt. Und es gibt tatsächlich Glücksländer, also Nationen, in denen die Menschen laut »World Happiness Report« – einer großen internationalen Glücksstudie – besonders zufrieden mit ihrem Leben sind. Jetzt, wo ich die Vertrauenszutaten kenne, weiß ich, warum das so ist.

Auch in meiner Heimat Deutschland sind die bewährten Vertrauenszutaten im Gebrauch. Und doch lohnt es sich, einen genaueren Blick auf die Zutatenliste der Vertrauensländer werfen.

Sie merken schon: Dieses Reisen hat mich geprägt. Zu Beginn meines Projektes hatte ich einige Erwartungen im Gepäck. Die meisten davon haben sich erfüllt, so wie etwa die wissenschaftlich belegbare Tatsache, das es kulturübergreifende Rezepte für Vertrauen gibt. Aber es gab auch Erkenntnisse, die ich so nicht erwartet hatte. Besonders überrascht hat mich beispielsweise, dass die Menschen mit dem größten Vertrauen keineswegs die Menschen sind, die am seltensten enttäuscht oder verletzt wurden.

Ob wir anderen Menschen vertrauen, hat zwar auch mit den Erfahrungen zu tun, die wir in der Vergangenheit gemacht haben. Vor allem jedoch mit etwas viel Entscheidenderem. Womit, das lasse ich gerne Svein Johansen erklären, Vertrauensforscher an der Arctic University in Norwegen: »Vertrauen ist immer eine persönliche Entscheidung. Trotz des Risikos, das es mit sich bringt, und trotz der negativen Erfahrungen, die wir gemacht haben.« Johansen beschreibt, was ich in vielen Interviews von Menschen hörte, die schwere Schicksalsschläge erlitten haben und dennoch anderen ihr Vertrauen schenken: »Vertrauen als Entscheidung«, »an das Gute im Menschen glauben«, »sich bewusst sein, dass Enttäuschungen dazugehören«, »bei Enttäuschungen Vertrauen nicht gleich grundsätzlich infrage stellen«.

Eine bewegende Geschichte dazu erzählte mir Frida, eine rüstige Australierin mit deutschen Wurzeln, die ich in Montreal traf. Damals waren sie und ihr Mann Jeffrey, beide jenseits der 70, gerade auf Weltreise. Die letzte große Reise, wie sie mir erzählten. Jeffrey war meine sperrige Kameraausrüstung aufgefallen, und darüber kamen wir ins Gespräch. Frida konnte sich sofort für mein Projekt begeistern und sagte: »Ich habe eine Geschichte, die du hören solltest.« Das ließ ich mir natürlich nicht zweimal sagen, und so saßen wir wenig später vor laufender Kamera im Café.

Was Frida mir dann erzählte, machte mich sprachlos: »Im Zweiten Weltkrieg haben meine Familie und ich alles verloren. Wir sind Juden, und als sich in Deutschland die Ereignisse überschlugen, da mussten meine Eltern mit mir und meinen Geschwistern fliehen. Über Nacht. Erst nach

Polen, und als wir auch dort nicht mehr sicher waren, nach Australien. Ich habe in meinem Leben Dinge erlebt, die andere nur aus Büchern kennen. Unvorstellbare Grausamkeit, meiner Familie angetan von Deutschen. Und trotzdem sitze ich heute hier mit dir, einer deutschen jungen Frau, und spreche über Vertrauen. Zufall? Ich glaube nicht.« Dann machte Frida eine lange Pause, und ich spürte, dass ihr die nächsten Sätze besonders wichtig waren: »Ich hätte sicher viele Gründe, dir nicht über den Weg zu trauen. Aber ich tue es trotzdem. Warum? Weil Vertrauen eine Entscheidung ist. Unabhängig von dem, was wir erlebt haben, unabhängig von denen, die uns Leid zugefügt haben. Und ich weiß auf meine alten Tage, wovon ich spreche, Sweety. Wenn ich einen Tipp für andere habe, dann ist es dieser: Das Leben ist zu schön, um es mit Misstrauen zu vergiften.«

Die Begegnung mit Frida und Jeffrey ist mir heute noch lebhaft in Erinnerung. Wie ich während des Interviews mit den Tränen kämpfte und Frida mich aus ihren hellblauen Augen freundlich anstrahlte.

Fridas Geschichte zeigt, dass unsere Entscheidung *für* oder *gegen* Vertrauen weniger von dem abhängt, was wir erleben, sondern von dem, was wir daraus machen. Es kann eben jeder vertrauen.

Intuitiv machen wir einiges richtig. Wir wissen beispielsweise, dass Lügen schnell Vertrauen zerstören. Deshalb bemühen wir uns, ehrlich zu sein, wenn uns an einer Beziehung etwas liegt. An anderen Stellen stehen wir uns allerdings häufig selbst im Weg und tappen munter in so manche Vertrauensfalle. Häufig, weil uns das nötige Wissen fehlt. Aber das muss nun nicht mehr sein. Denn wir beschäftigen uns ja gezielt mit dem Thema, und wer erst einmal bewusst darüber nachdenkt, erspart sich eine Erfahrung, die viele machen: Wir hinterfragen Vertrauen meist erst, wenn es brüchig geworden ist, wenn es verletzt wurde oder wenn wir es verloren haben. Dann spüren wir am eigenen Leib, welche Kraft Vertrauen hat, wie sehr es unsere Beziehungen bereichert und wie viel leichter es unser Leben macht. Denn dann vermissen wir es schmerzlich.

In letzter Zeit geht es auch nicht nur einzelnen Menschen so, dass sie Vertrauen in ihrem Leben vermissen. Weltweit macht sich Misstrauen breit und infiziert Menschen wie ein Virus. Damit wir uns nicht unfreiwillig anstecken lassen, gehe ich auch dem Misstrauen auf den Grund und erkläre, woher das kommt – und was wir persönlich dagegen tun können. Denn zwischen unserem Bedürfnis nach Vertrauen und der gelebten Realität klafft häufig eine große Lücke, die wir mit wenigen Rezepten und etwas Übung schließen können.

Eine Erklärung aber schulde ich Ihnen noch: Wonach habe ich meine Reiseländer ausgewählt? Vertrauensstarke Länder waren es, das habe ich bereits verraten. Aber woher wusste ich, welche das waren? Und wie misst man überhaupt Vertrauen?

Zum zwischenmenschlichen Vertrauen gibt es verschiedene Umfragen, und die Rangliste der Länder variiert immer etwas. Das hängt von verschiedenen Faktoren ab: Je nachdem, wann, wen und wie man die Menschen fragt. Als Grundlage für meine Reise habe ich deshalb eine unabhängige Metastudie gewählt, die die Ergebnisse der größten internationalen Vertrauensstudien der vergangenen Jahre auswertet.

Das spanische Unternehmen ASEP sammelt, kategorisiert und gewichtet die relevanten Daten und erstellt auf dieser Basis ein Ranking für 117 Länder weltweit. Die Datenbank selbst befindet sich in Madrid und wird von Jaime

Díez-Medrano gepflegt. Er ist nicht nur Kopf dieser Studie, sondern auch gleichzeitig Direktor des Archivs des »World Value Survey«, der größten weltweiten Wertestudie. Daten sind seine Leidenschaft, und so überrascht es nicht, dass er mit Hingabe seit vielen Jahren auch zahlreiche internationale Vertrauensstudien archiviert und kostenlos Forschern zur Verfügung stellt.

Da die Daten für die von mir genutzte Metastudie aus vielen verschiedenen Quellen stammen, ist das Ergebnis relativ zeitstabil. Das ermöglichte mir, in Ruhe eine Auswahl der Länder zu treffen und dort dem Vertrauen auf den Grund zu gehen.

Wie man zwischenmenschliches Vertrauen misst, ist weitgehend gleich. Nahezu jede große Studie stellt dazu die Frage: »Glauben Sie, dass man Menschen im Allgemeinen vertrauen kann?«

In Norwegen, dem vertrauensstärksten Land der Welt, antworten 74 Prozent der Einwohner mit »Ja«. In Schweden liegen die Umfragewerte dazu über Jahre kontant bei etwa 60 Prozent, in der Schweiz stabil bei über 50 Prozent. In diesen Ländern vertrauen die Bewohner ihren Mitmenschen prinzipiell eher, als dass sie ihnen misstrauen. Deutschland gehört leider noch nicht dazu. Weniger als die Hälfte der Deutschen vertraut der Studie zufolge ihren Mitmenschen. Damit zählt Deutschland statistisch betrachtet zu den eher misstrauischen Ländern. Das Ende der Rangliste aus 117 Ländern bilden seit Jahren Trinidad und Tobago sowie die Türkei mit stabilen Werten unter 5 Prozent.

Auch wenn Deutschland nicht gerade Vertrauensweltmeister ist, im internationalen Ranking schneidet es ganz passabel ab: Es findet sich auf Platz 20. Vor der Bundesrepublik liegen 19 andere Länder, in denen Einwohner generell ein höheres Vertrauen in ihre Mitmenschen haben. Darunter auch Nationen, von denen ich es auf den ersten Blick nicht erwartet hätte: Vietnam zum Beispiel. Insgesamt acht dieser Länder habe ich ausgewählt, um mich in ihnen auf die Suche nach bewährten Vertrauenskonzepten zu machen. Denn diese Länder wissen offensichtlich, wie Vertrauen funktioniert. Von ihnen können wir lernen.

Ja, und auch in Deutschland war ich natürlich unterwegs. Schließlich möchte ich auch die Menschen in meiner Heimat zu etwas mehr Vertrauen inspirieren. Da hilft es ungemein, zu wissen, was uns bisher davon abhält, unseren Mitmenschen zu vertrauen – und was sich manch einer wünscht, damit es ihm in Zukunft leichter gelingt. Die Ergebnisse habe ich hier in das Buch eingearbeitet, genauso wie meine Forschungen in den anderen Ländern auf meiner Reiseliste: Vietnam, Kanada, USA, Schweden, Schweiz, Dänemark, Norwegen, Niederlande und Deutschland. Dort ist das Vertrauensniveau über einen längeren Zeitraum nun schon recht hoch. Ich versprach mir, dort die entsprechenden Vertrauensrezepte zu finden, die über eine lange Tradition verfügen und sich über die Zeit bewährt haben. Und ich wurde fündig.

Ich finde es beruhigend, dass es tatsächlich einzelne Zutaten und Rezepte gibt, die wir uns aneignen können und die uns zu einem Leben voller Vertrauen verhelfen. Wenn wir uns gelingende Beziehungen zu Eltern, Kindern, Freunden und auch Fremden wünschen, so müssen wir das zum Glück nicht dem Zufall überlassen. Wir können selbst etwas dafür tun. Denn Veränderungen beginnen immer bei uns selbst.

Natürlich, Vertrauen lässt sich weder einfordern noch verordnen. Und doch haben wir es zu einem großen Teil selbst in der Hand, ob es in unserem Leben nur kurz zu

Gast ist oder langfristig bei uns wohnt. Wir können Vertrauen nicht erzwingen, was wir aber schaffen können, sind die richtigen Rahmenbedingungen. Denn wenn wir uns mit dem Vertrauen wohlfühlen, dann bleibt es dauerhaft. Tatsächlich können wir Vertrauen aktiv, gezielt und mit großen Schritten aufbauen und stärken. Das ist vor allem eine Sache des nötigen Wissens, der inneren Einstellung und der Übung. Die Impulse und Tipps dazu gebe ich hier gerne an Sie weiter. Damit es Ihnen zukünftig leichter fällt, vertrauensvolle Beziehungen zu gestalten, Herausforderungen zu meistern und glücklicher und erfolgreicher durch den Alltag zu kommen.

Begleiten Sie mich auf eine Reise um die Welt, lassen Sie uns in die Kochtöpfe der Vertrauensländer schauen und gemeinsam Rezepte und Zutaten sammeln, die Ihr Leben erfüllter und Ihren Alltag leichter machen.

TEIL 2:
DIE 6 GRÖSSTEN VERTRAUENSMYTHEN

Welche es sind, woher sie kommen, und was wirklich stimmt

»Vertrauen ist gut, Kontrolle ist besser«, »Vertrauen braucht Zeit« oder auch »Vertrauen muss man sich verdienen«. Wer kennt sie nicht, die vielen Mythen, die sich um Vertrauen ranken. Tatsächlich handelt es sich dabei schlicht um Legenden, die sich hartnäckig in unseren Köpfen halten.

Ein Grund dafür ist zweifellos: Wir Menschen wünschen uns einfache Erklärungen für komplexe Probleme. Und diese Sehnsucht bietet den idealen Nährboden für die Verbreitung von Halbwahrheiten.

Damit wir uns richtig verstehen: Mythen sind nicht per se schlecht, denn sie erfüllen durchaus einen Zweck. Sie bieten uns beispielsweise Orientierung und erleichtern es uns damit, Entscheidungen zu treffen. Allerdings blenden sie häufig wichtige Aspekte aus und führen uns nicht zuletzt deshalb oft auf den Holzweg.

Heikel wird es, wenn wir diese Halbwahrheiten für bare Münze nehmen. Wenn wir versäumen, sie kritisch zu hinterfragen, und deshalb unsere Entscheidungen *für* oder *gegen* Vertrauen darauf stützen. Denn dann laufen wir Gefahr, Vertrauen tatsächlich für riskant, naiv oder dumm zu halten. Für zeitaufwendig, extrem flüchtig oder ein Tauschgeschäft. Und das, obwohl uns die Forschung eines Besseren belehrt.

Höchste Zeit also, Licht ins Dunkel zu bringen. Was stimmt wirklich, und was ist Legende? Werfen wir gemeinsam einen Blick auf die sechs größten Vertrauensmythen unserer Zeit.

1. Mythos:
»Vertrauen muss man sich verdienen.«

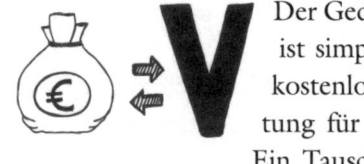

Der Gedanke hinter diesem Mythos ist simpel: Vertrauen gibt es nicht kostenlos, sondern als Gegenleistung für ein bestimmtes Verhalten. Ein Tauschhandel also, in dem Vertrauen aktiv verdient werden muss. Doch funktioniert der Vertrauensmechanismus wirklich auf diese Weise?

Tatsächlich folgt Vertrauen keiner einfachen Wenn-dann-Regel. Es ist kein Tauschgeschäft, das beschreibt, was jemand am Ende erhält, wenn er im Vorfeld eine bestimmte Menge investiert. Denn ob zwischen zwei Menschen Vertrauen entsteht, entscheiden die dafür allein Verantwortlichen: der Vertrauensgeber und der Vertrauensnehmer.

Die Legende »Vertrauen muss man sich verdienen« schiebt die Verantwortung für Vertrauen jedoch allein dem Vertrauensnehmer zu. Ganz nach dem Motto: »Wenn ich dir nicht vertraue, dann liegt das an dir.« Damit gerät dieser schnell ins moralische Abseits und wird zum Schuldigen, wenn es mit dem Vertrauen nicht klappt. Eine Sichtweise, die beide Parteien geradewegs in die Vertrauenssackgasse führt.

Wie aber kann Vertrauen dann gelingen? Dazu müssen wir uns beide ansehen: Vertrauensgeber und -nehmer.

Schlüpfen wir dafür in die Rolle des Vertrauensgebers und betrachten die Person, die unser Vertrauen erhalten könnte: den Vertrauensnehmer.

Ob wir ihm vertrauen, hat immer auch mit dessen Verhalten zu tun. Erscheint er uns vertrauenswürdig – ist er etwa ehrlich und respektvoll –, fällt es uns im Allgemeinen leichter, ihm zu vertrauen. Das allerdings ist nur die halbe Miete. Denn ob wir tatsächlich den Schritt ins Vertrauen wagen, hat vor allem mit einer Person zu tun: uns selbst – dem Vertrauensgeber.

Warum das so ist, das erfuhr ich unter anderem von Svein Johansen, Wirtschaftsprofessor an der Arctic University in Norwegen. Johansen zählt zu den führenden Vertrauensforschern Europas und beschäftigt sich seit Jahren mit der Frage, wie Vertrauen gelingen kann.

Er erklärte mir: »Dass sich jemand vertrauenswürdig verhält, bedeutet nicht zwangsläufig, dass wir ihm unser Vertrauen schenken. Denn manchmal haben wir Gründe, es dennoch nicht zu tun. Vertrauen ist am Ende vor allem eines: die persönliche Entscheidung desjenigen, der vertraut.«

Selbst wenn sich jemand also vertrauenswürdig verhält, ist das kein Garant dafür, dass er das Vertrauen eines anderen gewinnt. Vertrauenswürdig zu sein macht dies zwar wahrscheinlicher – aber die Entscheidung trifft letztlich der Vertrauende selbst. Denn: Vertrauen ist immer eine freiwillige Entscheidung, auf die andere nur bedingt Einfluss nehmen können.

Was aber genau ist Vertrauen eigentlich? Eine Frage, bei der sich selbst die Forscher nicht immer einig sind: Psychologen, Ökonomen, Pädagogen und zahlreiche andere Wissenschaftler konnten sich bis heute nicht auf eine einheitliche Definition verständigen. Was Vertrauen allerdings im Kern ausmacht, darüber herrscht weitgehend Einigkeit. Vier zentrale Merkmale sind es, die das Wesen von Vertrauen kennzeichnen:

Vertrauen ist
* die freiwillige Entscheidung für eine prinzipiell unsichere Situation
* die Fähigkeit, Kontrolle abzugeben und ein Risiko einzugehen
* die Bereitschaft, sich verletzbar zu machen
* die positive Erwartung, dass unser Gegenüber das ihm geschenkte Vertrauen nicht ausnutzt, selbst wenn er es könnte.

Wie Vertrauen entsteht – die wichtigsten Akteure im Überblick

Um den Vertrauensmechanismus leichter zu verstehen, habe ich die wichtigsten Akteure für Sie zusammengestellt. Die Grafik kann Ihnen Orientierung geben, um sich im Alltag leichter zu orientieren. Sie dient zudem als praktische Hilfestellung, um ein inneres Bild davon zu entwickeln, wie Vertrauen gelingen kann. Denn wenn wir wissen, wie Vertrauen funktioniert, dann ist es nicht nur leicht, dann gilt auch: Vertrauen kann jeder.

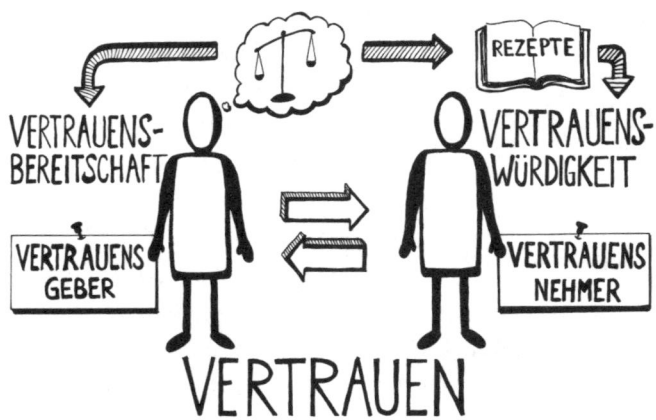

Fazit: *Wir müssen uns Vertrauen nicht verdienen. Genau genommen können wir es nicht einmal. Denn ob uns unser Gegenüber vertraut, ist allein seine persönliche Entscheidung.*
Was wir allerdings tun können, ist, ihm die Entscheidung zu erleichtern – indem wir uns vertrauenswürdig verhalten. Wie uns das gelingt und welche Zutaten wir dafür brauchen, das sehen wir uns in den Vertrauensrezepten genauer an.

2. Mythos:
»Vertrauen ist gut,
Kontrolle ist besser.«

Hierbei handelt es sich um den wohl hartnäckigsten Mythos von allen. Die Botschaft dahinter ist eindeutig: Vertrauen ist wichtig, Kontrolle ist wichtiger. Also prüfe nach. Ist Kontrolle aber immer die bessere Wahl?

Nein, denn auch hierbei handelt es sich um einen Mythos, wenn auch um einen besonders bekannten. Wir finden ihn im Sprachgebrauch von Menschen auf der ganzen Welt, in Kanada ebenso wie in den Niederlanden und vor allem im deutschsprachigen Raum. Diese Erfahrung habe ich in meinen zahlreichen Interviews weltweit gemacht.

Die Vertrauensforschung allerdings zeigt: Weder Vertrauen noch Kontrolle sind per se gut. Es gilt, stets im Einzelfall zu prüfen, wie viel Vertrauen und wie viel Kontrolle in der jeweiligen Situation angemessen sind.

Um das besser zu verstehen, betrachten wir die beiden Phänomene zunächst getrennt voneinander.

Kontrolle ist nicht gleich Kontrolle

Fakt ist: Kontrolle ist nicht gleich Kontrolle. Denn wie Kontrolle wirkt, ist vor allem von einem Aspekt abhängig: der Absicht, die damit verfolgt wird. Wir sollten uns fragen, ob es um Unterstützung geht oder um Sanktion.

Unterstützende Kontrolle verfolgt die Intention, zum Wohl des Gegenübers zu handeln. Eltern beispielsweise kontrollieren die Zahnhygiene ihrer Kinder, um sie vor Karies zu bewahren.

Sanktionierende Kontrolle hingegen hat zum Ziel, das Gegenüber für etwas zu maßregeln. Kontrolle wird in diesem Fall als Bestrafung eingesetzt. Eltern verordnen ihren Kindern etwa Hausarrest, um ein Fehlverhalten zu rügen.

Haben Menschen das Gefühl, dass jemand aus einer wohlwollenden Absicht heraus agiert und sie unterstützt, fällt es ihnen meist leicht, Kontrolle zu akzeptieren. Erinnert uns beispielsweise unser Partner liebevoll daran, dass wir doch fest vorhatten, diese Woche zum Sport zu gehen, wissen wir: Es ist seine Art, uns im Kampf gegen den inneren Schweinehund zu unterstützen. Und das schätzen wir.

Entsteht hingehen das Gefühl, dass unser Partner uns misstraut und deshalb kontrolliert, spült dieser Eindruck Sand ins Getriebe der Beziehung. Die Folge ist absehbar: Es beginnt zu knirschen im alltäglichen Miteinander, und manchmal geht die Beziehung in die Brüche.

Das gilt ebenso für unser Arbeitsumfeld. In den 1930er-Jahren beschloss die Geschäftsführung des US-amerikanischen Konzerns General Electric eines Tages, die teuren Werkzeuge und Ersatzteile von nun an gut bewachen zu lassen. Das Unternehmen befürchtete, die Mitarbeiter könnten unbemerkt etwas stehlen. Fortan gab es starke Sicherheitskontrollen in den betreffenden Bereichen.

Das Erstaunliche daran: In der Folge gingen die Verluste von Werkzeugen und Ersatzteilen nicht zurück, sondern die Mitarbeiter sahen die gesteigerte Kontrolle als

Ansporn, sich zu bedienen. Unter ihnen entstand ein regelrechter Wettkampf darum, wer am meisten Firmeneigentum unterschlagen konnte. Die Mitarbeiter legten es förmlich darauf an, das ihnen entgegengebrachte Misstrauen zu bestätigen. Am Ende hatte General Electric mit den Kontrollmaßnahmen genau das Gegenteil von dem erreicht, was das Unternehmen bezwecken wollte.

Kontrolle – auf den Punkt

Unterstützende Kontrolle kann Beziehungen stärken und Vertrauen schaffen. Sanktionierende Kontrolle hingegen zerstört leicht Vertrauen, denn ihr fehlt es an einer ganz wesentlichen Vertrauenszutat: Wohlwollen.

Vertrauen ist nicht gleich Vertrauen

Nehmen wir nun das Phänomen Vertrauen genauer unter die Lupe. Auch hier gilt die Regel: Vertrauen ist nicht gleich Vertrauen. Ob Vertrauen sinnvoll ist, hängt von der Art ab, wie es vergeben wird. Vertraut jemand blind oder klug?

Blindes Vertrauen beweist jemand, der grundsätzlich eine hohe Bereitschaft zu vertrauen besitzt, allerdings nicht prüft, ob diese eine solide Grundlage hat. Er vertraut ohne Wenn und Aber und handelt leichtgläubig und naiv.

Kluges Vertrauen beweist jemand hingegen, der grundsätzlich über eine hohe Vertrauensbereitschaft verfügt, das tatsächlich verschenkte Vertrauen jedoch der Situation anpasst. Ein in dieser Weise vertrauensvoller Mensch sucht nach einer Basis, auf die er sein Vertrauen gründen kann, und trifft dann eine Entscheidung. Deshalb ist kluges Vertrauen stets reflektiert und fundiert.

Wie das dann im Zusammenleben aussieht? Wir können etwa einem Freund vertrauen, uns nicht zu belügen (Ehrlichkeit). Wenn es jedoch darum geht, ein Geheimnis für sich zu behalten, haben wir begründete Zweifel (Verschwiegenheit). Vielleicht, weil wir wissen, dass der Freund manchmal mehr weitererzählt, als ihm zusteht (Tratsch). Ob und wie sehr wir jemandem trauen, entscheiden wir also nicht pauschal, sondern stets für den Einzelfall. So wird Vertrauen zu einer persönlichen Leistung, einer Kompetenz, die sich erlernen und trainieren lässt.

Vertrauen – auf den Punkt

Blindes Vertrauen kann gefährlich sein, denn es erhöht die Gefahr, verletzt und enttäuscht zu werden. Kluges Vertrauen hingegen ist eine wirkungsvolle Art, Vertrauen an die Menschen zu verschenken, die es zu schätzen wissen. Und was man verschenkt, erhält man oft zurück.

Vertrauen oder Kontrolle: Was ist nun besser?

An dieser Stelle sind sich selbst Forscher nicht immer einig. Zahlreiche Studien kommen zu dem Ergebnis: »Kontrolle ist gut, Vertrauen ist besser.« Im Kern zeigen diese, dass Kontrolle – zumindest *viel* Kontrolle – Vertrauensbeziehungen belastet. Denn wenn Kontrolle als Misstrauen interpretiert wird, führt sie fast unweigerlich zu einer Abwehrhaltung beim Kontrollierten, so wie im Fall von General Electric geschehen.

Andere Studien weisen darauf hin, dass Vertrauen und Kontrolle einander sinnvoll ergänzen können. Wie das aussehen kann, darüber sprach ich mit einer der weltweit führenden Vertrauensforscherinnen: Antoinette Weibel. Sie ist Professorin für Personalmanagement sowie Direktorin des Forschungsinstituts für Arbeit und Arbeitswelten an der

Universität St. Gallen in der Schweiz. Sie erklärte mir: »Schwaches Vertrauen gedeiht im kontrollierten Rahmen besser. Tiefes Vertrauen braucht Kontrolle nur noch punktuell.« Die aktuelle Forschung stellt deshalb die Frage in den Mittelpunkt, unter welchen Bedingungen Vertrauen und Kontrolle sinnvoll sind.

Die Vertrauensforschung macht deutlich: Wir sollten zwar grundsätzlich an die Vertrauenswürdigkeit der Menschen glauben, im Einzelfall jedoch prüfen, wer unser Vertrauen zu schätzen weiß: Bedienen wir uns also des klugen Vertrauens, jedenfalls lautet so die Devise. Zumindest dann, wenn wir Vertrauen nicht vergeuden, sondern es sinnvoll in Beziehungen investieren wollen, die uns am Herzen liegen.

Dieser Meinung ist auch Reinhard Sprenger, Managementexperte und Autor des Bestsellers *Vertrauen führt*. Ihn traf ich in seiner Wahlheimat, der Schweiz, zum Interview. Wir diskutierten rege über das Wechselspiel zwischen Vertrauen und Kontrolle, als er es präzise auf den Punkt brachte: »Wir sollten unserem Vertrauen prüfend die Vernunft zur Seite stellen, damit es nicht maßlos wird. Und ein anderes Wort für prüfen ist: Kontrolle.«

Damit Vertrauen also klug und wirkungsvoll ist, müssen wir erfassen, wer vertrauenswürdig ist. Das gelingt uns mühelos, wenn wir die bewährten Vertrauensrezepte in diesem Buch verstehen und umsetzen. Kluges Vertrauen können wir also lernen.

Es ist nicht erstrebenswert, allen und jedem zu vertrauen, das haben wir gesehen. Was aber passiert, wenn wir uns stattdessen für grenzenlose Kontrolle entscheiden? Wenn wir fortan alles und jeden kontrollieren?

Das lässt sich leicht auf den Punkt bringen: Wir wären kaum überlebensfähig. Der Grund dafür wird schnell deutlich, wenn wir diese Idee weiterdenken: Würden wir voll und ganz auf Kontrolle setzen, könnten wir uns in der Konsequenz auf nichts und niemanden mehr verlassen und müssten zum absoluten Selbstversorger werden. Wir hätten kein Dach über dem Kopf, es könnte ja zusammenfallen; keine Wasserversorgung, sie könnte ja verschmutzt sein; keine Lebensmittel, sie könnten ja vergiftet sein. Ein solches Leben wäre nicht nur sehr anstrengend, sondern kaum vorstellbar. Um in unserer heutigen Welt handlungsfähig zu sein, müssen wir also der Kontrolle das Vertrauen unterstützend zur Seite stellen.

Fazit: *Weder Vertrauen noch Kontrolle sind per se gut: Deshalb sollten wir differenziert prüfen, wie viel Vertrauen und wie viel Kontrolle im Einzelfall sinnvoll sind. Es geht also um ein »Sowohl-als-auch-Denken« im Hinblick auf Vertrauen und Kontrolle. Die richtige Mischung macht beides wirkungsvoll.*

Wie diese genau gelingt – zu entscheiden, wer unser Vertrauen verdient hat –, das schauen wir uns in den Vertrauensrezepten genauer an.

3. Mythos:
»Misstrauen schützt uns vor
schlechten Erfahrungen.«

 Wer misstraut, der schützt sich vor schlechten Erfahrungen. Ein gern gebrachtes Argument all derjenigen, die sich mit Vertrauen schwertun. Doch reduziert Misstrauen tatsächlich das Risiko, enttäuscht zu werden?

 Das Gegenteil ist der Fall. Begegnen wir unserem Gegenüber mit Misstrauen, erzeugen wir in der Mehrzahl der Fälle genau das Verhalten, das wir befürchten. Das zeigt auch das General-Electric-Beispiel. Anstatt uns also durch Misstrauen vor schlechten Erfahrungen zu schützen, erhöhen wir unabsichtlich deren Wahrscheinlichkeit. Misstrauen wirkt also wie eine *selbsterfüllende Prophezeiung*. Es beschwört das herauf, was wir vermeiden wollen.

Entdeckt wurde dieses Phänomen bereits vor mehr als fünfzig Jahren durch den bekannten Vertrauensforscher Niklas Luhmann. Im Jahr 1968 schrieb er erstmals darüber. Bis heute allerdings ist diese Wahrheit nie wirklich zu Ruhm gekommen. Sicher ein Grund, warum sich dieser Mythos so lange halten konnte.

Der Wirkmechanismus, der bei einer selbsterfüllenden Prophezeiung greift, ist nicht schwer zu verstehen. Sehen wir uns das einmal genauer an.

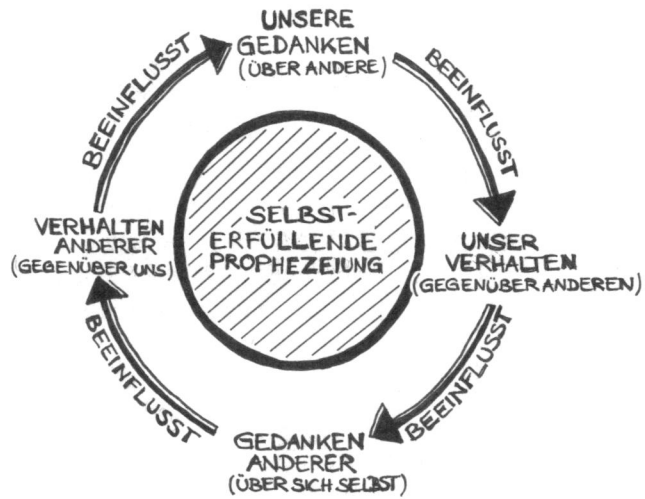

Diese Grafik zeigt, welche Mechanismen zu einer selbsterfüllenden Prophezeihung führen können. Welche Relevanz aber hat die selbsterfüllende Prophezeiung für uns persönlich? Wie wir über einen Menschen denken, beeinflusst unweigerlich, wie er sich uns gegenüber verhält. Wenn wir davon ausgehen, dass wir jemandem nicht vertrauen können, dann werden wir es über kurz oder lang tatsächlich nicht können. Zumindest nicht, ohne enttäuscht zu werden, wie die psychologische Forschung erkannt hat.

Warum das so ist: Wenn jemand einem anderen prinzipiell misstrauisch begegnet, warum sollte sich dieser dann anstrengen? Denn die Meinung seines Gegenübers steht ja bereits fest. Deshalb nimmt er es dann häufig mit der Verschwiegenheit, Ehrlichkeit und auch Unterstützung nicht ganz so genau – und ist im Ergebnis tatsächlich weniger vertrauenswürdig.

Der Preis von Misstrauen

Zahlreiche Studien belegen: Misstrauen kostet nicht nur wertvolle Zeit, sondern auch extrem viel Geld. Denn auf Misstrauen reagieren wir in der Regel mit Kontrolle: Wem wir misstrauen, den hinterfragen und überprüfen wir nach besten Kräften – wir kontrollieren ihn.

Kontrolle wiederum macht mehr Kontrolle nötig. Ein sich selbst erhaltender Mechanismus, wie ein Forscherteam um Paul Vlaar von der RSM Erasmus University in den Niederlanden 2007 zeigen konnte.

Dazu analysierten die Wissenschaftler bereits vorhandene Studien und Forschungsarbeiten über die Zusammenarbeit zwischen Führungskräften und Mitarbeitern. Vlaar und seine Kollegen konnten zeigen, dass gerade die Anfangsphase einer Beziehung einen großen Einfluss auf die weitere Zusammenarbeit hat. Wie eine Führungskraft über einen Mitarbeiter denkt, beeinflusst nicht nur ihr eigenes Verhalten, sondern auch das Verhalten des Mitarbeiters. Geht eine Führungskraft beispielsweise davon aus, dass viel Kontrolle nötig ist, um den Mitarbeiter zu motivieren, kontrolliert sie verstärkt seine Arbeitsergebnisse. Der Mitarbeiter interpretiert dies als Misstrauen und verhält sich dementsprechend weniger vertrauenswürdig. Kontrolle wird daraufhin tatsächlich nötig. Ein Teufelskreis.

Vielleicht kennen Sie den Satz »Führungskräfte bekommen über kurz oder lang die Mitarbeiter, die sie verdienen«. Mit Blick auf die Forschungsergebnisse von Vlaar stimmt diese Aussage. Denn wie Führungskräfte über ihre Mitarbeiter denken, beeinflusst tatsächlich deren Verhalten in der Zukunft. Auch hier greift die selbsterfüllende Prophezeiung.

Für unseren Alltag bedeutet das: Der Versuch, alles bis ins Kleinste zu kontrollieren, endet auch für uns oftmals in einem Teufelskreis aus Prüfen, Dokumentieren und Rückversichern, und das verschlingt Unsummen an Zeit, Energie und letztendlich Geld.

Hinzu kommt, dass kontinuierliche Kontrolle unserem Gegenüber eine negative Erwartungshaltung vermittelt. Die Botschaft: Ich kontrolliere dich, weil ich glaube, dass du gegen die Regeln verstößt. Diese fortwährende Unterstellung führt in den meisten Fällen schließlich dazu, dass das Gegenüber tatsächlich die Regeln missachtet.

Dieser Mechanismus ist derselbe, der im General-Electric-Beispiel dazu führte, dass durch stärkere Kontrolle der Mitarbeiter die Diebstahlsrate anstieg, anstatt zurückzugehen.

Golem-Effekt nennen Psychologen diese Form der selbsterfüllenden Prophezeiung. Seine negative Wirkung ist leicht erklärt: Eine negative Erwartung an unser Gegenüber wirkt sich negativ auf dessen Verhalten aus.

Die Dividende von Vertrauen

Die gute Nachricht: Es gibt auch den Gegenpart zu diesem Phänomen. In einem Experiment Ende der 1960er-Jahre wiesen die beiden Psychologen Robert Rosenthal und Leonore Jacobsen nach, dass sich die positive Einschätzung von Schülern förderlich auf deren soziale und schulische Leistungen auswirkte. Dazu suggerierten die Psychologen den Lehrern, dass einige ihrer Schüler besonders begabt waren. Infolgedessen förderten die Lehrer diese Schüler unbewusst stärker. Sie schenkten ihnen mehr Zuwendung, etwa indem sie geduldiger mit ihnen waren und sie häufiger lobten. Diese besondere Zuwendung führte am Ende dazu, dass sich diese Schüler tatsächlich besser und schneller entwickelten, als ihre Altersgenossen.

Pygmalion-Effekt nennen Psychologen diese Form der selbsterfüllenden Prophezeiung. Seine positive Wirkung ist leicht verständlich: Eine positive Erwartung an unser Gegenüber wirkt sich positiv auf dessen Verhalten aus.

Sowohl der Golem-Effekt als auch der Pygmalion-Effekt – beides Varianten der selbsterfüllenden Prophezeiung – machen deutlich: Unterstellen wir jemandem schlechte Verhaltensweisen, wird er sich über kurz oder lang entsprechend verhalten. Sehen wir hingegen das Beste in ihm und halten ihn für fähig, wird er intuitiv alles daransetzen, unsere positiven Erwartungen zu erfüllen.

Wie sich jemand uns gegenüber verhält, hängt also auch davon ab, wie wir über ihn denken. Ein Effekt, den jeder von uns nutzen kann, um mehr positive Erfahrungen zu machen.

Fazit: *Misstrauen erhöht das Risiko für schlechte Erfahrungen. Misstrauen ist tatsächlich riskant. Vertrauen hingegen wirkt sich positiv auf das Verhalten unseres Gegenübers aus: Es verringert die Gefahr, enttäuscht zu werden, und spornt zu Höchstleistungen an. »Behandle Menschen, als wenn sie es könnten, und du wirst ihnen helfen zu werden, was sie sein können.« Das wusste auch Goethe. Welche Erfahrungen wir in Zukunft machen, haben wir somit ein Stück weit selbst in der Hand.*

4. Mythos:
»Vertrauen geht in Sekunden verloren.«

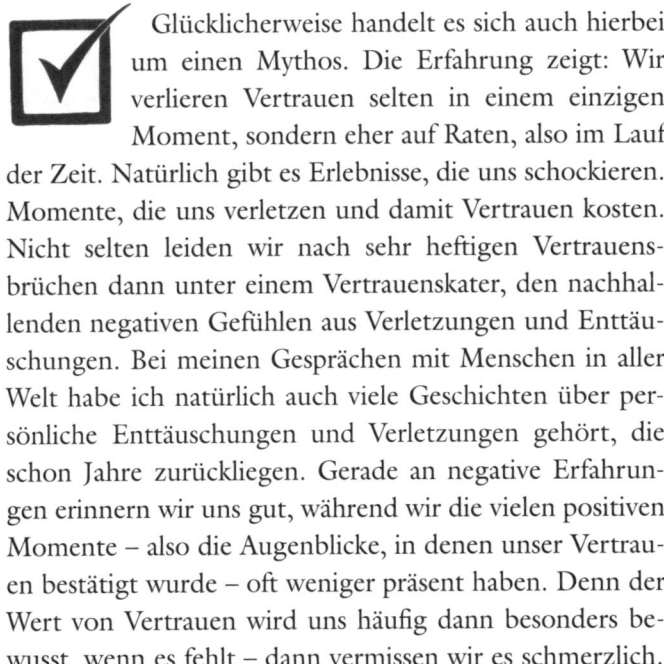

»Es braucht Jahre, um Vertrauen zu schaffen, aber nur Sekunden, um es zu verlieren.« Einer der wohl häufigsten Sprüche über die Legende, wie wir Vertrauen verwirken. Höchste Zeit also für mehr Klarheit. Wie schnell verlieren wir üblicherweise Vertrauen? Und reichen dafür etwa Sekunden?

Glücklicherweise handelt es sich auch hierbei um einen Mythos. Die Erfahrung zeigt: Wir verlieren Vertrauen selten in einem einzigen Moment, sondern eher auf Raten, also im Lauf der Zeit. Natürlich gibt es Erlebnisse, die uns schockieren. Momente, die uns verletzen und damit Vertrauen kosten. Nicht selten leiden wir nach sehr heftigen Vertrauensbrüchen dann unter einem Vertrauenskater, den nachhallenden negativen Gefühlen aus Verletzungen und Enttäuschungen. Bei meinen Gesprächen mit Menschen in aller Welt habe ich natürlich auch viele Geschichten über persönliche Enttäuschungen und Verletzungen gehört, die schon Jahre zurückliegen. Gerade an negative Erfahrungen erinnern wir uns gut, während wir die vielen positiven Momente – also die Augenblicke, in denen unser Vertrauen bestätigt wurde – oft weniger präsent haben. Denn der Wert von Vertrauen wird uns häufig dann besonders bewusst, wenn es fehlt – dann vermissen wir es schmerzlich.

So lauschte ich in New York der bewegenden Geschichte von Emily, einer jungen Amerikanerin, die mir davon erzählte, wie ihr Verlobter sie betrogen hatte. Während ich ihr zuhörte, fiel mir auf, dass es im Vorfeld immer wieder kleine Anzeichen gegeben hatte, die Emily stutzig gemacht hatten. Ungereimtheiten, über die sie bis dahin wortlos hinweggesehen hatte. Bis zu dem Tag, an dem sie der Wahrheit ins Auge blicken musste.

Der Moment der Wahrheit

Worauf ich an dieser Stelle hinausmöchte: Gerade in persönlichen Beziehungen ist ein Vertrauensverlust doch eher ein langfristiger Prozess. Bevor wir unser Vertrauen ganz verlieren, gibt es in aller Regel viele kleine Vorboten: Augenblicke, die uns unsicher machen; Momente, die uns stutzen lassen; und Zweifel, die wir ignorieren. Im Rückblick erinnern wir uns oft gut an diese Signale. In dem Moment, in dem sie sich ereignen, übersehen wir sie allerdings häufig – oder wir verdrängen sie schnell wieder.

Irgendwann jedoch kommt der Augenblick, in dem das mulmige Gefühl der Gewissheit weicht: der Moment der Wahrheit. Und weg ist das Vertrauen. Die anfänglichen Zweifel, die wir vorab gespürt haben, bündeln sich plötzlich in diesem einen Augenblick. All dies geschieht in Bruchteilen von Sekunden. Genau hier finden wir den Grund, warum wir glauben, Vertrauen könnten wir in Sekunden verlieren.

Genau genommen wird uns der Vertrauensbruch in diesem entscheidenden Moment nur zum ersten Mal wirklich bewusst. Ein kleiner, aber wesentlicher Unterschied. Dann fällt es uns wie Schuppen von den Augen. Plötzlich ergeben alle Puzzleteile Sinn: der Zweifel, das Unbehagen, die Sorge.

Im Grunde ist der Auslöser für den plötzlichen Vertrauensverlust nur der Tropfen, der das Fass zum Überlaufen bringt. Davor brauchte es allerdings eine Menge Wasser.

Fazit: *Genau genommen verlieren wir Vertrauen nur sehr selten in Sekunden, denn Vertrauen ist nichts Flüchtiges oder per se Instabiles. Wir werden auf Raten enttäuscht, und das lässt auch unser Vertrauen mit der Zeit erodieren. Das zu wissen, kann uns den Druck und die Sorge nehmen, alles immer richtig machen zu müssen. Die Erfahrung zeigt: Kleine Fehler werden schnell verziehen, solange sie nicht zur Gewohnheit werden. Und selbst größere Fehler können wir durch den richtigen Umgang mit ihnen nutzen, um Vertrauen sogar zu stärken.*

5. Mythos: »Vertrauen braucht Zeit.«

»Vertrauen kommt zu Fuß und geht zu Pferd.« Ein niederländisches Sprichwort, das zeigt, wie Menschen im Allgemeinen über Vertrauen denken. Sie sind davon überzeugt, Vertrauen brauchte Zeit: Wochen, Monate, manchmal sogar Jahre. Doch woher stammt der Mythos? Und was daran ist haltbar?

Tatsächlich kann der Faktor Zeit die Entstehung von Vertrauen erleichtern. Er ist jedoch nicht der einzige Weg: Vertrauen braucht nicht zwangsläufig Zeit. Und das ist gut so, denn je schnelllebiger unsere Welt wird, desto weniger Raum haben wir – oder geben wir uns –, um vertrauensvolle Beziehungen zu gestalten. Der Gedanke, dass Vertrauen lange braucht, um zu wachsen, ist somit nicht mehr zeitgemäß. Wir brauchen eine moderne Form, um Vertrauen zu schaffen. Und die gibt es glücklicherweise: die blitzschnelle Entscheidung für Vertrauen. Denn Vertrauen lässt sich sehr wohl schnell aufbauen, indem wir anderen einen Vertrauensvorschuss gewähren. Eine sehr wichtige Vertrauenszutat, wie Sie später erfahren werden.

Es geht also darum, aktiv in Vertrauen zu investieren, trotz des Risikos und der Unsicherheit, die im Vertrauen liegen. Wer grundsätzlich davon ausgeht, dass Menschen vertrauenswürdig sind, und sich selbst zutraut, mit möglichen Enttäuschungen umzugehen, dem fällt dieser Schritt leichter.

Woher aber stammt die Legende »Vertrauen braucht Zeit«? Eine mögliche Erklärung ist die gängige Überzeugung, Vertrauen entstehe vor allem durch Vertrautheit – sprich durch gemeinsame Erfahrungen im Lauf der Zeit. Vor diesem Hintergrund lohnt es sich, die Beziehung zwischen Vertrauen und Vertrautheit genauer zu betrachten.

Vertrauen und Vertrautheit

Vertrautheit und Vertrauen scheinen aufgrund ihrer Ähnlichkeit im Wortlaut zwei sehr homogene Begriffe. Und doch haben sie eine grundsätzlich unterschiedliche Bedeutung. Um das zu verstehen, ziehen wir drei Urgesteine der modernen Vertrauensforschung hinzu: Denise Rousseau, Morton Deutsch und Niklas Luhmann. Ihnen zufolge lassen sich die beiden Begriffe leicht abgrenzen:

Vertrauen ist eine mehr oder weniger bewusste Entscheidung für Unsicherheit und Risiko, in der Annahme, dass das Gegenüber unsere Verwundbarkeit nicht missbraucht. Vertrauen ist also eine kognitive Leistung.

Vertrautheit ist etwas Unvermeidbares im Leben und entsteht unabdingbar durch gemeinsam verbrachte Zeit. Vertrautheit entwickelt sich demnach, ohne dass man bewusst etwas dafür tut.

Vertrautheit erleichtert Vertrauen

Mit zunehmender Vertrautheit entsteht das Gefühl, den anderen besser einschätzen und das im Vertrauen liegende Risiko genauer kalkulieren zu können. Vertrautheit lässt das Wagnis kleiner und daher den Schritt ins Vertrauen leichter wirken. Vertrautheit kann also dazu beitragen, Vertrauen zu schaffen, ist zum Glück aber nicht der einzige Weg.

Denn während der Bedarf an Vertrauen durch die steigende Komplexität und zunehmende Umgebungsgeschwindigkeit steigt, finden wir gleichzeitig immer weniger Zeit, um Vertrauen auf Vertrautheit zu bauen.

Ein Beispiel dazu: Wer früher erst einmal einen festen Job hatte, der blieb dort oft bis zur Rente. Er kannte seine Kollegen, den Tankwart um die Ecke und auch die Frau in der Bäckerei. Den Wocheneinkauf machte er im Supermarkt auf dem Heimweg, sein Auto brachte er in die Werkstatt vor Ort, und er bewegte sich in einem Umfeld, dessen Menschen ihm mehr oder weniger vertraut waren.

Doch die Zeiten haben sich geändert. Heute wechseln wir häufiger unseren Arbeitsplatz, ziehen in eine andere Stadt, treffen dort auf neue Menschen. Urlaub machen wir immer öfter im Zuhause von Fremden (AirBnB), Autos teilen wir mit Unbekannten (BlaBlaCar), und Produkte kaufen wir von Händlern, die ihren Firmensitz nicht nur in einem anderen Land, sondern häufig sogar auf einem anderen Kontinent haben (eBay, Amazon). Ohne schnelles Vertrauen wäre all das undenkbar. *Denn Vertrauen reduziert nicht nur die wahrgenommene Komplexität von Entscheidungen, es macht uns überhaupt erst handlungsfähig.*

Der schnelle Weg zu Vertrauen

Obwohl sich das Konzept »Vertrauen durch Vertrautheit« in der Vergangenheit bewährt hat, gerät es aktuell immer mehr an seine Grenzen. Wir brauchen also eine Abkürzung, um Vertrauen zu schaffen. Wie aber kann diese aussehen?

Der schnellste und gleichzeitig sicherste Weg zu Vertrauen ist, sich bewusst dafür zu entscheiden. Warum aber fällt uns gerade das so schwer?

Der Grund dafür liegt in der Natur des Vertrauens. Denn Vertrauen ist stets – auch unter dem Mantel der Vertrautheit – eine Entscheidung für eine prinzipiell unsichere Situation. Wer vertraut, wagt also einen Schritt ins Ungewisse. Denn Vertrauen beginnt dort, wo Sicherheit und Wissen enden. So beschreibt Peter Ping Li das Phänomen des Vertrauens. Er ist Professor an der Copenhagen Business School in Dänemark und zählt zu den renommiertesten Vertrauensforschern der heutigen Zeit.

Der Zusammenhang zwischen Wissen, Vertrauen und Unsicherheit:

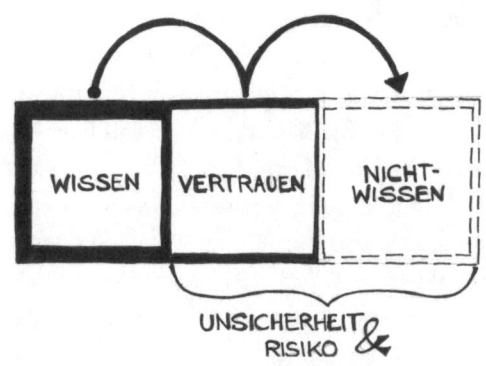

Wer sich ohne die stützende Hilfe der Vertrautheit bewusst für Vertrauen entscheidet, der kennt die möglichen Gefahren und die Sprunghaftigkeit der Menschen. Er ist sich im Klaren, dass Menschen sich hin und wieder egoistisch und gar verantwortungslos verhalten können. Und doch ist er bereit, dieses Risiko einzugehen. Er macht sich verwundbar, akzeptiert die Unsicherheit und geht von der Vertrauenswürdigkeit des anderen aus.

Was auch uns dazu bewegen könnte? Unser Wissen um die Vorzüge von Vertrauen. Weil wir uns bewusst machen können, dass es viel anstrengender, nervenaufreibender und auch kostspieliger ist, generell zu misstrauen. Wohin uns das führt, haben wir in den beschriebenen Vertrauensmythen gesehen: Misstrauen schützt uns nicht vor schlechten Erfahrungen, sondern macht sie geradezu wahrscheinlich. Kluges Vertrauen hingegen ist wirkungsvoll und bringt uns zahlreiche Vorteile. Vor diesem Hintergrund können wir Vertrauen dann als sinnvolle Chance betrachten, um trotz aller Unwägbarkeiten handlungsfähig zu sein.

Vertrauen wird damit zu einer persönlichen Leistung, zu einer menschlichen Kompetenz und zu einer Fähigkeit, die wir erlernen, trainieren und aktiv anwenden können. *Ob wir grundsätzlich anderen vertrauen oder nicht, ist daher eher eine Frage der Kompetenz als eine Frage der Vertrautheit.*

Fazit *Vertrautheit braucht Zeit. Vertrauen hingegen lässt sich sehr wohl aktiv, schnell und gezielt aufbauen. Der erste Schritt dazu ist, sich bewusst dazu zu entschließen. Wer sich für Vertrauen entscheidet, tut das in dem Wissen um Risiken und Unwägbarkeiten. Doch Vertrauen zu schenken ist nicht nur der sicherste, sondern auch der schnellste und effektivste Weg, um Vertrauen zu gewinnen.*

6. Mythos:
»Ich kann nicht mehr vertrauen.
Ich habe es verlernt.«

Gerade Menschen, die in der Vergangenheit vertraut haben und dann enttäuscht wurden, denken mitunter: »Ich kann nicht mehr vertrauen.« Aber stimmt diese Einschätzung? Kann man Vertrauen tatsächlich verlernen?

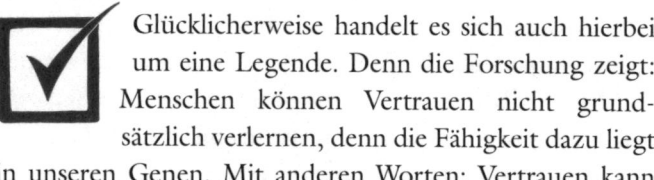

Glücklicherweise handelt es sich auch hierbei um eine Legende. Denn die Forschung zeigt: Menschen können Vertrauen nicht grundsätzlich verlernen, denn die Fähigkeit dazu liegt in unseren Genen. Mit anderen Worten: Vertrauen kann jeder.

Unumstritten ist, dass es Rahmenbedingungen gibt, die Vertrauen erschweren können. Beispielsweise, wenn jemand in der Vergangenheit sehr enttäuscht oder verletzt wurde. Was aus solchen Situationen oft zurückbleibt, ist ein Vertrauenskater. Die schmerzhafte Erinnerung an die Enttäuschung. Diese wiederum lässt Menschen vorsichtig, mitunter gar ängstlich werden, denn die eigenen Erfahrungen prägen das persönliche Verhältnis zum Vertrauen.

All das ändert allerdings nichts daran, dass die Vertrauensfähigkeit weiterhin in uns vorhanden ist. Sie wird nur seltener genutzt und »rostet ein«. Um sich mit Vertrauen wieder sicherer zu fühlen, braucht es somit Übung. Denn mit Übung kommt die Routine, und die erleichtert es, anderen grundsätzlich vertrauensbereit zu begegnen.

Um die einzelnen Einflussfaktoren auf die Vertrauensfähigkeit besser zu verstehen, schauen wir uns die Hintergründe einmal genauer an. Was mit Blick auf unsere

Vertrauensfähigkeit ist angeboren, was ist erlernt? Welche Rolle spielen dabei negative Erfahrungen? Und warum ist Vertrauen im Grunde wie Fahrradfahren?

Vertrauen ist angeboren

Vertrauen zu können ist tief in unseren Genen verankert. Wir alle kommen mit der Fähigkeit und dem Bedürfnis, anderen zu vertrauen, auf die Welt. Das konnte beispielsweise ein Forscherteam um Martin Reimann von der University of Arizona im Jahr 2017 zeigen.

In einer Studie untersuchten Reimann und seine Kollegen das Verhalten von 324 eineiigen und 210 zweieiigen Zwillingen. Sie wollten herausfinden, welchen Einfluss die Gene eines Menschen auf dessen Bereitschaft nehmen, seinen Mitmenschen zu vertrauen.

Die Forscher konnten beweisen: Vertrauen ist zumindest teilweise angeboren. Etwa 30 Prozent der Vertrauensfähigkeit eines Menschen gehen auf dessen Gene zurück. Misstrauen hat hingegen keine genetische Grundlage und ist komplett erlernt.

Die Fähigkeit, anderen zu vertrauen, gehört zur Grundausstattung eines jeden Menschen und ist nichts, was wir grundsätzlich verlernen können. *Menschen, die ihre Vertrauensfähigkeit lange nicht mehr genutzt haben, fühlen sich häufig unsicher und glauben, sie könnten nicht mehr vertrauen. Dabei fehlt ihnen nur die nötige Übung.*

Vertrauen ist auch erlernt

Die Fähigkeit, anderen Menschen zu vertrauen, geht allerdings nicht nur auf Gene zurück, sondern wird auch stark durch individuelle Erfahrungen beeinflusst. Laut der Studie unter Reimanns Leitung lassen sich die übrigen

70 Prozent der Vertrauensfähigkeit – der übrige Teil, der nicht auf genetische Faktoren zurückgeht – durch persönliche Erfahrungen erklären.

Diese wiederum hinterlassen Spuren in der Persönlichkeit, dem eigenen Denken und Handeln – und können die Vertrauensfähigkeit somit stärken oder schwächen.

Menschen sind geprägt von dem, was sie erleben, wie sie aufwachsen und was ihnen andere in ihrem Umfeld vorleben. All diese Dinge nehmen Einfluss darauf, ob und wie sehr jemand bereit ist, eine Beziehung mit dem Ungewissen einzugehen. Denn genau das ist Vertrauen.

Angenommen, jemand wird mit einer Mutter groß, die sehr ängstlich ist, die alles und jeden kontrolliert und niemandem vertraut. So jemandem wird es später wahrscheinlich schwerfallen, anderen zu vertrauen. Nicht weil er es prinzipiell nicht kann, sondern weil er es nicht gelernt hat.

Wenn es um Beziehungen geht, ist das menschliche Gehirn wie ein Elefant: Es vergisst nicht. Vielmehr speichert es detailliert alles ab, was einem Menschen widerfährt. Deshalb neigen Menschen dazu, bereits erlernte Beziehungsmodelle auf alle nachfolgenden Beziehungen zu übertragen. Und nicht selten kommt ihnen ihre Elefantenweisheit dabei in die Quere.

Dann leiden sie unter der Angst, verlassen zu werden, weil sich ihre Eltern getrennt haben. Vielleicht suchen sie sich sogar einen Partner, der sie körperlich oder seelisch misshandelt, weil sie in früheren Bindungen abgespeichert haben, dass diese Form der Aufmerksamkeit Liebe bedeutet.

Was auch immer jemand bisher über Beziehungen gelernt hat: Er packt einen Teil davon in seinen Erfahrungsrucksack und bringt diesen mit in die nächste Beziehung – zu Freunden, Kollegen, Kindern oder Partnern. Und am

Ende wundert er sich dann, warum sich bestimmte Dinge wiederholen.

Das aber muss nicht sein, denn Beziehungslernen hört nie auf. Vielmehr ist es ein lebenslanger Prozess. Jeder von uns hat die Möglichkeit, seinen Erfahrungsschatz um positive Erlebnisse zu erweitern, die uns helfen, unsere Vertrauensfähigkeit zu stärken, um in Zukunft leichter zu vertrauen.

Vertrauen ist eine Entscheidung

Um positive Erfahrungen zu machen, die zeigen, wie wertvoll und leicht Vertrauen sein kann, braucht es allerdings zuvor die Entscheidung dafür.

Keine Frage, alte Verletzungen und vergangene Enttäuschungen können Vertrauen durchaus erschweren. Am Ende liegt es allerdings an jedem selbst, ob er den Schritt ins Vertrauen wagt. Denn Vertrauen ist eine persönliche Entscheidung. Im Hinblick auf die Frage »Können wir Vertrauen verlernen?« gilt: Wir verlernen nicht, anderen Menschen zu vertrauen. Wir sind nur mitunter weniger entscheidungsfreudig. Das ist alles.

Vertrauen ist wie Fahrradfahren

Wer lange Zeit wenig vertraut hat, dem geht es wie jemandem, der lange nicht aufs Fahrrad gestiegen ist: Er kann es zwar noch, ist allerdings angespannt, unsicher und »eiert« durchs Gelände. Dabei fehlt es ihm nur an Routine.

Gerade wenn jemand schwer enttäuscht wurde, hat er das Gefühl, als stecke ihm die letzte Radtour noch in den Knochen. Beim Blick auf seine Schrammen erinnert er sich noch genau an den Moment, in dem er unsanft über den Lenker ging. Er überlegt, was beim letzten Mal zum Sturz geführt hat. Eventuell hegt er sogar Zweifel, ob er überhaupt je wieder aufs Rad steigen wird. Im Übrigen sind dies typische Symptome eines schweren Vertrauenskaters. Dann spürt man die unschönen Nachwehen des enttäuschten Vertrauens, und das macht unsicher und misstrauisch.

Da jemand in misstrauischen Phasen kaum positive Erfahrungen machen kann, verstärken sich die Gefühle von Angst und Zweifel. Oft folgen darauf Selbstvorwürfe, die die Nachwehen des Vertrauenskaters zusätzlich verschlimmern. Der Betroffene leidet – körperlich und seelisch.

Hinzu kommt, dass er in der Zwischenzeit durchaus anderen vertraut hat, wenn auch nur in seiner Fantasie. Oft spielen Menschen dann in Gedanken viele Situationen durch und malen sich aus, was schlimmstenfalls passieren könnte. Vor dem Praxistest drücken sie sich jedoch, wo immer sie können, und nehmen sich damit die Chance, neue positive Erfahrungen zu machen. Oder wie es Mark Twain einmal treffend sagte: »Ich habe in meinem Leben viele Katastrophen gesehen. Die wenigsten davon sind eingetreten.«

Gerade in dieser Zeit lauschen Betroffene besonders gerne Geschichten, die darauf einzahlen, Vertrauen sei gefährlich. Denn sie suchen unbewusst und kontinuierlich nach Bestätigung für ihr Verhalten. Steckt ihnen ein Vertrauenskater noch frisch in den Knochen, sind Menschen übrigens besonders empfänglich für solche Schauergeschichten. Dabei ist es zweitrangig, ob es sich dabei um ihre eigenen oder fremde Erfahrungen handelt. Ihr Fazit ist meist dasselbe: *»Wer vertraut, wird verletzt.«*

Die Kriterien, die Betroffene erfüllt wissen wollen, um jemandem zu vertrauen, sind dadurch deutlich strenger geworden. Und die Aktien für Vertrauensvorschüsse an ihre

Mitmenschen haben bedenklich verloren. Schnell gewöhnen wir Menschen uns an eine misstrauische Denkhaltung, und nicht selten genießen wir sogar die trügerische Sicherheit des Misstrauens.

Die Krux an der Sache: Mit jedem Funken Misstrauen können wir uns weniger vorstellen, den Schritt ins Vertrauen zu wagen. Das Fahrrad rostet ein …

Mitunter halten Betroffene Misstrauen sogar für die ultimative Lösung. Für den Schutzwall, der sie in Zukunft davor bewahrt, enttäuscht und verletzt zu werden. Was allerdings tatsächlich geschieht, ist etwas anderes: Menschen, die tief verletzt wurden und sich zurückgezogen haben, haben lange ihre Wünsche nach Nähe, Geborgenheit und Verbundenheit unterdrückt. Und nun macht es ihnen Angst, sie wieder zuzulassen – und all die Gefühle, die dadurch entstehen können. Sie scheuen sich davor, wieder enttäuscht und betrogen zu werden. Sie fürchten sich davor, dass jemand sie zurückweisen oder gar verlassen könnte. Und wenn sie diese Mischung aus Angst, Unsicherheit und Zweifel heimsucht, dann denken sie tatsächlich: »Ich glaube, ich kann nicht mehr vertrauen. Ich hab's einfach verlernt.« Tatsächlich sind sie nur ein bisschen aus der Übung.

Damit es uns anders ergeht, hilft Training. Sollten wir länger nicht geradelt sein, lassen wir es vielleicht etwas langsamer angehen. Denn je länger wir uns nicht aufs Rad gewagt haben, desto mehr Zeit sollten wir uns geben, um wieder sicher im Sattel zu sitzen. Es hilft zu wissen, dass sich die ersten Fahrversuche nach langer Pause häufig etwas wackelig anfühlen. Davon sollten wir uns jedoch nicht beirren lassen, denn mit der Routine kommen auch die Sicherheit und die Unbeschwertheit zurück.

Am besten schnappen wir uns also unser Fahrrad, schwingen uns in den Sattel und radeln los. Denn wir können nur positive Erfahrungen mit Vertrauen machen, wenn wir auch vertrauen.

Fazit: *Vertrauen können wir nicht verlernen, denn die Grundlagen dafür tragen wir in unseren Genen. Oft fehlt uns nur die nötige Übung, damit uns Vertrauen leichter fällt. Der erste Schritt dazu ist die Entscheidung für Vertrauen. Und die kann jeder von uns aktiv treffen. Deshalb gilt tatsächlich: Vertrauen kann jeder.*

TEIL 3:
VERTRAUENSREZEPTE

Haben Sie sich schon einmal gefragt, warum jemand Ihr Vertrauen gewinnt? Einfach so, ohne dass Sie groß darüber nachdenken müssen?

Liegt es daran, dass diese Person ehrlich ist? Sich fair verhält? Zuverlässig agiert? Ihnen respektvoll begegnet? Vertrauliches für sich behält? Oder Sie nach Kräften unterstützt, wenn es darauf ankommt?

Wenn Sie wie die meisten Menschen »ticken«, dann sind es tatsächlich diese und weitere Gründe, die Sie dazu veranlassen, Ihrem Gegenüber zu vertrauen – wissenschaftlich betrachtet.

Die aktuelle Vertrauensforschung und die Gespräche mit Wissenschaftlern, Experten und Menschen in den Vertrauensländern machen deutlich: Es sind vor allem die neun folgenden Rezepte, die Menschen einander vertrauen lassen und somit zum Beziehungsglück und einem erfüllten Leben beitragen.

Wenn wir diese Vertrauensrezepte verstehen und danach handeln, dann müssen wir gelingende und stabile Beziehungen nicht dem Zufall überlassen, sondern können sie selbst gestalten. Beziehungen zu Freunden, Kollegen, dem eigenen Partner – und sogar zu Menschen, die wir noch gar nicht kennen.

Und wenn Sie danach vorgehen, dann werden auch Sie am Ende sagen können: Stimmt, Vertrauen kann jeder!

Diese Rezepte können Ihnen auf zwei Weisen den Weg zu vertrauensvollen und glücklichen Beziehungen erleichtern. Zum einen bieten sie Ihnen praktische Tipps und Anregungen, wie Sie das Vertrauen Ihrer Mitmenschen gewinnen können. Andererseits helfen sie Ihnen zu erkennen, wer sich Ihnen gegenüber vertrauenswürdig verhält und wem Sie somit klug vertrauen können. Denn die Rezepte zeigen, was eine vertrauenswürdige Person auszeichnet, die das geschenkte Vertrauen zu schätzen weiß und es sehr wahrscheinlich nicht enttäuscht.

 **Wie sich die Rezepte richtig nutzen lassen?** Indem Sie nicht nur bei den einzelnen Zutaten der Vertrauensrezepte das richtige Maß finden, sondern auch bei Ihrem Anspruch an Ihre Mitmenschen. Denn der schnellste Weg, enttäuscht zu werden, sind übersteigerte Ansprüche. Seien Sie deshalb großzügig, wenn Sie andere nach diesen Vertrauensrezepten einschätzen.

Denn andere beurteilen wir nach deren Verhalten, uns selbst nach unseren Absichten. Und eine Absicht ist leichter gefasst als eine Handlung umgesetzt. Deshalb meine Bitte: Legen Sie das Verhalten Ihrer Mitmenschen nicht auf die Goldwaage. Wenn Sie spüren, dass Ihr Gegenüber bereits einige der Rezepte sehr gut beherrscht und Ihnen grundsätzlich wohlgesinnt ist, dann drücken Sie gerne mal ein Auge zu. Ihr Umfeld wird es Ihnen danken – und Ihre Beziehungen zu den Mitmenschen werden aufblühen.

Das Gleiche gilt übrigens für Sie selbst: Bitte keinen Vertrauensstress! Perfektionismus ist hier nicht zielführend. Weder für vertrauensvolle Beziehungen noch um langfristig glücklich zu sein. Maß halten lautet die Devise: Es geht nicht darum, alles im Sinne der Rezepte zu 100 Prozent richtig zu machen. Wertvoller ist es, ein grundlegendes Bewusstsein dafür zu entwickeln, wie Vertrauen entsteht und was es braucht, um langfristig zu wachsen. Betrachten Sie das Ganze am besten spielerisch. Dafür wünsche ich Ihnen die nötige Neugier, stärkende Zuversicht und den Mut, Neues auszuprobieren und Altes abzulegen. Denn dann gewinnen Sie nicht nur stabile und glückliche Beziehungen, sondern auch Leichtigkeit und Lebensfreude. Probieren Sie es aus, Sie werden es sehen …

Oft werde ich gefragt, ob denn jeder lernen kann, diese Vertrauensrezepte im Alltag anzuwenden. Die Antwort lautet: Ja, Vertrauen kann wirklich jeder. Denn es handelt sich bei diesen Rezepten um kein Buch mit sieben Siegeln. Woran wir das erkennen: In den Vertrauensländern beherrschen diese Zutaten bereits die Kleinsten. Und wenn Vierjährige danach handeln – mit Leichtigkeit und Spaß an der Sache –, dann schaffen wir das doch auch, oder?

Tatsächlich sind die Vertrauensrezepte eine Mischung aus positiven Charaktereigenschaften und Fähigkeiten, die jeder von uns erlernen und einüben kann. Einige davon sind uns teilweise bereits in die Wiege gelegt, wie etwa die Fähigkeit, uns in andere einzufühlen – unsere Empathie. Andere hingegen lassen sich mit dem nötigen Wissen, etwas Neugier und der entsprechenden Übung schnell erlernen.

Damit Ihnen der Weg dorthin leichtfällt und Freude macht, habe ich diese Rezeptsammlung mit lebendigen und wahren Geschichten gewürzt. Persönliche Anekdoten meiner Reise in die Vertrauensländer und aus meiner Coachingpraxis, Geschichten aus der aktuellen Forschung und über wissenschaftliche Experimente.

Sie können sich von meinen Beispielen und Geschichten inspirieren lassen, neugierig in die Forschung eintauchen, selbst an kleinen Experimenten teilnehmen und bei den Vertrauenschampions vorbeischauen. Denn dort gibt es einiges zu entdecken:

Warum etwa finden sich in Schweden und Dänemark keine akademischen Titel auf Visitenkarten? Weshalb trägt eine Gehaltspolizei in Schweden indirekt dazu bei, dass die Menschen dort einander stärker vertrauen und glücklicher sind?

Und weshalb hat in den Niederlanden mitunter der Praktikant in der Abteilung das Sagen? Anregungen, die dadurch entstehen, können Sie vielleicht an Ihren eigenen Arbeitsplatz mitnehmen und dort umsetzen. Es hilft, wenn man mit gutem Beispiel vorangeht. Die Rezepte helfen dabei. Im Lauf dieses Rezepte-Kapitels werden Sie auch verstehen, warum man in Dänemark tatsächlich von Herzen gerne Steuern zahlt – und das ist kein Märchen!

Zudem blicken wir hinter die Kulissen: Was genau haben diese kleinen Anekdoten mit den so wichtigen Vertrauensrezepten zu tun? Was verbindet die Vertrauenschampions auch über diese neun Rezepte hinaus? Und was können wir für unsere Beziehungen und unser persönliches Glück von ihnen lernen?

Aus der aktuellen Forschung erfahren Sie, wie Sie mit TV-Serien und Filmen Ihren Empathiemuskel trainieren können und warum vertrauenswürdige Führungskräfte beruflich erfolgreicher sind. Sie erkennen, mit welchen kleinen Gesten Sie schnell und zuverlässig Vertrauen aufbauen oder bestehendes Vertrauen stärken können. Sie verstehen, warum Schwächen zuzugeben uns sympathischer macht – und sogar mit Vertrauen belohnt wird. Warum Geheimnisse nicht nur auf unsere Stimmung schlagen, sondern sogar einsam machen.

Zudem lernen Sie eine Formel kennen, mit der Sie selbst leicht überprüfen können, ob in Ihrer Beziehung genügend Respekt geübt wird, um langfristig glücklich zu sein. Und Sie begreifen, wie Sie aus eigenen Fehlern lernen, ja, dadurch sogar Vertrauen gewinnen können. Und warum eine gute Entschuldigung bares Geld wert sein kann.

1. Rezept:
VERSCHWIEGENHEIT

Stellen Sie sich vor, eine Freundin ruft Sie ganz aufgeregt an und sagt: »Du, ich muss dir unbedingt etwas erzählen. Du glaubst es nicht: Die Anne und der Bernd, die lassen sich scheiden. Nach zwanzig Jahren. Ich sage dir: Rosenkrieg vom Feinsten. Und die Anne, die hat schon seit zwei Jahren eine Affäre mit dem Nachbarn. Unfassbar! Ich wusste ja immer, dass das nicht gut gehen kann.« Und was dann folgt, können Sie sich denken: Wer mit wem, wer ohne wen und wer überhaupt …

Kennen Sie das? Menschen, die mit großer Freude über das Leben anderer tratschen? Die ungeniert über Dinge urteilen, die sie genau genommen nichts angehen? Die nicht davor zurückschrecken, persönliche Geschichten Dritter zu erzählen, um sich selbst interessanter zu machen?

Wen ich damit meine: den Nachbarn, den Sie morgens auf der Straße treffen und der Ihnen brühwarm den neuesten Klatsch des Viertels erzählt. Den Friseur, der Sie haarklein über die aktuellsten Gerüchte der Stadt informiert. Oder die Bekannte, die freizügig über die Beziehungsprobleme ihrer Freundin redet, um damit Aufmerksamkeit zu erregen.

Wie fühlen Sie sich in solchen Situationen? Hören Sie gerne zu? Oder schämen Sie sich insgeheim ein bisschen fremd?

Und viel wichtiger ist die Frage: Würden Sie solch einer Person intime Details anvertrauen? Würden Sie ihr beispielsweise erzählen, dass Ihr Sohn die Schule nicht schafft?

Dass Sie um Ihren Job fürchten, finanzielle Probleme haben? Dass Sie selbst unter Depressionen leiden? Oder dass Sie und Ihr Partner seit einem Jahr zur Paartherapie gehen und nicht wissen, ob Sie die Kurve kriegen? Die meisten von uns wären sicher vorsichtig …

Wenn wir jemandem begegnen, der hemmungslos über das Privatleben anderer tratscht, dann stellen wir uns immer auch die Frage: Wie redet diese Person über uns, wenn wir nicht dabei sind? Was von dem, was wir ihr anvertraut haben, erzählt sie bei der nächsten Gelegenheit weiter? Spätestens wenn wir diese Gedanken haben, ist für uns eigentlich klar: In Gegenwart dieser Person erzählen wir nur so viel, wie wir auch freiwillig in die Zeitung setzen würden.

Wie erleichternd ist es hingegen zu wissen, dass das, was wir erzählen, bei unseren Mitmenschen gut aufgehoben ist.

Wenn wir sicher sein können, dass diese vertrauensvoll mit dem umgehen, was wir von uns preisgeben.

Und wie viel entspannter sind wir im Umgang miteinander, wenn wir nicht die Sorge haben müssen, dass getratscht wird.

In Gegenwart von Menschen, die unsere Offenheit nicht gegen uns verwenden, die taktvoll und besonnen mit eigenen und fremden Geschichten umgehen, fühlen wir uns sicher. Deshalb genießen diese Menschen unser Vertrauen. All das lässt sich in einem Wort auf den Punkt bringen: Verschwiegenheit.

Definition von Verschwiegenheit

Verschwiegenheit ist die Bereitschaft, vertrauliche Informationen diskret zu behandeln. Sie hat nichts mit der natürlichen Wortkargheit zu tun, die manche Menschen an den Tag legen, sondern beinhaltet immer eine bewusste, taktvolle Zurückhaltung.

Damit ist Verschwiegenheit nicht nur eine positive Charaktereigenschaft, die Menschen vertrauenswürdig macht, sondern auch eine Fähigkeit, die sich erlernen und trainieren lässt.

Wie wir Verschwiegenheit praktizieren können

Woran aber erkennt man, dass Menschen verschwiegen sind, und wie können wir Verschwiegenheit im Alltag praktizieren?

Menschen halten uns für verschwiegen:

… wenn wir Geschichten, die sie selbst mit uns teilen, bewahren.

Wenn wir nicht weitererzählen, was sie uns anvertraut haben. Weder aus Leichtsinn noch mutwillig.

… wenn wir Geschichten, die andere mit uns teilen, für uns behalten.

Wenn wir nicht weitererzählen, was uns andere anvertraut haben. Unabhängig davon, ob sie anwesend sind oder nicht. Wenn wir nicht tratschen.

… wenn wir im Zweifelsfall fragen, bevor wir zu viel verraten.

Wenn wir das Feingefühl beweisen und uns rückversichern, ob wir etwas erzählen dürfen. Und wir lieber schweigen, als zu viel zu verraten, sobald wir uns unsicher sind.

Wenn wir nach diesen Prinzipien handeln, dann empfinden uns andere als verschwiegen und schenken uns eher ihr Vertrauen.

In vertrauensvollen Ländern ist man verschwiegen. Diese Erfahrung habe ich auf meinen Reisen bei zahlreichen Begegnungen mit den Menschen vor Ort gemacht. Überrascht hat es mich nicht, denn das hatte ich erwartet. Schließlich ist es doch so: Wer Geheimnisse weitererzählt oder schlecht über andere spricht, dem vertrauen wir nicht.

Wie sich Verschwiegenheit darstellt, das ist allerdings von Land zu Land verschieden. Während das Thema Geld in Norwegen, Schweden und der Schweiz beispielsweise tabu ist, gehen die Menschen in den USA sehr offen mit ihren Finanzen um. Doch auch die Amerikaner sind verschwiegen, nur eben auf ihre Weise, wie Sie später erfahren werden.

Damit Sie wissen, wie Sie vertrauensstärkend agieren und wem Sie guten Gewissens vertrauen können, mache ich Sie gerne mit den einzelnen Zutaten für das Verschwiegenheitsrezept vertraut.

Zutaten für Verschwiegenheit

Oft werde ich gefragt, woran man erkennen kann, wer verschwiegen ist. Tatsächlich lässt sich Verschwiegenheit niemandem an der Nasenspitze ansehen. Es gibt allerdings Merkmale, nach denen wir Ausschau halten können, um verschwiegene Menschen zu erkennen.

Diskretion

Diskretion ist die wichtigste Zutat für das Verschwiegenheitsrezept – und damit eine wesentliche Grundlage für jede Form von Vertrauen.

Woran wir sie erkennen? Diskrete Menschen behalten Vertrauliches für sich, ohne dass man sie extra darum bitten muss. Sie verhalten sich zurückhaltend und besitzen ein feines Gespür dafür, was sich gehört. Deshalb erleben wir diese Menschen häufig als taktvoll.

Sie werden feststellen: Diskretion begegnet uns im Alltag nie allein, sondern immer in guter Gesellschaft: in Begleitung weiterer Vertrauenszutaten, die Sie noch kennenlernen werden, wie Rücksicht, Freundlichkeit, Bescheidenheit und Einfühlungsvermögen beispielsweise.

Wer sich diskret verhält, der muss das richtige Maß finden, damit er vertrauenswürdig wirkt – und andere bereit sind, ihm zu vertrauen. Es ist doch so: Wer zu diskret ist, der wirkt verschlossen. Wer zu wenig diskret ist, der erscheint uns zu offenherzig. Beides macht Menschen skeptisch.

Shi Xing Mi, ein Schweizer Shaolin-Mönch, den ich in Zürich zum Interview traf, bringt die Kunst der Diskretion auf den Punkt: »Nicht zu viel und nicht zu wenig Offenheit. Die Mitte finden. Immer respektvoll, nie verletzend.« Diskretion ist also wirklich eine Kunst – die Kunst des Maßhaltens.

Deutlich wird dies auch, wenn wir uns die Herkunft des Wortes »Diskretion« bewusst machen. Es leitet sich ab vom lateinischen Wort »discerno«, was so viel bedeutet wie »Unterscheidung«. Wer also diskret agiert, der kann zwischen zu viel und zu wenig Offenheit unterscheiden.

Den Niederländern etwa gelingt es beeindruckend gut, das richtige Maß an Diskretion zu finden, was vertrauensbildend wirkt. Einerseits sind sie sehr herzlich, man begrüßt sich mit festem Händedruck oder mit Küssen auf die Wange. Im alltäglichen Miteinander sind sie also wenig zurückhaltend, sondern eher offensiv. Wenn es allerdings um Themen wie Geld, Religion oder den Bildungstitel geht, verhalten sie sich überaus diskret. Ein allzu freizügiger Umgang mit diesen Themen stößt schnell auf Unverständnis. Warum das so ist? Nun, die niederländische Devise lautet Bescheidenheit – übrigens eine weitere Zutat für Vertrauen. In den Niederlanden gibt es ein ungeschriebenes Gesetz, was diskret behandelt wird: Bei Themen, die gesellschaftliche Unterschiede betonen und damit ein Gefühl von Distanz, Ungerechtigkeit und Machtgefälle hervorrufen, ist man zurückhaltend. Man prahlt nicht, weder mit Geld noch mit seinem Abschluss an einer renommierten Universität. Stattdessen steht Bescheidenheit hoch im Kurs, denn sie stärkt das Gefühl von Gleichheit. Diese Haltung drückt sich auch in der Verhaltensmaxime der Niederländer aus: »Doe maar gewoon, dan doe je al gek genoeg.« – »Benimm dich normal, das ist schon verrückt genug.«

Das Streben nach Bescheidenheit und Gleichheit haben die Niederländer übrigens mit anderen vertrauensvollen Ländern gemeinsam. Auch in Schweden, Norwegen, Dänemark und der Schweiz ist man diskret, wenn es um Geld und Titel geht – aus einer respektvollen Haltung heraus.

Diskretion ist in den vertrauensstarken Ländern also kein Selbstzweck – es geht nicht um die Diskretion an sich, sondern um das, wozu sie beiträgt: ein harmonisches Miteinander und Verbundenheit.

Setzen wir Diskretion also aus den »richtigen« Gründen ein, dann wird sie zu einem wirkungsvollen Verstärker für Vertrauen.

Zutaten – mit Vorsicht zu genießen

Besonders greifbar wird der Wert von Verschwiegenheit dann, wenn sie fehlt. Deshalb zum Schluss noch zwei Zutaten, die Sie besser mit Vorsicht genießen. Denn sonst wird das Verschwiegenheitsrezept schnell fad …

Tratsch

Tratsch ist eine der Zutaten, die das Verschwiegenheitsrezept vergiften und Vertrauen kosten kann. Wer schlecht hinter dem Rücken anderer redet, absichtlich Gerüchte in die Welt setzt oder sie weiterverbreitet, der muss sich nicht wundern, wenn andere ihm misstrauen.

So jemand macht uns skeptisch, denn natürlich stellen wir uns die Frage: Wie redet diese Person über uns, wenn wir nicht dabei sind? Das lässt uns am Tratschenden und seiner Vertrauenswürdigkeit zweifeln.

Tatsache ist: Wir alle tratschen. Mit Kollegen beim Mittagessen, mit Freunden auf einer Party und sogar in sozialen Netzwerken. Dem kreativen Gedankenaustausch über andere sind keine Grenzen gesetzt.

Warum wir das tun, dazu gibt es in der Psychologie viele Theorien. Einige gehen davon aus, dass gemeinsames Tratschen die Verbundenheit zu den Menschen erhöht, mit denen wir tratschen. Das etwa stellt Eric Foster von der Temple University in Pennsylvania in einer Analyse aus dem Jahr 2004 heraus. Der Wirtschaftspsychologe, damals Leiter des Instituts für Umfrageforschung, analysierte dazu die Theorien, Methoden und Erkenntnisse aus fünfzig Jahren Tratsch-Forschung.

Ein weiteres Ergebnis von Fosters Analyse: Tratsch ist nicht gleich Tratsch. Mit anderen Worten: Es kommt darauf an, wie getratscht wird …

Zu diesem Ergebnis kommt auch eine Studie der Psychologin Sally Farley von der University of Baltimore im Jahr 2011. Farley fand heraus: Wer negativ über andere spricht, der muss befürchten, am Ende selbst schlecht dazustehen. Die Psychologin untersuchte, inwieweit sich Tratsch auf die Vertrauenswürdigkeit des Tratschenden auswirkt. Dazu rekrutierte sie 128 Probanden im Alter zwischen 18 und

59 Jahren – Männer und Frauen – und bat diese, anhand eines Fragebogens eine Person ihrer Wahl in Bezug auf drei Aspekte einzuschätzen: deren Tratschverhalten, ihre eigene Sympathie für diese Person und den Einfluss, den sie der Person zuschrieben. Anschließend trug die Forscherin die Antworten zusammen und wertete diese statistisch aus.

Das Ergebnis der Studie: Menschen, die schlecht über andere reden, werden als weniger sympathisch, einflussreich und vertrauenswürdig wahrgenommen als Menschen, die positiv über andere reden.

Ob ein Mann oder eine Frau bewertet wurde, machte dabei keinen Unterschied. In beiden Fällen litten die Sympathie und die Vertrauenswürdigkeit des Tratschenden, egal ob »Tratschtante« oder »Tratschonkel«. Tratsch schadet also nicht nur demjenigen, über den schlecht gesprochen wird, sondern auch dem Tratschenden selbst.

 Den Effekt, dass Lästernde weniger sympathisch und vertrauenswürdig gefunden werden, erklärte die Forscherin mit dem in früheren Studien nachgewiesenen *transfer of attitudes recursively effect*. Demzufolge schreiben wir einer Person die Eigenschaften zu, die diese Person bei anderen anmerkt. Die beiden Forscher Bertram Gawronski und Eva Walther wiesen diesen Effekt im Jahr 2008 in vier Experimenten statistisch nach. Die Studie von Farley konnte allerdings auch zeigen: Wer positiv über andere spricht, der wird von seinen Mitmenschen als sympathischer und vertrauenswürdiger wahrgenommen. Mit anderen Worten: Wie wir über andere reden, färbt auch immer auf uns persönlich ab. Wer in einem guten Licht dastehen möchte, der kann folglich selbst dazu beitragen, indem er gut über andere spricht.

Ob uns andere für vertrauenswürdig halten oder nicht, können wir also aktiv beeinflussen – sogar durch die Art und Weise, wie wir über Menschen reden, die nicht anwesend sind. Wer wohlwollend über andere spricht, wer das herausstellt, was er schätzt und was ihn mit anderen verbindet, der kann ruhig weiter tratschen. Dann nämlich dient tratschen der Beziehungspflege.

Die vertrauensstarken Länder beherrschen diese positive Form von Tratsch übrigens sehr gut: Dort wird auch getratscht, nicht mehr und nicht weniger als hierzulande, allerdings wertschätzend und respektvoll. In Schweden, Kanada und auch den Niederlanden etwa konzentriert man sich auf das, was Menschen verbindet, was sie gut können und warum man sie mag. Das dient dem harmonischen Miteinander und stärkt die Gemeinschaft im positiven Sinn. So wird Tratsch tatsächlich zu einer wirkungsvollen Zutat für gelingende Beziehungen. Auch das Tratschen will also gelernt sein, und da Übung ja bekanntlich den Meister macht: Probieren Sie es doch beim nächsten Mittagessen mit Kollegen oder beim Treffen mit Freunden einfach mal aus …

Das Herz auf der Zunge tragen

Das Herz auf der Zunge tragen ist ebenfalls eine Zutat, die falsch dosiert unserem Vertrauen schaden kann. Wer frei heraus alles erzählt, was ihn bewegt, zeigt anhand seiner eigenen Themen, dass es ihm an Diskretion mangelt. Deshalb wirken Menschen, die ungefragt ihr Innerstes nach außen kehren, auf ihr Umfeld wenig vertrauenswürdig.

Wenn wir jemandem begegnen, der sich so verhält, stellen wir uns schnell die Frage: Wenn die Person schon so unverblümt über sich redet, wie geht sie dann erst mit unseren Geschichten um?

Es gilt also auch hier, die Waage zu halten: zwischen vertrauensstiftender Offenheit, die Nähe schafft, und schützender Verschwiegenheit, die Distanz und Grenzen wahrt.

Skandinavische Zurückhaltung kann helfen, das richtige Maß zu finden. Wer sich nicht selbst in den Mittelpunkt stellt, sondern das Interesse aller Beteiligten im Blick hat, der findet leicht die richtige Balance zwischen Offenheit und Verschwiegenheit.

Verschwiegenheit schafft Vertrauen

Verschwiegenheit erleichtert uns den Weg ins Vertrauen. Was jedoch ist der Mechanismus dahinter? Haben Sie sich das schon einmal gefragt?

Der Grund liegt fast auf der Hand: Verschwiegenheit reduziert das im Vertrauen liegende Risiko. Wer einem Mitmenschen vertraut, der entscheidet sich im selben Zug für Unsicherheit. Das liegt in der Natur der Sache, denn Vertrauen beginnt dort, wo Wissen und Sicherheit enden.

Menschen sind nicht gerade risikoaffin, wie die Amerikanerin Susan Fiske, Professorin für Psychologie von der Princeton University, in vielen Studien zeigen konnte. Die Sozialpsychologin erforscht seit mehr als vierzig Jahren das menschliche Sozialverhalten, darunter auch Risikofreudigkeit – sprich die Bereitschaft, Unsicherheit zu akzeptieren und Risiken einzugehen.

In ihrem Buch *Social beings: Core motives in social psychology* – zu Deutsch *Soziale Wesen: Kernmotive in der Sozialpsychologie* – blickt sie auf vier Jahrzehnte Sozialforschung zurück und stellt heraus: Eines der Hauptmotive des Menschen ist, seine Umgebung zu kontrollieren. Dazu zählt auch, verstehen zu wollen, was passiert und warum etwas passiert. Menschen neigen dazu, Unsicherheit zu vermeiden, um mögliche Risiken gering zu halten.

Vor diesem Hintergrund wird deutlich, warum Verschwiegenheit tatsächlich vertrauen erleichtert: Geht jemand diskret mit dem um, was wir ihm anvertrauen, fragt er lieber noch mal nach, bevor er zu viel verrät, haben wir das Gefühl, selbst steuern zu können, was andere über uns erfahren. Kennen wir jemanden als verschwiegen, reduziert sich in unseren Augen das Risiko, verletzt zu werden. Die erwartete Diskretion des anderen ist eine Art Sicherheit, selbst in der Hand zu haben, was wir von uns preisgeben – und was wir lieber für uns behalten. Deshalb machen es uns verschwiegene Personen leichter, ihnen zu vertrauen. Diskretion – als Ausdruck von Respekt – wirkt also risikohemmend und vertrauensstiftend.

Sie erinnern sich: In den vertrauensvollen Ländern sind Menschen gerade deshalb verschwiegen, weil sie Nähe schaffen wollen. Diskrete Zurückhaltung ist hier kein Selbstzweck, sondern dient stets einem harmonischen Miteinander aus einer wohlwollenden Grundhaltung heraus.

Wenn Sie Diskretion in diesem Sinne einsetzen, dann werden Sie Vertrauen ernten. Das können Sie leicht selbst überprüfen:

Überlegen Sie einmal, wem Sie wirklich vertrauen? Ihrem Partner, einem Freund, einer Kollegin, Ihren Kindern? Und dann denken Sie bitte einmal darüber nach, inwieweit Sie die Person Ihres Vertrauens für diskret und rücksichtsvoll halten. Ich bin sicher, Sie werden Parallelen finden.

Dazu eine kurze Geschichte:

Ich war 19 Jahre alt, machte gerade mein Abitur und wohnte noch bei meinen Eltern. Eines Nachmittags rief mich mein bester Freund Ben an und wollte mich unbedingt sehen. Wenig später trafen wir uns zum Spazierengehen am Fluss. Nachdem wir eine ganze Weile gelaufen waren und Ben immer wieder um sein Anliegen herumtänzelte, blieb ich stehen, sah ihm direkt in die Augen und sagte: »Was ist los? Ich merke doch, dass du etwas auf dem Herzen hast.«

Ben erwiderte meinen Blick nur kurz, senkte dann den Kopf und sagte mit leiser Stimme: »Eva, ich habe ein echtes Problem. Ich bin schwul.«

Dazu muss man wissen: Wir zwei kommen aus dem erzkatholischen Münsterland, gingen damals auf ein bischöfliches Gymnasium. Da ist es nicht verwunderlich, dass man die Tatsache, schwul zu sein, mit 19 Jahren tatsächlich für ein Problem hält. Wie reagieren Freunde und Familie? Was denken Mitschüler und Nachbarn? Kein leichtes Thema in diesem Alter.

Nachdem Ben mir seine Sorgen und Bedenken erklärt hatte, fragte ich: »Sag mal, möchtest du wissen, was ich im ersten Moment gedacht habe?«

Ben nickte und blickte mich gespannt an.

»Mein erster Impuls war: Wie cool ist das denn?!«

Er sah mich etwas irritiert an, und ich erkannte, dass er mit dieser Reaktion nicht gerechnet hatte.

Also erklärte ich es ihm: »Weißt du, das ist ganz einfach: Welches Mädchen wünscht sich nicht einen schwulen besten Freund. Einen Mann, der einfühlsam ist, mit dem man shoppen gehen, über Jungs reden und die neuesten Modetrends besprechen kann. Jemanden, bei dem sich nie die Frage stellt, ob da nicht doch ein bisschen mehr als Freundschaft ist. Im Grunde bist du der perfekte beste Freund.«

Wir mussten beide lachen. So hatte Ben die Situation noch gar nicht betrachtet.

Zwei Jahre lang blieb diese Geschichte unter uns. Aus unserem Freundeskreis wusste nur ich Bescheid – und bewahrte Stillschweigen.

Eines Abends, als wir mit der Clique unterwegs waren, trommelte er alle zusammen und lüftete sein Geheimnis.

Was glauben Sie, was passierte, als er unsere Freunde einweihte? Wer bekam den Ärger? Nicht Ben, weil er schwul war, sondern ich, dafür, dass ich es so lange gewusst und geschwiegen hatte. »Warum hast du denn nichts gesagt? Einen Hinweis hättest du uns zumindest geben können!«, schallte es mir entgegen. Begeisterung für mein Schweigen sähe anders aus.

Doch der anfängliche Ärger verflog schnell, und es geschah etwas Bemerkenswertes. Nach und nach kamen immer mehr Freunde zu mir und vertrauten mir sehr persönliche Themen an. Konkrete Beispiele lasse ich an dieser Stelle aus. Verschwiegenheit, Sie wissen schon …

So viel allerdings darf ich verraten: Es waren Themen, die die jeweilige Person sehr beschäftigten. Einige meiner Freunde baten mich um Rat, andere wollten einfach nur mit jemandem reden, ihr Anliegen loswerden. Was jedoch alle gemeinsam hatten: Jeder wollte sein persönliches Thema diskret behandelt wissen. Nach der Geschichte mit Ben trauten sie mir offensichtlich genau das zu – und schenkten mir ihr Vertrauen.

Diese Geschichte macht deutlich: Wenn wir uns einer Person gegenüber vertrauenswürdig verhalten, gewinnen wir gleichzeitig das Vertrauen von vielen anderen.

Warum das so ist? Menschen neigen dazu, das Verhalten, das andere gegenüber Dritten zeigen, auch auf sich selbst zu übertragen. Sich vertrauensvoll zu verhalten, lohnt sich also gleich mehrfach.

Und dennoch: Oft scheint es uns im ersten Moment leichter, etwas weiterzuerzählen, als zu schweigen. Der Grund dafür ist, dass wir uns zur Verschwiegenheit bewusst entscheiden müssen. Wir entschließen uns, dem natürlichen Impuls des Erzählens nicht nachzugeben, sondern standhaft zu bleiben. Verschwiegenheit kostet Disziplin. Und Disziplin kostet Kraft. Verschwiegenheit kann also durchaus anstrengend sein. Deshalb wissen wir es auch zu schätzen, wenn sich jemand bewusst dafür entscheidet – und belohnen diese persönliche Leistung mit Vertrauen.

Zu diesem Ergebnis kam auch der US-amerikanische Psychologe James Butler. Er war einer der Ersten, die empirisch zeigen konnten, dass Diskretion eine der wichtigsten Zutaten ist, damit Menschen uns Vertrauen schenken.

Mitte der 1980er-Jahre machte Butler es sich zur Aufgabe, zwischenmenschliches Vertrauen zu vermessen. Anders als viele seiner Kollegen vor ihm, wollte er sich dabei nicht nur auf theoretische Überlegungen stützen und Modelle am Schreibtisch entwickeln. Er wollte Vertrauen greifbar machen und eine Möglichkeit finden, mit der sich die Vertrauenswürdigkeit einer Person in verschiedenen Facetten wissenschaftlich erfassen lässt. Das gelang ihm. Heute zählt das sogenannte *Conditions of Trust Inventory* zu den bekanntesten Methoden, um die Vertrauenswürdigkeit einer Person zu bestimmen. Dabei handelt es sich um einen Fragebogen zur Erfassung von Bedingungen, die Vertrauen braucht, um sich zu entwickeln.

Im Jahr 1991 veröffentlichte Butler eine Studie, für die er und sein Team 84 US-amerikanische Manager zu den Bedingungen befragten, unter denen Vertrauen entstehen kann. Die Probanden stammten hauptsächlich aus dem mittleren Management. Um eine Vergleichbarkeit der Interviews zu gewährleisten, gab es standardisierte Interviewfragen, auf die die Teilnehmer offen, wie in einer normalen Gesprächssituation, antworten konnten. Den Probanden wurden unter anderem Fragen wie diese gestellt: »Welche

Merkmale zeichnen eine Person aus, der Sie vertrauen?«
Oder: »Welche Eigenschaften besitzt eine Person, der Sie
misstrauen?« Außerdem sollten die Manager jeweils eigene
Erlebnisse aus der Vergangenheit schildern, die dazu führten, dass sie Vertrauen entweder gewannen oder verloren.
In diesen Alltagsgeschichten, so hoffte der Psychologe,
würde er Antworten finden, warum Menschen bereit sind,
ihrem Gegenüber zu vertrauen.

Butler und seine Doktoranden analysierten die Interviews in einem dreistufigen Prozess und fokussierten sich
dabei auf die Merkmale, die vertrauenswürdige und nicht
vertrauenswürdige Personen voneinander unterschieden.
Dabei fanden die Forscher zehn Merkmale, die eine vertrauenswürdige Person charakterisierten: Neben Verschwiegenheit, beziehungsweise Diskretion, spielten auch
Erreichbarkeit, Kompetenz, Konsistenz, Fairness, Integrität, Loyalität, Offenheit, Verlässlichkeit und Zugäng-
lichkeit eine Rolle. Diese und weitere Vertrauenszutaten
nehmen wir in den folgenden Vertrauensrezepten genauer
unter die Lupe. Damit auch wir verstehen, wer unser Vertrauen verdient hat und wie wir selbst das Vertrauen anderer gewinnen können.

Butler konnte zeigen, dass sich – bis auf wenige Ausnahmen – frühere Studienergebnisse mit seinen Erkenntnissen
decken. Ein Zeichen für die Qualität und Aussagefähigkeit
der nachgewiesenen Faktoren und die Relevanz der Vertrauensrezepte, die wir hier gemeinsam beleuchten.

Butler überprüfte die aus den Interviews generierten
Faktoren mehrfach anhand von weiteren Stichproben und
fasste den Entschluss, ein Messinstrument für Vertrauenswürdigkeit daraus zu entwickeln. Dazu erweiterte er sein
Modell, indem er mittels weiterer Studien jeden der zehn
Faktoren mit vier Fragen stützte. Das war die Geburtsstun-
de des *Conditions of Trust Inventory*. Bis heute wird Butlers

Fragebogen zur Messung der Vertrauenswürdigkeit international eingesetzt und gilt als Standard in der Vertrauensforschung. Verschwiegenheit ist eben auch in anderen Ländern eine zentrale Zutat für vertrauensvolle Beziehungen. Nicht nur in Butlers Heimat Nordamerika.

Verschwiegenheit in anderen Ländern

Verschwiegenheit hat viele Facetten. Sie zeigt sich im Bewahren eines Geheimnisses, das uns jemand anvertraut hat, in der taktvollen Zurückhaltung bei brisanten Themen und auch im diskreten Umgang mit eigenen Problemen, mit denen wir nicht hausieren gehen sollten.

Ist das überall so? Auch in anderen Ländern? Oder gibt es kulturelle Unterschiede? Was versteht man im Ausland unter Verschwiegenheit? Und woran erkennen wir sie?

Schweiz: Diskret genießen, bitte!

Wenn wir über Verschwiegenheit in anderen Ländern reden, fällt vielen von uns sicher die Schweiz ein. Weltweit bekannt geworden ist unser Nachbarland schließlich für sein gut gehütetes Bankgeheimnis. Tatsächlich nehmen die Schweizer das Thema Diskretion jedoch auch in anderen Bereichen sehr ernst. So trennen sie beispielsweise strikt Privates von Beruflichem und halten sich gerade in persönlichen Angelegenheiten sehr bedeckt. Wer einen Schweizer Landsmann gar zu offensiv nach seinem letzten Urlaub oder der Planung für das nächste Wochenende fragt, der kann schon einmal unbeabsichtigt in das berühmte Fettnäpfchen treten.

»Allzu forsches Interesse, selbst wenn es nett gemeint ist, mögen die Schweizer gar nicht. Höfliche Zurückhaltung heißt die Devise.« Das erfuhr ich von Andreas Hirschi, Professor für Wirtschaftspsychologie an der Universität

Bern. Ihn traf ich zum Interview in Zürich. Hirschi ist gebürtiger Schweizer, lebte viele Jahre in den USA, China und zuletzt in Deutschland. Er kennt die Unterschiede zwischen der deutschen und der Schweizer Kultur aus eigener Erfahrung.

Auch in Bezug auf private Finanzen üben sich die Schweizer in Diskretion. Obwohl sie im internationalen Vergleich als ein sehr wohlhabendes Volk gelten, spricht man dort nicht über Wohlstand. Auch einen Statusabgleich wie »Mein Haus. Mein Auto. Mein Boot« sucht man im Land von Schokolade, Rösti und Fondue vergeblich.

»Der Schweizer redet nicht über seinen Wohlstand, er genießt ihn«, erklärte mir Reinhard Sprenger in unserem Gespräch. Sprenger, der als international erfolgreicher Managementberater und Bestsellerautor viel herumgekommen ist, lebt seit Jahren in der Schweiz.

Und das sagen die Schweizer selbst über sich: Bescheiden, höflich, zurückhaltend – so beschrieben meine Interviewpartner ihre Landsleute.

Das letzte Interview auf meiner Reise durch die Schweiz führte ich an einem ganz besonderen Ort: auf der Bühne des Improtheaters »anundpfirsich« in Zürich. Dort traf ich Amrei Rasch, eine gebürtige Deutsche, die seit Jahren in der Schweiz lebt. Als Schauspielerin für Improtheater und Trainerin arbeitet sie mit Teams aus verschiedenen Nationen und kennt die kulturellen Besonderheiten ihrer Wahlheimat nur zu gut.

Sie erzählte mir: »Die Menschen hierzulande sind eher zurückhaltend und verschwiegen. Und das hat seine Gründe: In der Schweiz gehört es sich nicht, über sich selbst oder andere zu reden. Das ist unhöflich. Und wenn die Schweizer etwas überhaupt nicht mögen, dann ist es Unhöflichkeit.«

Verschwiegenheit aus Rücksicht, lautet die Schweizer Devise, ein Aspekt, den wir uns merken sollten. Inwieweit auch bei uns Höflichkeit und Vertrauen zusammenhängen, dazu später mehr.

USA: Amerikaner sind verschwiegen?!

Sogar in den USA ist man verschwiegen – obwohl ich das auf den ersten Blick gar nicht erwartet hätte. Bekanntermaßen gelten die US-Amerikaner als sehr offen und kommunikativ. In bestimmten Bereichen sind sie das auch tatsächlich. Betrachten wir nur einmal das Thema »Geld«: In Amerika wird freizügig und wie selbstverständlich mit Kollegen und Freunden über die Höhe des Jahreseinkommens oder den Kaufpreis fürs Eigenheim gesprochen. Auch der kürzlich aufgenommene Kredit, die hohen Collegegebühren für die Kinder, ja, selbst private finanzielle Probleme sind kein Tabuthema. Zu Geld hat man in weiten Teilen Nordamerikas einfach ein offeneres Verhältnis als anderenorts.

Und doch gibt es auch in den Vereinigten Staaten durchaus Aspekte, bei denen Verschwiegenheit großgeschrieben wird. Ein Beispiel aus dem Alltag: Wer bei uns in Deutschland fragt »Wie geht's dir?«, der muss damit rechnen, dass der andere es durchaus als ernst gemeinte Frage auffasst. Und vielleicht ist das ja der Grund dafür, dass viele Deutsche sich das Klagen nicht nehmen lassen. Wie sonst ist es zu erklären, dass von München bis Hamburg viele auf die Frage nach dem eigenen Wohlbefinden antworten: »Ach, frag nicht.« – »Muss ja.« – »War schon mal besser.« Oder auch: »Könnte besser sein.«

Ein Grund dafür ist sicher, dass man in Deutschland eher geneigt ist, den eigenen Gemütszustand offen mitzuteilen. Hatten wir einen schlechten Tag, so kann es durchaus passieren, dass wir bei der Frage »Wie geht's dir?« in Plauderlaune verfallen und all die Ungerechtigkeiten und Probleme, mit denen wir uns gerade herumschlagen, zum Besten geben.

Und in den USA? Dort übt man sich an dieser Stelle in diskreter Zurückhaltung. Die häufig gestellte Frage, wie es jemandem geht, ist vor allem eine Höflichkeitsfloskel. Eine ehrliche Antwort darauf sollte man nicht erwarten. Nicht zuletzt deshalb, weil es nicht gern gesehen wird, privaten Unmut in epischer Breite zu bejammern. Das gehört sich nicht. Bei den meisten Nordamerikanern herrscht in dieser Hinsicht das ungeschriebene Gesetz der Diskretion. Stattdessen bemüht man sich, Optimismus auszustrahlen und den Anschein zu erwecken, alles wäre gerade »großartig« oder »fantastisch«. Auch bei anderen Aspekten ist man in den Vereinigten Staaten gut mit Diskretion beraten. Jegliche Themen, die zu hitzigen Diskussionen führen könnten, werden diskret behandelt oder taktvoll gemieden. Dazu zählen etwa Politik, Religion und natürlich Sex. Auch wenn es nicht immer den Anschein macht: Die Amerikaner sind verschwiegen, nur eben auf ihre Art.

So unterschiedlich die Facetten von Verschwiegenheit von Land zu Land auch sind: In den vertrauensstarken Ländern hat dieses Vertrauensrezept einen gemeinsamen Nenner: die Stärkung der Gemeinschaft. Was Unruhe stiften, Konflikte entfachen oder auf einem anderen Weg die Harmonie des Miteinanders stören könnte, wird diskret behandelt.

Vielleicht ist das eines der Geheimnisse hinter dem großen Vertrauen, das in diesen Ländern herrscht.

2. Rezept:
EHRLICHKEIT

Stellen Sie sich vor, es ist frühmorgens, kurz nach acht Uhr, und Sie sitzen im Büro an Ihrem Schreibtisch. Erst vor ein paar Minuten haben Sie Ihren Computer hochgefahren, sich einen Kaffee geholt und sind gerade dabei, sich einen Überblick zu verschaffen. Die Abteilung ist noch ruhig. Nur wenige Mitarbeiter sind bereits vor Ort, so wie der Kollege, mit dem Sie das Büro teilen.

Plötzlich nähern sich laute Schritte auf dem Flur, Ihre Tür springt auf, Ihr Chef rauscht herein und ist ziemlich aufgebracht: »Vor einer Woche hatte ich Sie beide darum gebeten, sich um diese Kundenbeschwerde zu kümmern …« Er wedelt mit einer Sammlung loser Blätter, bei denen es sich ganz offensichtlich um den Ausdruck der Kunden-E-Mails handelt. »Nun ruft mich der Kunde gerade zum dritten Mal an, ist richtig sauer und sagt mir, dass sich noch keiner von uns bei ihm gemeldet hat. Wie kann das sein?!« Ihr Chef blickt abwechselnd Ihren Kollegen und dann Sie an. Ganz offensichtlich erwartet er eine Erklärung.

Sie erinnern sich tatsächlich an das Gespräch mit dem Chef in der Woche zuvor. Auch daran, dass Sie Ihren Bürokollegen darum gebeten hatten, die Angelegenheit zu übernehmen. Sie geben zu, die Begeisterung stand Ihrem Kollegen nicht gerade ins Gesicht geschrieben. Aber schließlich willigte er ein, und Sie haben sich selbstverständlich auf sein Wort verlassen …

Da Ihr Chef gerade wutschnaubend in Ihrem Büro steht, kann das eigentlich nur eines bedeuten: Der Kollege hat sich nicht an Ihre Absprache gehalten. Warum? Nun, darauf haben Sie keine Antwort.

Fakt ist: Der Kunde ist sauer, der Chef aufgebracht, und für Ihren Vorgesetzten sieht es so aus, als hätten Sie Ihren Job nicht gemacht. Dabei hatten Sie sich doch mit dem Kollegen abgesprochen …

Während Sie noch überlegen, wie Sie Ihren Chef beruhigen und das Problem mit dem Kunden lösen, meldet sich der besagte Kollege vom Schreibtisch gegenüber zu Wort: »Wissen Sie, Chef, ich kann mir das auch nicht erklären. Ich habe mich mit der Kollegin besprochen, und sie wollte sich darum kümmern.« Völlig ungeniert wirft er Ihnen einen empörten Blick zu, und für den Chef muss es scheinen, als wären Sie Ihrer Pflicht nicht nachgekommen. Anstatt zu seinem Fehler zu stehen, haut der Kollege Sie bewusst in die Pfanne und spielt das Unschuldslamm.

Ihnen aber fehlen die Worte, Sie sind fassungslos und verfallen in Schockstarre. Wie so oft, wenn unserem Vertrauen übel mitgespielt wird …

Kennen Sie das? Wenn jemand bewusst die Unwahrheit sagt? Wenn jemand lügt, um den eigenen Kopf aus der Schlinge zu ziehen?

Wenn Menschen es mit der Wahrheit nicht ganz so genau nehmen, um selbst besser dazustehen?

Wen ich damit meine: die Freundin, die in ihren Erzählungen gerne die Punkte ausspart, die sie in ein schlechtes Licht rücken könnten. Den Kollegen, der sich ständig in Widersprüche verstrickt, dass man ihm nichts mehr glauben kann. Oder die Nachbarin, die stets alles so sehr dramatisiert, dass Sie nicht wissen, was davon überhaupt stimmt.

Was aber macht das mit Ihnen, wenn Sie merken, dass Sie jemand absichtlich täuscht? Dass jemand lügt, alles dramatisiert oder positiv überzeichnet? Und wenn Ihnen bewusst wird, dass der andere versucht, sich damit selbst einen Vorteil zu verschaffen?

Glauben Sie der Person noch, wenn sie etwas erzählt? Gerade wenn Sie mehrfach solche Erfahrungen gemacht haben?

Und die viel wichtigere Frage: Inwieweit sind Sie in der Lage oder willens, dieser Person zu vertrauen?

Wie sehr schätzen wir es hingegen, wenn jemand ehrlich ist. Wenn jemand zugibt, dass er einen Fehler gemacht hat. Menschen, die die Größe besitzen, für die eigenen Taten Verantwortung zu übernehmen und sich zu entschuldigen, die halten wir automatisch für vertrauenswürdig.

Bei ehrlichen Menschen wissen wir, woran wir sind, und das macht das Miteinander leichter, unkomplizierter und entspannter. Deshalb gehört Ehrlichkeit in jedes Rezept für vertrauensvolle Beziehungen.

Definition von Ehrlichkeit

Ehrlichkeit bezeichnet die Fähigkeit, wahrheitsgemäß zu agieren. Dabei bezieht sich die Wahrheitstreue sowohl auf das gesagte Wort als auch auf das konkrete Verhalten: kein Lügen und Täuschen. Die Grundlage für Ehrlichkeit bildet die Authentizität. Ehrlichkeit ist nicht nur eine positive Charaktereigenschaft, die Menschen vertrauenswürdig macht, sondern auch eine Fähigkeit, die sich (wieder) erlernen und trainieren lässt.

Ehrlich zu sein ist uns übrigens angeboren, lügen hingegen müssen wir tatsächlich lernen. Verschiedene Studien konnten zeigen: Kinder entwickeln erst im Alter von etwa vier bis fünf Jahren die Fähigkeit zu lügen. Dann beginnen sie, mit Veränderungen der Wahrheit zu experimentieren.

Lügen lässt sich somit auch als Zeichen geistiger Unreife interpretieren. Zu diesem Ergebnis kam unter anderem ein kanadisches Forscherteam um Mina Popliger von der McGill University in Montreal im Jahr 2011. Die Forscher untersuchten in verschiedenen Studien das Lügenverhalten von Heranwachsenden. Die gute Nachricht: Da Ehrlichkeit uns in die Wiege gelegt ist, können wir sie nicht verlieren, nur etwas aus der Übung kommen. Wie wir Ehrlichkeit trainieren und vertrauensstiftend einsetzen können, das möchte ich Ihnen näherbringen.

Wie wir Ehrlichkeit praktizieren können

Woran aber erkennt man, dass Menschen ehrlich sind, und wie können wir Ehrlichkeit im Alltag praktizieren?

Menschen halten uns für ehrlich:

… wenn wir die Wahrheit sagen.
Wenn wir uns selbst und anderen gegenüber aufrichtig sind. Dazu zählt auch, zu sagen, was wir denken, gerade wenn es unbequem ist.

… wenn wir andere weder belügen noch täuschen.
Wenn wir nicht bewusst die Unwahrheit sagen. Auch nicht, um unseren eigenen Vorteil daraus zu ziehen.

… wenn wir zu unseren eigenen Fehlern stehen.
Wenn wir diese nicht vertuschen, sondern Verantwortung übernehmen und uns ehrlich entschuldigen.

Wenn wir nach diesen Prinzipien handeln, dann empfinden uns andere als ehrlich und schenken uns eher ihr Vertrauen.

In vertrauensvollen Ländern ist man ehrlich. Tatsächlich legen die Vertrauenschampions unter den Ländern – allen voran die skandinavischen Nationen – viel Wert auf ein ehrliches Miteinander. In Schweden, Dänemark und Norwegen ist es beispielsweise verpönt, am Fiskus vorbei zu wirtschaften: Man hinterzieht keine Steuern, denn das ist unehrlich.»Bei uns kommt niemand auf die Idee, ein privates Essen als Geschäftsessen auszugeben, nur um es später von der Steuer absetzen zu können. Das kenne ich nur aus anderen Ländern«, erzählte mir Per, ein dänischer Geschäftsmann, der viel im Ausland unterwegs ist.

Was in anderen Ländern ein Kavaliersdelikt ist, kommt in Dänemark, aber auch in Norwegen und Schweden gar nicht gut an. Stattdessen steht Ehrlichkeit in Skandinavien hoch im Kurs. Sicherlich ein Grund, warum es den Skandinaviern leichtfällt, ihren Mitmenschen zu vertrauen.

Damit auch Sie verstehen, woraus die für Vertrauen so wichtige Ehrlichkeit besteht, mache ich Sie nun gerne mit den einzelnen Zutaten für das Ehrlichkeitsrezept vertraut.

Zutaten für Ehrlichkeit

Ehrlichkeit steht Menschen nicht direkt ins Gesicht geschrieben. Auch wenn ein altes Sprichwort vermuten lässt, dass man Menschen ihre Unehrlichkeit an der Nase ansieht. Es gibt allerdings wesentliche Merkmale, anhand derer wir ehrliche Menschen durchaus erkennen können.

Authentisch sein

Eine Zutat, die in keinem Ehrlichkeitsrezept fehlen darf, ist Authentizität. Woran wir sie erkennen? Authentische Menschen verstellen sich nicht. Sie sind sie selbst, tragen keine Maske und zeigen sich »ungeschminkt«. Sie stehen zu ihren Macken und Defiziten genauso wie zu ihren Stärken und liebenswerten Seiten. Deshalb empfinden wir solche

Menschen als »echt«, weil sie ungekünstelt sind und uns nichts vormachen.

Authentisch zu sein setzt voraus, gut im Kontakt mit sich selbst zu sein. Nur wer seine eigenen Gedanken, Gefühle und Beweggründe kennt, kann diese anderen gegenüber äußern. Deshalb fängt Authentizität immer mit der Ehrlichkeit gegenüber der Person im Spiegel an. Gelingt es jemandem, sowohl ehrlich zu sich selbst als auch ehrlich zu anderen zu sein, wirkt sein Verhalten stimmig – und die Person authentisch.

Sie werden feststellen: Authentizität begegnet uns im Alltag nie allein, sondern immer in guter Gesellschaft: in Begleitung weiterer Vertrauenszutaten, die Sie noch kennenlernen werden. Dazu zählen unter anderem Integrität, Klarheit und Beständigkeit. Nicht zuletzt deshalb vermitteln uns Menschen, die authentisch sind, ein Gefühl von Sicherheit und Stabilität.

Unser Gefühl trügt uns an dieser Stelle übrigens nicht, wie die Wissenschaft zeigt: Authentische Menschen sind tatsächlich emotional stabiler, selbstbewusster und können besser mit Rückschlägen umgehen. Das konnten die beiden Amerikaner Brian Goldman und Michael Kernis von der Clayton State University in vielen Studien belegen. Goldman und Kernis waren die ersten Wissenschaftler, die Authentizität im Jahr 2000 umfassend definiert und erforscht haben. Dazu nutzten sie einen eigens entwickelten Fragebogen, den die Versuchsteilnehmer ausfüllen mussten, werteten die Ergebnisse zahlreicher Studien aus und konnten 2001 und 2002 erstmals anhand verschiedener Studien nachweisen, dass Authentizität eine Persönlichkeitseigenschaft ist, die sich von anderen Eigenschaften abgrenzen lässt. Was für uns heute möglicherweise unbedeutend klingt, war damals aus wissenschaftlicher Sicht eine kleine Sensation.

Seit mehr als zwei Jahrzehnten beschäftigen sich Goldman und Kernis bereits intensiv mit der Frage, was authentische Menschen auszeichnet. In verschiedenen Experimenten gelang es ihnen zu zeigen, dass Authentizität viele Vorteile hat – nicht nur im Hinblick auf Vertrauen.

So sind authentische Menschen etwa deutlich besser darin, mit Herausforderungen und Rückschlägen umzugehen und ihre eigenen Ziele zu erreichen. Sie führen glücklichere, stabilere Beziehungen, besitzen ein großes Selbstbewusstsein und haben ein starkes Selbstvertrauen.

Goldman und Kernis fanden ferner heraus: Je authentischer eine Person ist, desto stärker fühlt sie sich mit sich selbst und anderen verbunden. In diesem Sinne stillt Authentizität unser menschliches Grundbedürfnis nach Nähe und Verbundenheit, wie die beiden Wissenschaftler in einer Studie aus dem Jahr 2006 herausstellen.

Selbst wenn »echt« und authentisch zu sein nicht immer leicht ist, es lohnt sich – für uns und unsere Beziehungen: Durch Authentizität entsteht Nähe, und aus Nähe erwächst Vertrauen. Ein Grund, warum wir authentischen Menschen leichter Vertrauen schenken.

Wahrheit

Die zweite und wohl bekannteste Zutat für das Ehrlichkeitsrezept ist Wahrheit. Da der Begriff »Wahrheit« immer im Auge des Betrachters liegt und viel Interpretationsspielraum bietet, lassen Sie mich Wahrheit als Zutat für Vertrauen kurz erklären. Wahr zu sein bedeutet in diesem Zusammenhang, dass wir Dinge ehrlich beim Namen nennen und wiedergeben, was sich zugetragen hat – nicht mehr und nicht weniger.

Der Wert von Wahrheit lässt sich besonders gut erkennen, wenn sie fehlt. Dann beginnen wir zu zweifeln, werden misstrauisch und verlieren über kurz oder lang das

Vertrauen in andere. Das ist kein guter Zustand, weshalb wir die Wahrheit immer beachten sollten.

Für ein gelingendes Miteinander gilt: Wer in seinen Erzählungen weder schönt noch dramatisiert, wer nicht täuscht und auch nicht lügt, der ist an der vertrauensstiftenden Wahrheit schon sehr nah dran. Manchmal entsteht Vertrauen sogar einfach dadurch, dass wir gefährliche Zutaten meiden ...

Goldman und Kernis führten gemeinsam mit einem siebenköpfigen Forscherteam unter der Leitung von Amy Brunell im Jahr 2010 eine Studie mit 62 Paaren durch. Dazu baten sie die Paare getrennt voneinander, sich mithilfe eines standardisierten Fragebogens zu drei Bereichen in ihrer Beziehung zu äußern: ihrer eigenen Authentizität gegenüber ihrem Partner, ihrem Verhalten in der Beziehung – wozu auch das Vertrauen in den Partner zählte – und ihrem persönlichen Wohlbefinden. Das Ergebnis: Die Probanden, die es mit der Wahrheit genau nahmen, führten stabile und zufriedene Beziehungen. Es gelang ihnen, authentischer zu sein, Konflikte konstruktiver zu lösen und sich – als Quintessenz – mit ihrem Partner verbundener zu fühlen.

Wenn wir also weder auf Nähe noch auf Verbundenheit in unseren Beziehungen verzichten wollen, dann sind wir gut beraten, wenn wir Wahrheit großzügig einsetzen – was keineswegs bedeutet, dass wir mit der Wahrheit großzügig umgehen sollten.

Zu diesem Schluss kommen auch die eingangs erwähnten Forscher um Mina Popliger. Die Wissenschaftler argumentieren: Wahrheit ist das Fundament unserer Glaubwürdigkeit und damit eine elementare Zutat für Vertrauen in jeder Beziehung.

Fehler zugeben

Die dritte Ehrlichkeitszutat baut auf den anderen beiden auf – es ist das Zugeben von Fehlern. Als ehrlich empfinden wir gerade Menschen, die eigene Missgeschicke eingestehen – und zwar insbesondere dann, wenn es unbequem ist.

Und mal ehrlich: Wie oft zögern wir, zu einem Fehler zu stehen? Meist aus Angst vor den negativen Konsequenzen: Scham, die Angst vor Ablehnung, drohende Strafe, all das macht ehrlich zu sein nicht gerade leichter. Hinzu kommt, dass wir als vertrauenswürdig wahrgenommen werden wollen – und eigene Fehler zuzugeben, steht dem vermeintlich im Weg. Dabei ist genau das Gegenteil der Fall: Wenn wir Fehler eingestehen und damit Verantwortung für unsere Taten übernehmen, gewinnen wir Vertrauen. Nicht durch die Tat selbst, jedoch durch die Größe, dazu zu stehen.

Zu diesem Ergebnis kam eine Studie von Psychologen um Emma Levine von der University of Chicago im Jahr 2018. Die Forscher fanden heraus: Wer einen Fehler macht und dazu steht, der gewinnt Vertrauen. Mit anderen Worten: Wir vertrauen den Schuldbewussten.

Levine und ihre Kollegen untersuchten in sechs Experimenten, wem wir am meisten vertrauen und warum wir dies tun. Dazu nutzten die Forscher verschiedene Messinstrumente, um die Vertrauenswürdigkeit der Probanden zu testen. Einerseits erfassten sie mithilfe eines Fragebogens die Intention, sich vertrauenswürdig zu verhalten. Andererseits maßen sie durch Beobachtungen das tatsächlich vertrauenswürdige Verhalten in verschiedenen Experimenten, in denen das Vertrauen der Probanden auf die Probe gestellt wurde.

Die Wissenschaftler fanden heraus, dass Menschen mit einem besonders ausgeprägten Schuldbewusstsein stärker als andere darüber nachdenken, welche Konsequenzen eine Entscheidung für ihr Gegenüber haben kann. Schuldbewusste sind eher geneigt, die Auswirkungen ihres Verhaltens und möglicher Fehler zu reflektieren, um anderen keinen Schaden zuzufügen. Die Neigung, für eigene Fehler Verantwortung zu übernehmen, lässt Menschen deshalb wohlwollender und damit vertrauenswürdiger wirken. Nicht der Fehler selbst macht einen Menschen also vertrauenswürdig, sondern die Größe, zu ihm zu stehen.

Wenn es uns also gelingt, die Wahrheit auch dann zu sagen, wenn diese uns am schwersten fällt, gewinnen wir Vertrauen. Etwas, das wir uns ruhig merken dürfen, denn die nächste Trainingseinheit fürs Fehlerzugeben kommt bestimmt …

Ehrliche Entschuldigung

Eng verknüpft mit dem Eingestehen von Fehlern ist die vierte Ehrlichkeitszutat – die ehrliche Entschuldigung.

Ehrlichkeit imponiert uns bei jemandem, der die Kunst des Entschuldigens beherrscht. Dazu braucht man alle drei zuvor genannten Zutaten: die Authentizität, die Wahrheit, das Fehlerzugeben – und noch ein bisschen mehr. Richtig angewendet, kann eine ehrliche Entschuldigung zu einem echten Vertrauensstifter werden.

Das ist beruhigend, denn nicht immer gelingt es uns, vertrauenswürdig zu sein: Manchmal verraten wir etwas, das wir besser für uns behalten hätten. Wir halten ein Versprechen nicht, weil uns etwas dazwischenkommt. Oder wir sind unehrlich, weil wir die Konsequenzen fürchten. All das ist menschlich. Tatsache ist: Wenn wir das Vertrauen von anderen genießen, werden wir immer wieder auch Menschen enttäuschen. Das liegt in der Natur der Sache. Bei jedem Rezept geht auch mal etwas daneben …

Die Kunst ist es deshalb, mit den Enttäuschungen, die wir in anderen hervorrufen, richtig umzugehen, um nicht auf lange Sicht unsere Vertrauenswürdigkeit zu verspielen.

Ehrlichkeit ist dabei das Vertrauensrezept, auf das es besonders ankommt.

Das lässt sich leicht anhand unserer eigenen Erfahrung überprüfen. Wurden wir in der Vergangenheit von jemandem hinters Licht geführt oder schlecht behandelt, hat unser Vertrauen in die Person häufig gelitten.

Das allerdings muss nicht sein, wie viele Studien heute belegen. Die Wissenschaft zeigt: Jemanden zu enttäuschen kostet uns noch kein Vertrauen – der falsche Umgang damit schon.

Die Mechanismen dahinter zu verstehen kann uns helfen, im Zwischenmenschlichen entspannter und gelassener zu sein. Dann wissen wir: Selbst wenn wir uns mal im Ton vergreifen, unfair sind oder zu viel ausplaudern, ist in puncto Vertrauen noch nicht Hopfen und Malz verloren. Andere verzeihen uns viel, wenn wir richtig mit unseren Fehlern umgehen.

So überraschend es womöglich klingt: Jemanden zu enttäuschen birgt immer auch die Chance, in den Augen des Geschädigten an Vertrauen zu gewinnen. Zu diesem Ergebnis kommen Studien aus verschiedenen Forschungsdisziplinen, wie der Psychologie, der Ökonomie und auch der Politikwissenschaft. Sie belegen: Der richtige Umgang mit Fehlern kann Beziehungen sogar verbessern und das Vertrauen ineinander stärken. Was für uns im Kleinen in den Beziehungen zu Freunden, Kollegen oder unserem Partner gilt, gilt übrigens auch im Großen: für milliardenschwere Konzerne. Dazu eine kurze Geschichte aus der Forschung …

Im Jahr 2015 veröffentlichten die Wissenschaftler Maurice Schweitzer, Wood Brooks und Adam Galinsky von der University of Pennsylvania einen Artikel im *Harvard Business Review*, einem renommierten Wirtschaftsmagazin. Der Titel des Beitrags lautete »The organizational apology«, zu Deutsch »Die Entschuldigung des Unternehmens«. Schweitzer, der auch an der Studie von Emma Levine aus dem Jahr 2018 beteiligt war, analysierte darin mit seinen beiden Kollegen die Auswirkungen guter und schlechter Entschuldigungen für die Reputation von Unternehmen.

Was aber hat das mit Vertrauen zu tun? Reputation ist nichts anderes als kristallisiertes Kundenvertrauen. Die Reputation, die ein Unternehmen besitzt, setzt sich aus der Summe des Vertrauens vieler einzelner Akteure zusammen, darunter neben Kunden auch Lieferanten und Mitarbeiter.

Die Forscher konnten zeigen, dass eine ehrliche und aufrichtige Entschuldigung nach einem Fehlverhalten das Vertrauen in das Unternehmen stärken und damit den Marktwert erhöhen kann. Demgegenüber kann eine ausbleibende oder schlechte Entschuldigung, etwa weil sie zu spät kommt oder gezwungen wirkt, alles noch schlimmer machen.

Ein Beispiel dazu: Im Jahr 2014 wurde bekannt, dass Facebook einem Forscherteam einer Universität eine Woche lang die Möglichkeit gegeben hatte, die Profile von fast 700 000 Facebook-Nutzern zu manipulieren. Die Wissenschaftler beeinflussten für eine Emotionsstudie die im *News Feed* – der Neuigkeiten-Seite eines Nutzerprofils – angezeigten Informationen. Sie steuerten gezielt, welche Nutzer mehr positive und welche mehr negative Nachrichten angezeigt bekamen, und untersuchten, wie sich diese Informationen auf deren persönliches Nachrichtenverhalten auf Facebook auswirkten.

Als die Öffentlichkeit von dieser Studie erfuhr, brach

enorme Empörung aus. Die Nutzer fühlten sich durch die Manipulation der Daten ohne ihr Mitwissen getäuscht und hinters Licht geführt. Damals versäumte die Geschäftsleitung von Facebook, sich angemessen zu entschuldigen. Der Internetriese verteidigte sogar die Studie, anstatt seinen Fehler einzusehen, und ließ sich erst eine Woche nach Bekanntwerden der Datenmanipulation zu einer halbherzigen Entschuldigung hinreißen. Was fehlte, war die aufrichtige Reue. Die Öffentlichkeit hatte nicht nur eine Erklärung, sondern auch eine Entschuldigung erwartet. Da diese ausblieb, litt das Vertrauen in das Milliardenunternehmen. Der Aktienkurs gab kurzzeitig nach, und noch Monate später wurde Facebook in den Medien immer wieder als Beispiel dafür herangezogen, welche Gefahren die Digitalisierung mit sich bringt.

Dasselbe Unternehmen, ein anderes Beispiel: Diesmal meisterte Facebook die Kunst der guten Entschuldigung mit Bravour. Im Jahr 2006 veröffentlichte Facebook die neue Funktion *News Feed* und erntete aufgrund von technischen Fehlern herbe Kritik. Marc Zuckerberg, Gründer und CEO von Facebook, reagierte prompt: »We really messed this one up« – zu Deutsch »Wir haben es wirklich vermasselt«. Er sprach von »einem großen Fehler«, entschuldigte sich für die Unannehmlichkeiten und bedankte sich bei den Kritikern für ihr offenes und ehrliches Feedback.

Das Ergebnis: Diese schonungslos ehrliche Entschuldigung, die Reue und das Versprechen, es in Zukunft besser zu machen, besänftigten die Kritiker. Sie fühlten sich gesehen, wertgeschätzt und waren offenbar bereit, Facebook eine zweite Chance zu geben.

Kurz nachdem Zuckerberg sich so reuevoll in der Öffentlichkeit geäußert hatte, passierte etwas Bemerkenswertes: Entgegen allen Erwartungen – nur zur Erinnerung: Facebook hatte keine Heldentat vollbracht, sondern lediglich einen Fehler offen zugegeben –, stieg der Aktienkurs des Unternehmens. Zuckerbergs ehrliche Entschuldigung hatte das Vertrauen der Anleger steigen lassen. Sie glaubten an das Unternehmen, seine Entwicklung und waren daraufhin bereit, sogar ihr Geld in Aktien zu investieren. Das Unternehmen gewann an Wert und die Marke Facebook an Vertrauen. Bewundernswert, was eine aufrichtige Entschuldigung alles bewirken kann, oder?

Doch nicht immer spüren wir die Ernsthaftigkeit einer Entschuldigung. Manchmal wirkt sie gekünstelt, gezwungen und nicht selten wie eine strategische Maßnahme, mit der sich jemand von seinem schlechten Gewissen befreien möchte.

Haben wir das Gefühl, dass unser Gegenüber sich entschuldigt, ohne ehrliche Reue zu zeigen, wirkt das Pardon nicht. Ehrlichkeit spielt gerade für die heilende Wirkung einer Entschuldigung eine zentrale Rolle. Authentisch und wahr zu agieren ist demnach gerade bei Fehlverhalten unerlässlich. Zumindest dann, wenn wir weder Vertrauen verlieren noch unsere Beziehungen belasten wollen.

Zu diesem Ergebnis kam unter anderem ein amerikanisches Forscherteam um John Shaw von der Jacksonville University im Jahr 2003. Die Wissenschaftler analysierten im Rahmen einer großen Metastudie 54 unabhängige Einzelstudien, die die Auswirkung von Rechtfertigung und Entschuldigung auf zuvor gezeigtes Fehlverhalten erfassten. Dazu prüften die Forscher nach wissenschaftlichen Kriterien alle zwischen 1986 und 2001 erschienenen Studien mit dieser Thematik. Das Ergebnis der Studie macht deutlich: Eine Entschuldigung wirkt vertrauensstiftender als eine Rechtfertigung. Wer in die Verteidigungshaltung geht, der befeuert den Konfliktherd, anstatt ihn zu löschen. Ehrlichkeit steigert zudem den vertrauensstiftenden Effekt der Entschuldigung. Wer sein Verhalten wahrhaft bereut und das zum Ausdruck bringt, der wirkt vertrauenswürdiger als durch seine Entschuldigung allein. Dieser Effekt lässt sich noch einmal steigern: Sagt der Schuldige zusätzlich, warum er sein Verhalten falsch findet, zeigt er also Reue und legt dar, wie er sich zukünftig verhalten wird, etwa indem er ein Versprechen abgibt, wirkt er noch vertrauenswürdiger als durch eine aufrichtige Entschuldigung allein.

Zu ähnlichen Ergebnissen kam auch ein Forscherteam um Donald Ferrin von der Singapore Management University 2007. Die Wissenschaftler konnten in einem Experiment mit 200 Probanden zeigen: Das Vertrauen in Menschen, die Fehler machen, muss nicht zwangsläufig Schaden nehmen. Entscheidend ist, wie die »Schuldigen« mit ihrem Fehler umgehen.

Für die Studie untersuchten die Forscher die Auswirkung von drei unterschiedlichen Reaktionen auf ein Fehlverhalten – Entschuldigung, Leugnen und Zurückhaltung. Erwartungsgemäß hatte die Entschuldigung einen positiven, das Verleugnen hingegen einen negativen Effekt auf die Vertrauenswürdigkeit des Schuldigen. Überraschend war für die Forscher allerdings: Zurückhaltung, also keinerlei Reaktion, hatte einen ähnlich negativen Effekt auf die Vertrauenswürdigkeit, wie das Fehlverhalten abzustreiten. Die Wissenschaftler sahen das als Indiz dafür, dass Menschen intuitiv Zurückhaltung mit einem Schuldeingeständnis gleichsetzen.

Das sollten wir im Hinterkopf behalten, wenn wir das nächste Mal zögern, über unsere Fehler zu sprechen …

Drei Studien, ein gemeinsames Ergebnis: Vertrauensver-stöße kosten uns nicht zwangsläufig Vertrauen, sondern nur, wenn wir falsch mit ihnen umgehen. Verschiedene Forscher – darunter auch die hier vorgestellten Shaw, Fer-rin und Schweitzer – haben in ihren Arbeiten herausge-stellt, was gute von schlechten Entschuldigungen unter-scheidet. Die Quintessenz dessen habe ich für Sie zusam-mengestellt, damit es Ihnen gelingt, selbst in schwierigen Situationen Vertrauen zu gewinnen.

1. *Fehler eingestehen*

Ehrlich uns selbst, aber auch anderen gegenüber zu sein ist die Grundlage für jede gute Entschuldigung. Unsere eigenen Fehler anzuerkennen, anstatt sie abzustreiten, darauf kommt es an. Die beiden Ehrlichkeitszutaten Au-thentizität und Wahrheit sind also unerlässlich.

2. *Verantwortung übernehmen*

Wenn wir Verantwortung für unser eigenes Verhalten übernehmen und die Konsequenzen dafür tragen, statt uns zu rechtfertigen, machen wir bereits vieles richtig. Authentisch zu sein bedeutet eben auch, der Wahrheit ins Auge zu blicken – gerade wenn es unbequem ist.

3. *Ehrlich entschuldigen*

Wichtig ist zu verstehen, warum unser Verhalten den ande-ren enttäuscht oder verletzt hat. Denn erst wenn wir unse-ren Fehler und dessen Auswirkungen wirklich verstanden haben und unser Verhalten bereuen, kann eine Entschuldi-gung zu einem echten Vertrauensstifter werden.

4. *Versprechen abgeben*

Die Kür einer jeden guten Entschuldigung ist das ehrlich gemeinte Versprechen, in Zukunft anders zu handeln. Unser Versprechen basiert auf den vorherigen drei Schritten und sorgt dafür, dass wir direkt vertrauens-würdiger wirken. Halten wir unsere Zusage, kann diese letzte Zutat nicht nur unsere Vertrauenswürdigkeit stärken, sondern die Beziehung stabiler und tiefer machen, als sie vor der Enttäuschung war.

Ob wir andere enttäuschen, das haben wir nicht immer selbst in der Hand – wie wir eine Enttäuschung handhaben, hingegen schon. Nutzen wir Ehrlichkeit als wirkungsvolle Zutat, um konstruktiv mit unseren Fehlern umzugehen, steht gelingenden Beziehungen trotz Missgeschicken nichts im Weg. Ganz im Gegenteil: Mit Ehrlichkeit können wir gerade in den Momenten, in denen sie uns viel Überwindung kostet, mit großen Schritten Vertrauen schaffen. So gelingt es auch in schwierigen Situationen, unseren Beziehungen mehr Tiefe und Stabilität zu verleihen.

Vielleicht probieren Sie es bei Ihrem nächsten Fehler einfach mal aus. Denn je öfter wir ehrliche Entschuldigungen trainieren, desto leichter kommen sie uns über die Lippen.

Vertrauensfalle Ehrlichkeit

Da Ehrlichkeit die Grundlage für Vertrauen ist, möchte ich Ihnen nicht die Zutaten vorenthalten, die auf Dauer jede Beziehung versalzen. Es sind die kleinen und größeren Momente, in denen es an Ehrlichkeit fehlt. Vertrauensfallen, in die wir leicht im Alltag tappen: Sie zu kennen, kann uns helfen, sie zu vermeiden …

Positive Übertreibung

Die positive Übertreibung ist so ein Fall. Wenn jemand maßlos überzieht, sich in Superlativen verliert und rasch klar ist, dass es so nicht gewesen sein kann. Sie kennen bestimmt einen Übertreiber, bei dem immer alles großartig läuft, oder? Egal, um was es geht, in seinem Leben jagt ein Erfolg den nächsten, und Misserfolge gibt es nur bei anderen. Diese Menschen machen uns skeptisch, wissen wir doch, dass das nur die halbe Wahrheit sein kann. Wo Licht ist, ist schließlich immer auch Schatten.

Dramatisierung

Auch das Pendant dazu kennen wir alle: die Dramatisierung – wenn jemand stets das Allerschlimmste erlebt haben will. Egal welche Schicksalsschläge andere Menschen erlitten haben, dem Dramatiker geht es immer noch schlechter. Um daran keinen Zweifel zu lassen, erzählt er gerne in epischer Breite, warum er ganz sicher am übelsten dran ist. Sätze wie »Aber das ist ja noch gar nichts. Also ich …« sind oft die Vorboten eines Redeflusses, den wir kaum stoppen können. Diese Menschen inszenieren sich mit ihrem eigenen Leid, um nach Aufmerksamkeit zu heischen. Dabei ist ihnen meist nicht bewusst, wie unaufrichtig sie sind – und wie wenig vertrauenswürdig sie deshalb auf uns wirken.

Beide, der Übertreiber und der Dramatiker, besitzen ein gesteigertes Geltungsbedürfnis. Oft haben ihre Geschichten sogar einen wahren Kern, werden jedoch maßlos überzeichnet – ins Positive oder Negative. Die Geschichte selbst verliert damit an Glaubwürdigkeit und ihre Erzähler unweigerlich an Vertrauen.

Lüge

Was in der Reihe der Vertrauensfallen in puncto Ehrlichkeit nicht fehlen darf, ist die Lüge. Eine Aussage, von der man weiß, dass sie unwahr ist, und die man dennoch gezielt macht, nennt man Lüge. Wer lügt, lebt nach dem Motto von Pippi Langstrumpf: »Ich mach mir die Welt, wie sie mir gefällt.« Fakten zählen wenig, stattdessen wird mit kreativem Eifer die Wahrheit so verbogen und entfremdet, dass oft wenig von ihr übrig bleibt.

Warum aber lügen Menschen überhaupt? Das hat viele Ursachen. Einige möchten Fehler vertuschen, etwas Verbotenes verschleiern oder Kritik und Strafe entgehen, indem sie die Wahrheit verdrehen. Andere lügen eher aus Höflichkeit, Angst, Unsicherheit oder Scham. Und auch Lügen, um unsere eigene Privatsphäre zu schützen, sind nicht selten.

Mit Blick auf unsere Vertrauenswürdigkeit gilt: Lüge ist nicht gleich Lüge. Schwierig wird es vor allem dann, wenn wir Lügen nicht zum Wohl unseres Gegenübers, sondern zu unserem eigenen Vorteil einsetzen. Wer aus egoistischen Gründen die Wahrheit verdreht, schönt oder entfremdet, der setzt seine Vertrauenswürdigkeit aufs Spiel. Hier gilt das alte Sprichwort: »Wer einmal lügt, dem glaubt man nicht. Auch wenn er noch so oft die Wahrheit spricht.«

Dass diese Redewendung durchaus berechtigt ist, haben Londoner Forscher im Jahr 2016 herausgefunden. Ein Team aus Neurologen um Neil Garrett konnte erstmals anhand verschiedener Experimente belegen: Je öfter Menschen lügen, desto einfacher gelingt es ihnen und desto häufiger tun sie es. Kein Wunder also, dass wir Menschen, die es mit der Wahrheit nicht so genau nehmen, nicht vertrauen.

Und nicht nur das: Lügen schadet sogar der Gesundheit. Zu diesem Ergebnis kam eine Studie der University of Notre Dame in Indiana im Jahr 2012. Die Psychologin Anita Kelly testete für ihre Analyse zehn Wochen lang 110 Studienteilnehmer mit dem Lügendetektor. Zusätzlich mussten die Probanden einen Fragebogen über ihre Gesundheit sowie ihre Beziehungen ausfüllen.

Für die Studie wurden die Testpersonen in zwei Gruppen eingeteilt. Der einen Hälfte wurde vorgeschrieben, während der Tests nicht zu lügen. Sie durften ihre Antwort verweigern und Geheimnisse für sich behalten, aber nie die Unwahrheit sagen. Die andere Gruppe erhielt keine Vorschriften, konnte also frei wählen, ob sie es mit der Wahrheit mal nicht ganz so genau nahm.

Das Ergebnis der Studie verblüffte selbst die Forscher: Demnach leiden Menschen, die häufiger lügen, öfter unter seelischen und körperlichen Beschwerden. Diejenigen, die bei der Wahrheit blieben, klagten deutlich seltener über Verspannungen, Stress, Kopfschmerzen, Traurigkeit und Angst. Die Forscher erklärten das Phänomen so: Wer weiß, dass er nicht oder kaum lügt, hat weniger Stress und ist daher in einer besseren körperlichen und geistigen Verfassung.

Wir sollten uns daher gut überlegen, wie ehrlich wir sind. Lügen schadet nicht nur unseren Beziehungen, sondern auch uns selbst. Gleich zwei gute Gründe, es mit der Wahrheit genau zu nehmen.

Täuschungen

Eine weitere Vertrauensfalle in puncto Redlichkeit ist die Täuschung. Der Unterschied zwischen Lüge und Täuschung ist leicht zu verstehen: Wer jemanden täuscht, kann das tun, ohne die Wahrheit zu verbiegen. Er lässt einfach nur ein paar wesentliche Details aus, und schon erscheint der Sachverhalt in einem ganz anderen Licht. Der Täuscher führt sein Gegenüber bewusst in die Irre, etwa um besser dazustehen oder sich einen Vorteil zu verschaffen. Wer jetzt denkt: »Ach, so schlimm ist das nicht. Ich sage ja nicht die Unwahrheit«, dem sei gesagt: Unser Gegenüber merkt schnell, ob wir geschickt die Wahrheit umgehen und vorsätzlich täuschen – und das kostet uns Vertrauen.

Ein Forscherteam der Harvard University unter der Leitung von Todd Rodgers fand 2017 heraus, dass Täuschun-

gen eine ebenso negative Wirkung auf unsere Vertrauenswürdigkeit haben wie Lügen. In sechs Experimenten
konnten die Wissenschaftler zeigen, dass es für unser Gegenüber keinen Unterschied macht, ob wir es bewusst täuschen, indem wir ihm wesentliche Details vorenthalten,
oder direkt die Unwahrheit sagen. Erfährt die Person später, was sich wirklich zugetragen hat, fühlt sie sich betrogen – in beiden Fällen. Die Forscher wiesen darauf hin,
dass gerade das Spiel mit der selektiven Wahrheit zu Konflikten führen kann. Insbesondere dann, wenn die Täuschung auffliegt und sich die Gegenseite darauf beruft, nur
die Wahrheit gesagt zu haben. Dann fühlt sich der Ge-
täuschte doppelt belogen. Täuschungen sind wie der Wolf
im Schafspelz: Sie wirken harmlos, sind aber gefährlich –
für unser Vertrauen und damit für unsere Beziehungen.

Kleine Unwahrheiten

Und dann gibt es noch die vielen kleinen Unwahrheiten im
Alltag, die zwar nicht wirklich ehrlich sind, die wir aber als
weniger schlimm empfinden. Was ich damit meine? Das
»Hallo, wie schön Sie zu sehen!«, wenn wir auf den Nachbarn treffen, um den wir am liebsten einen großen Bogen
machen. Das »Schatz, du siehst toll aus!«, wenn unser
Partner ehrlicherweise schon einmal besser aussah, wir aber
nett sein wollen.

Diese kleinen Nettigkeiten und Flunkereien sind zwar
genau genommen unehrlich, sie tun allerdings keinem so
richtig weh. Gerade wenn wir aus Respekt anderen gegenüber mit der Wahrheit hinter dem Berg halten, ohne jemandem zu schaden, wird uns Unehrlichkeit schnell verziehen.

Wir sollten es allerdings nicht übertreiben, denn der
Übergang von kleinen zu großen Lügen ist fließend. Die
Erfahrung zeigt uns: Wer den Bogen mit Notlügen, Flun-

kereien und unehrlichen Komplimenten überspannt, der verliert nicht nur seine Glaubwürdigkeit, sondern zudem das Vertrauen seiner Mitmenschen. Ehrlichkeit währt eben doch am längsten.

Die Bewohner der Länder, in denen Menschen viel Vertrauen ineinander haben, meiden diese Vertrauensfallen übrigens rigoros.

Sowohl in Schweden als auch in Norwegen und Dänemark lehnt man es grundsätzlich ab, andere zu täuschen oder zu belügen. Mit einer Ausnahme: Aus Höflichkeit hält man schon mal mit der Meinung hinterm Berg, um das Gegenüber nicht vor den Kopf zu stoßen. Wenn es jedoch um egoistische Lügen geht: Dafür haben die Skandinavier kein Verständnis. Fliegt man auf, ist man bei ihnen »unten durch«, denn wer andere zum eigenen Vorteil täuscht, der schadet der Gemeinschaft.

Ehrlichkeit schafft Vertrauen

Sie sehen, Ehrlichkeit ist eine wichtige Zutat für vertrauensvolle Beziehungen jeglicher Art. In Partnerschaften genauso wie in unseren Beziehungen zu Freunden, Kollegen und auch Kunden.

Warum aber neigen wir dazu, gerade Menschen zu vertrauen, die uns gegenüber ehrlich sind?

Der Grund liegt auf der Hand: Lügen verletzt Offenheit und Authentizität, die Menschen in Beziehungen schätzen. Das konnten die beiden amerikanischen Psychologinnen Bella DePaulo und Debora Kashy in einer Studie aus dem Jahr 1998 belegen. Dazu ließen die Forscherinnen 144 Probanden zwei Wochen lang Tagebuch führen. Sie sollten etwa Auskunft darüber geben, wie häufig sie gegenüber ihrem Partner die Unwahrheit sagten, wie zufrieden sie mit ihrer Beziehung waren und wie verbunden sie sich mit ihrem Partner fühlten. Diese Daten werteten die Wissenschaftlerinnen anschließend aus. Das Ergebnis: Je weniger die Probanden in ihren Beziehungen logen, desto näher standen sie ihrem Partner und desto zufriedener waren sie mit ihrer Beziehung.

Unehrlichkeit schafft somit Distanz und schadet unseren Beziehungen. Ehrlichkeit – sofern sie respektvoll verpackt wird – erzeugt hingegen Nähe. Und Nähe erleichtert es uns, einander zu vertrauen, und steigert zudem die Zufriedenheit in Beziehungen. Grund genug, es mit der Wahrheit genau zu nehmen.

Wie wichtig Ehrlichkeit für unser Vertrauen ist, habe ich auch auf meinen Reisen durch die vertrauensstärksten Länder weltweit erfahren.

Mehr als 350 Menschen habe ich weltweit gefragt, was sie dazu veranlasst, anderen zu vertrauen: Ehrlichkeit war mit weitem Abstand auf Platz eins der häufigsten Antworten. Egal ob in Schweden, Kanada, Vietnam, den USA und auch den anderen Ländern, in die ich gereist bin. Ehrlichkeit ist weltweit für Menschen entscheidend, wenn es um die Vertrauensfrage geht.

Ehrlichkeit allein schafft zwar noch kein Vertrauen, denn Vertrauen braucht auch viele andere Zutaten, damit es gelingt. Aber ohne Ehrlichkeit ist Vertrauen schwer möglich, denn dann fehlt uns die wesentliche Grundlage, dem anderen zu glauben. Und wem wir nicht glauben, dem vertrauen wir auch nicht.

Wann Ehrlichkeit eher schaden kann

Ist Ehrlichkeit also immer der richtige Weg? Um ehrlich zu sein: Nein. Denn es gibt durchaus Situationen, in denen wir besser fahren, wenn wir für uns behalten, was wir wirklich denken.

Auch wenn der andere es verdient hätte, unsere wahre Meinung zu hören, ist es taktisch manchmal klüger zu schweigen. Insbesondere dann, wenn schonungslose Ehrlichkeit andere verletzt. Dieser Meinung ist Brian Spitzberg, Professor für Kommunikationswissenschaft an der San Diego State University. Er beschäftigt sich seit drei Jahrzehnten mit gelingender Kommunikation und weiß um die Fallstricke von ungefilterter Ehrlichkeit. Wir sollten zwar nicht lügen, wir müssen jedoch nicht immer alles teilen, was uns durch den Kopf geht. Eine gesunde Mischung aus Offenheit und Diskretion kann uns helfen, Ehrlichkeit bedacht einzusetzen. Damit wir unsere Beziehungen nicht schwächen, sondern stärken und stabilisieren.

Nicht alles zu sagen, was wir denken, kann sogar der Schmierstoff für ein gutes Miteinander sein. Beispielsweise dann, wenn wir den anderen mit unserer Äußerung verletzen würden. Etwa in Momenten, in denen wir Ehrlichkeit als Waffe einsetzen statt als helfende Hand.

Damit Ehrlichkeit Vertrauen schafft, müssen wir ihr andere Vertrauenszutaten zur Seite stellen. Allen voran den Respekt, ein wirkungsvolles Vertrauensrezept, das Sie noch kennenlernen werden. Wenn wir Ehrlichkeit respektvoll und wohlwollend dosieren, wenn es darum geht, Verbundenheit zu erzeugen, statt Distanz zu schaffen, dann ist sie tatsächlich eine elementare und sehr wirkungsvolle Zutat für Vertrauen.

Am Ende ist es mit der Ehrlichkeit wie mit dem Salz in der Suppe. Zu wenig macht das Essen fad, zu viel hingegen ungenießbar.

Ehrlichkeit in anderen Ländern

Ehrlichkeit schafft Vertrauen. Zumindest dann, wenn sie respektvoll und nicht als Waffe eingesetzt wird. Das haben die Vertrauenschampions weltweit verstanden.

Dänemark: Natürlich ehrlich

Die Dänen beispielsweise haben eine besondere Liebe zur Wahrheit. Das zeigt sich auch in den alltäglichen Dingen. Dort verlangt ein Arbeitgeber beispielsweise kein Attest vom Arzt, wenn ein Mitarbeiter krank ist. Anders als bei uns, setzt man in Dänemark hier auf Vertrauen. »Meldet sich ein Däne bei seinem Arbeitgeber krank, dann geht der Vorgesetzte davon aus, dass er es wirklich ist. Ein Anruf beim Chef genügt, und die Sache ist aus der Welt. Bei uns geht man grundsätzlich davon aus, dass der andere ehrlich ist. Selbst in solchen Situationen.« Das erfuhr ich von Frode, einem dänischen Jungunternehmer aus Kopenhagen. Frode heißt übrigens übersetzt so etwas wie »der Weise«. An dieser Stelle sicher zutreffend. Denn davon auszugehen, dass sich der andere ehrlich und somit vertrauenswürdig verhält, steigert tatsächlich die Bereitschaft, aufrichtig zu sein. Hier wirkt die selbsterfüllende Prophezeiung.

Niederlande: Ehrlich, aber charmant

Ein anderes Land, in dem Ehrlichkeit weit verbreitet ist, sind die Niederlande. Hier sind die Menschen sehr direkt und ehrlich. Selbst vor kritischen Fragen scheuen sie nicht zurück. Im Gegensatz zu den Deutschen, die ebenfalls als sehr ehrlich und direkt gelten, transportieren unsere Nachbarn ihre Meinung allerdings stets mit Charme und Humor. Gerade Humor macht sich bezahlt, denn er bringt die für Ehrlichkeit oft notwendige Leichtigkeit. Sicherlich ein Grund, warum die Niederländer trotz ihrer direkten Art selten anecken.

Niederländer spielen keine taktischen Spielchen. Sie sagen gerade heraus, was sie denken, welche Fragen sie haben, welche Probleme sie sehen. Und das respektvoll, ohne den anderen zu verletzen. Ehrlichkeit, die humorvoll und anerkennend transportiert wird, schafft tatsächlich Vertrauen. In dieser Hinsicht können wir durchaus etwas von den Niederländern lernen.

Deutschland: Ehrlich und direkt

Auch in Deutschland beherrscht man die Kunst der Ehrlichkeit. Die Menschen hierzulande reden selten um den heißen Brei herum. Grundsätzlich sind wir demnach für dieses Vertrauensrezept gut gerüstet.

Damit unsere Liebe zur Ehrlichkeit allerdings auch zu einem vertrauensvollen Miteinander führt, müssen wir der Ehrlichkeit noch ein paar andere Vertrauensrezepte zur Seite stellen: Eine Prise Mitgefühl, ein bisschen Freundlichkeit und Diskretion an den entscheidenden Stellen – diese Zutaten finden Sie in den übrigen acht Rezepten – würden die deutsche Ehrlichkeit gut ergänzen. Dann klappt es leichter mit dem Vertrauen – auch in Deutschland.

Wie bei allen Rezepten gilt: Je öfter man sie anwendet, umso leichter gelingt das Ergebnis.

Wenn wir die Beispiele aus Dänemark, den Niederlanden – zwei der vertrauensstärksten Länder der Welt – und auch aus Deutschland betrachten, dann können wir einen gemeinsamen Nenner für die Form der Ehrlichkeit finden, die Vertrauen schafft: das Wohlwollen anderen gegenüber. Ehrlichkeit, die respektvoll, empathisch und mitunter auch charmant verpackt ist, dient der Harmonie in unseren Beziehungen.

Sicherlich ein Aspekt, den wir von den vertrauensstarken Ländern im Hinblick auf Ehrlichkeit lernen können.

3. Rezept:
RESPEKT

Vor einiger Zeit ging ich durch die Innenstadt von Münster. Auf der Suche nach einem neuen Kleid streifte ich durch die Einkaufsstraße. Schnell wurde ich fündig. Im Schaufenster einer Modekette sah ich es: schlicht, schwarz und tailliert. Genau danach hatte ich gesucht. Ich betrat den Laden, suchte das Kleid, fand es und begab mich in die Umkleide. Während ich mich noch mit dem Reißverschluss auf dem Rücken abmühte, zog eine Verkäuferin plötzlich den Vorhang auf, machte einen Schritt auf mich zu und bellte mir entgegen: »Kann ich helfen?«

Sie stand so dicht vor mir, dass ich ihren Atem auf meinem Gesicht spürte. Noch ehe ich wusste, wie mir geschah, hatte ich auch schon ihre Hände an meiner Hüfte. Das war mir eindeutig zu nah. Ich schüttelte mich innerlich und setzte dazu an, sie in ihre Schranken zu weisen. Doch bevor ich wirklich reagieren konnte, pfefferte sie mir bereits ungefragt ihre Meinung entgegen.

»Also, hier sitzt das Kleid noch nicht perfekt. Und auch

da müsste es deutlich weiter sein. Sie wollen doch nicht herumlaufen wie Wurst in Pelle.« Sie deutete auf meine Hüfte.

Ich ärgerte mich über ihre Dreistigkeit, fand meine Sprache wieder und hörte mich sagen: »Danke, ich komme allein zurecht!«

Die Verkäuferin wollte ganz offensichtlich nicht das Feld räumen. »Sind Sie sicher?« Sie blickte mich erstaunt an.

»Ja, ich bin sicher!«, entgegnete ich harsch. Spätestens jetzt hatte sie verstanden, dass ich auf ihre Beratung keinen Wert legte, und verschwand.

Kennen Sie das? Wenn Menschen Ihre Grenzen überschreiten? Ihnen zu nahe kommen – körperlich oder verbal? Wenn jemand seine kritische Meinung zum Besten gibt, ohne dass Sie ihn darum gebeten haben?

Wenn jemand Sie in Verlegenheit bringt? Vor versammelter Mannschaft bloßstellt? Oder wenn andere neugierig bei Themen nachbohren, die sie nichts angehen?

Wenn wir genau hinsehen, dann erleben wir tagtäglich solche Respektlosigkeiten: Grenzüberschreitungen, Kränkungen und Sticheleien, die mit Wohlwollen wenig zu tun haben.

Wie viel harmonischer sind unsere Beziehungen hingegen, wenn wir rücksichtsvoll miteinander umgehen. Menschen unsere Grenzen achten.

Wie viel leichter ist unser Miteinander, wenn wir uns anerkennend begegnen und uns auf das konzentrierten, was wir aneinander schätzen.

Wie viel entspannter sind wir im Umgang miteinander, wenn wir uns auf Augenhöhe begegnen, fernab von Hierarchie und Titel.

In Gegenwart von Menschen, die uns rücksichtsvoll,

freundlich und wohlwollend begegnen, fühlen wir uns sicher und geborgen. Deshalb verdienen diese Menschen unser Vertrauen. All das lässt sich in einem Wort auf den Punkt bringen: Respekt.

Definition von Respekt

Respekt bezeichnet eine Form des freundlichen, anerkennenden und rücksichtsvollen Umgangs miteinander. Gemeint ist eine wohlwollende Grundhaltung gegenüber anderen, unabhängig von deren Taten und Leistungen.

Damit ist Respekt nicht nur eine positive Charaktereigenschaft, die Menschen vertrauenswürdig macht, sondern auch eine Fähigkeit, die sich erlernen und trainieren lässt.

Wie wir Respekt praktizieren können

Woran aber erkennt man, dass Menschen respektvoll sind, und wie können wir Respekt im Alltag praktizieren?

Menschen halten uns für respektvoll:

… wenn wir Grenzen erkennen und diese respektieren.
Wenn wir unsere eigenen Grenzen kennen und wahren und die Grenzen unserer Mitmenschen kennen und respektieren. Und wenn wir uns nicht sicher sind, ob etwas okay ist, dann fragen wir, bevor wir zu weit gehen.

… wenn wir zurückhaltend und rücksichtsvoll agieren.
Wenn wir Rücksicht nehmen, gerade auf die Schwächeren unter uns. Wenn wir andere nicht in Verlegenheit bringen oder bloßstellen, weder mutwillig noch aus Unachtsamkeit.

... wenn wir anderen anerkennend und wohlwollend begegnen.

Wenn wir uns nicht über andere stellen. Wenn wir jeden mit Respekt behandeln, gerade diejenigen, die nichts für uns tun können.

Wenn wir nach diesen Prinzipien handeln, dann empfinden uns andere als respektvoll und schenken uns eher ihr Vertrauen.

All dies ist übrigens kein Wunschtraum, sondern in den vertrauensvollen Ländern gelebte Realität. Diese Erfahrung habe ich auf meinen Reisen immer wieder gemacht. Es waren oft die kleinen, respektvollen Gesten, die den Begegnungen mit den Menschen die richtige Würze verliehen – und mich immer wieder aufs Neue beeindruckt haben.

Die schönsten dieser Geschichten werden Sie kennenlernen. Sie regen zum Nachdenken an und zeigen, dass es nicht viel braucht, um einander respektvoll zu begegnen und Vertrauen zu gewinnen.

Natürlich gibt es auch hier Ausnahmen. Und wer will, der findet sicher immer eine Ausnahme, die die Regel bestätigt. Was ich allerdings nach vielen Hundert Interviews rund um den Globus sagen kann: Die Mehrheit der Einwohner von Schweden, Dänemark oder Norwegen, von Vietnam, den Niederlanden, den USA und auch der Schweiz beherrscht gerade diese kleinen, aber wesentlichen Feinheiten des Zusammenlebens. Da wundert es nicht, dass es den Menschen in diesen Ländern leichtfällt, einander zu vertrauen.

Zutaten für Respekt

Woran aber können wir festmachen, wer respektvoll ist? Wie auch bei den ersten beiden Vertrauensrezepten gilt: Direkt erkennen können wir Respekt nicht, denn es ist nichts, was uns auf die Stirn geschrieben steht. Respekt ist vielmehr eine wohlwollende Haltung den Mitmenschen gegenüber, auf die wir aufgrund von Beobachtungen und Erfahrungen schließen können.

Damit Sie wissen, wie Sie Vertrauen stärken und wem Sie guten Gewissens vertrauen können, mache ich Sie gerne mit den Zutaten für das Respektsrezept vertraut.

Freundlichkeit

Beginnen wir mit der bekanntesten Zutat für das Rezept – der Freundlichkeit.

Woran wir sie erkennen? Freundliche Menschen begegnen anderen zugewandt, herzlich und wohlwollend. Freundlichkeit kann somit auch als Beziehungsangebot verstanden werden, als Offerte, aus der eine Freundschaft entstehen kann. Bei bestehenden Freundschaften ist freundliches Verhalten, neben weiteren Vertrauenszutaten wie Diskretion, Offenheit und emotionaler Fürsorge, eine wirkungsvolle Zutat, um die Beziehung zu pflegen.

Damit Freundlichkeit allerdings dazu beitragen kann, Beziehungen aufzubauen und zu schützen, müssen wir ihr die Ehrlichkeit zur Seite stellen. Andernfalls wird sie leicht als »aufgesetzte Freundlichkeit« gedeutet – und dieses Verhalten bewirkt eher das Gegenteil. Dann hegen wir Zweifel, Argwohn und gehen auf Distanz.

Freundlichkeit, die von Herzen kommt, die also authentisch und wahr ist, schafft Sympathie. Sie ist eine Zutat, die wir schnell, leicht und in jeder Situation einsetzen können, um emotionale Nähe herzustellen.

Was so simpel klingt, ist nicht immer leicht. Diesen Eindruck habe ich, wenn ich mir anschaue, wie Menschen häufig miteinander umgehen. Es fängt bei den kleinen Gesten an: Ein »Bitte« und ein »Danke« ist kostenlos, und doch habe ich zunehmend das Gefühl, dass Menschen diese Worte hüten wie ihren Augapfel. Freundlich zu sein ist nicht schwer, es kostet nichts und bringt doch so viel. Vertrauen zum Beispiel.

Ein Lächeln ist nicht nur der kürzeste Weg zwischen zwei Menschen, es ist auch eine leichte und gleichzeitig wirkungsvolle Art, Nähe herzustellen, aus der Vertrauen erwachsen kann. Und das Schöne: Wenn wir jemanden anlächeln, dann kann unser Gegenüber fast gar nicht anders, als zurückzulächeln. Warum das so ist und warum ein Lächeln tatsächlich anstecken kann, das sehen wir uns später an, im Empathierezept.

Anerkennung

Eine wesentliche Zutat für das Respektsrezept ist Anerkennung. Sie ist die Antwort auf das urmenschliche Bedürfnis, anerkannt – im Sinne von akzeptiert und gemocht – zu werden. Woran aber erkennen wir sie im Alltag? Anerkennende Menschen begegnen anderen grundsätzlich wohlwollend, wertschätzend und zugeneigt. Sie konzentrieren sich auf die positiven Seiten der Mitmenschen und schätzen diese um ihrer selbst willen. Das bedeutet nicht, die Augen vor den Fehlern und Defiziten anderer zu verschließen, sondern sie unabhängig davon, aus einer wohlwollenden Grundhaltung heraus, zu achten.

Wem es gelingt, Menschen unabhängig von ihrer Leistung als wertvolles Mitglied der Gemeinschaft zu akzeptieren und wertzuschätzen, der beherrscht die Kunst der Anerkennung – eine essenzielle Zutat für jede vertrauensvolle Beziehung.

Grenzen wahren

Die dritte und ebenso wichtige Respektszutat ist das Grenzenwahren. Menschen, die die »rote Linie« ihres Gegenübers erkennen und auch ein »Nein« akzeptieren, die wahren die Grenzen anderer. Ebenso jene, die im Fall von Unsicherheit lieber beim Gegenüber nachfragen, ob etwas okay ist, als unbedacht zu weit zu gehen und Grenzen zu übertreten.

Sie erinnern sich an das Eingangsbeispiel mit der Anprobe des Kleides: Das war grenzüberschreitend – und damit respektlos.

Gute Freunde sind nicht zuletzt deshalb gute Freunde, weil ihnen genau das gelingt: Sie akzeptieren, wenn wir bestimmte Erlebnisse oder Details nicht erzählen wollen. Dabei ist es zweitrangig, warum wir uns nicht offenbaren. Allein die Tatsache, dass wir zurückhaltend sind, reicht, damit sie uns Raum geben. Sie bohren nicht neugierig nach, sondern lassen uns die Wahl, sie ins Vertrauen zu ziehen, wann immer wir es für richtig halten. Sie halten so viel Distanz, wie wir brauchen, und sind dennoch für uns da.

Menschen, die die Grenzen anderer wahren, tun dies aus einer wohlwollenden Haltung heraus, aus Rücksicht.

Rücksicht

Rücksicht ist auch deshalb eine weitere Zutat, die in keinem Respektsrezept fehlen darf. Woran wir sie erkennen? Rücksichtsvolle Menschen denken nicht nur an sich, sondern behalten die Interessen und Umstände ihrer Mitmenschen im Blick, wenn sie handeln. Dabei sind es oft die kleinen Gesten im Alltag, anhand derer wir Rücksicht erkennen. Das geduldige Warten an der Supermarktkasse, bis die ältere Dame vor uns bezahlt hat. Jemanden im Straßenverkehr vorzulassen, obwohl wir Vorfahrt haben. Und auch das Gegenüber ausreden zu lassen, anstatt ihm ins Wort zu fallen – das ist rücksichtsvoll und schafft Vertrauen.

Damit wir rücksichtsvoll agieren können, brauchen wir unsere Empathie als Unterstützung. Denn nur wenn wir erahnen oder erfühlen können, was unser Gegenüber denkt, fühlt, fürchtet oder möchte, können wir auf die Person und ihre Interessen Rücksicht nehmen.

Mitmenschen gegenüber rücksichtsvoll zu sein ist in einigen Ländern sogar ein erklärtes Erziehungsziel, zum Beispiel in den Vereinigten Staaten. Das erfuhr ich von Sue, einer US-Amerikanerin, die im Silicon Valley lebt und für einen großen IT-Konzern arbeitet. Ich traf sie während ihrer Geschäftsreise durch Deutschland. »In Amerika legen wir großen Wert auf Respekt. Das fängt bereits in der Schule an. Rücksichtsvoll zu sein lernen die Kleinsten bereits im Kindergarten. Essen zu teilen, andere vorzulassen und sich selbst zurückzunehmen, das ist Teil unserer Kultur. Vor allem der Sport, der bei uns eine große Rolle spielt, trägt dazu bei. Ohne Rücksicht würde kein Team erfolgreich sein. Allein lässt sich eben kein Spiel gewinnen.«

Bescheidenheit

Auch Bescheidenheit ist eine wichtige Zutat für Respekt. Woran wir sie erkennen? Bescheidene Menschen sind genügsam. Es liegt ihnen fern, sich in den Mittelpunkt zu stellen. Sie legen keinen Wert auf Statussymbole oder Privilegien und fühlen sich wohl, wenn sie als Gleicher unter Gleichen wahrgenommen werden. Damit ist Bescheidenheit eng mit Augenhöhe verknüpft. Beide tragen dazu bei, dass sich die Beteiligten ebenbürtig fühlen – und das wiederum fördert ein harmonisches Miteinander.

Die Schweden beherrschen diese Zutat für Respekt übrigens ganz hervorragend und haben dafür sogar ein eigenes Wort: *lagom*. Übersetzt bedeutet *lagom* so viel wie

»genau richtig – nicht zu viel, nicht zu wenig« und beschreibt die Einstellung der Schweden zu fast allem: Maß halten, es nicht übertreiben – darum geht es im Kern.

Die Maxime der Bescheidenheit reicht sogar bis ins Geschäftsleben, wie man etwa an schwedischen Visitenkarten sehen kann. Nur ganz selten findet man darauf Titel wie »Doktor« oder »Professor« – Reputationsverstärker, auf die man hierzulande häufig sehr stolz ist. In Schweden redet man weder darüber, noch druckt man diese auf seine Visitenkarte, denn Titel sind im gesellschaftlichen Umgang bedeutungslos.

»Ein Titel sagt nichts über den Charakter eines Menschen aus. Er betont Unterschiede und verleitet zur Überheblichkeit, und das mögen wir nicht«, erklärte mir Arne, ein junger Doktorand, mit dem ich an der Universität in Stockholm ins Gespräch kam. In Schweden ist man eben bescheiden, sogar beim hart erarbeiteten Doktortitel.

Augenhöhe

Augenhöhe ist eng mit Bescheidenheit verknüpft und eine weitere wichtige Zutat für Respekt. Menschen, die anderen gleichwertig begegnen, unabhängig von Alter, Geschlecht, Titel oder auch Hierarchieebene im Unternehmen, die beherrschen die Kunst der Augenhöhe. Sich auf dieselbe Stufe zu stellen, weder darüber noch darunter, das erzeugt Augenhöhe. Auf gleicher Ebene, von Mensch zu Mensch, ist es deutlich leichter, Nähe und Verbundenheit aufzubauen und damit wichtige Grundlagen für Vertrauen zu schaffen.

Die Einwohner Schwedens beherrschen das Prinzip der Augenhöhe übrigens so gut wie kaum ein zweites Land. Ein Beispiel, das sehr schnell deutlich macht, was ich meine:

Die Frage an Sie: Wussten Sie eigentlich, was das größte Kompliment ist, das Sie einem Schweden machen können?

Ihm zu sagen: »Ganz ehrlich. Du bist ein Kerl wie jeder andere.«

Sie haben richtig gehört: Das, was hierzulande fast schon eine Beleidigung ist – denken wir nur mal an den Ausdruck »echt bescheiden«, ein deutsche Umschreibung für schlecht –, ist in Schweden tatsächlich ein Kompliment.

Warum das so ist, erfuhr ich von Roger Johansen, CEO eines internationalen schwedischen Konzerns mit Sitz in Stockholm. »Die Schweden begegnen sich als Menschen. Was zählt, ist nicht das Geld auf dem Konto, das Auto in der Garage oder der Titel auf dem Türschild. Was zählt, ist Augenhöhe.« Die Schweden begegnen sich von Mensch zu Mensch, gleichwertig und ebenbürtig.

Diese Anekdote macht deutlich, warum Schweden zu Recht zu den vertrauensstärksten Ländern der Welt gehört: Dort redet man nicht nur über Augenhöhe, man lebt sie. In den vielen kleinen Momenten des Alltags. Etwas mehr Bescheidenheit und Augenhöhe, sicher zwei Zutaten, die wir von den Schweden für unser Vertrauensrezept lernen können.

Wohlwollen

Eine Zutat, die in absolut keinem Vertrauensrezept fehlen darf und die wir vor allem dem Respekt zuordnen können, ist das Wohlwollen.

Bei wohlwollenden Menschen spürt man, dass sie es gut mit anderen meinen. Sie zeigen ehrliches Interesse an ihrem Gegenüber, haben ein innerliches Bedürfnis, dass es anderen gut geht. Diese Haltung gibt uns das Gefühl von Sicherheit, denn wir glauben nicht, dass wir von solchen Menschen etwas zu befürchten haben. Das wiederum erleichtert den Weg zu mehr Vertrauen.

Situationen, in denen wir Wohlwollen besonders gut erkennen können: wenn uns ein Fehler unterläuft und jemand anderes ihn entdeckt. Wie dieser damit umgeht, verrät viel darüber, wie wohlgesinnt er uns ist.

Wie so oft im Leben zeigt sich der wahre Charakter eines Menschen dann, wenn nicht alles heiterer Sonnenschein ist.

Wie reagiert etwa ein Kollege, wenn er bemerkt, dass wir einen gravierenden Fehler gemacht haben? Nimmt er sich Zeit und weist uns unter vier Augen darauf hin? Erklärt er uns womöglich sogar, wie wir diesen Fehler beim nächsten Mal vermeiden können?

Oder wartet er, bis er uns vor versammelter Mannschaft darauf aufmerksam machen und uns damit vor allen anderen bloßstellen kann? Letzteres ist weder wohlwollend noch rücksichtsvoll, das versteht sich von selbst.

Wie immer gilt: Wo Licht ist, ist auch Schatten. Wir alle kennen Situationen, in denen es an Respekt fehlt: Sticheleien, Rücksichtslosigkeit, Geringschätzung, Grenzverletzungen. Die Liste ließe sich endlos fortführen. Im Grunde handelt es sich hierbei um Respektlosigkeiten, die auf einen Mangel an Respektszutaten zurückgehen.

Anders als beim Kochen gilt jedoch: Fehlt eine der gerade beschriebenen Zutaten, wird das Ergebnis nicht einfach nur fad: Es misslingt. Für vertrauensvolle und glückliche Beziehungen brauchen wir eben alle Respektszutaten. Um das richtige Maß zu finden, können wir uns an den Schweden orientieren: *Lagom* sollte es sein – nicht zu viel und nicht zu wenig. Genau passend.

Respekt schafft Vertrauen

Sie sehen, Respekt ist eine entscheidende Zutat für vertrauensvolle Beziehungen und eine Stellgröße, deren Wichtigkeit wir auch im internationalen Vergleich erken-

nen können. Mit welcher Formel aber können wir überprüfen, ob unsere Beziehungen genug Respekt enthalten?
So viel, um in ihnen langfristig glücklich zu sein und sie
stabil zu bewahren? Das erfahren wir aus der Forschung
des wohl berühmtesten Beziehungsforschers der Welt:
John Gottman.

Gottman gelang, was vorher noch niemandem gelungen
war: Er schaffte es, die Liebe zu »vermessen«. Durch seine
Forschung konnte er zeigen, wie wichtig Respekt für vertrauensvolle, glückliche und stabile Beziehungen ist.

Gottman ist Mathematiker und Psychologe. Der heute fast achtzigjährige Wissenschaftler gilt als einer der
einflussreichsten Beziehungsforscher der Welt. Mehr als
40 Bücher, dazu fast 200 wissenschaftliche Studien hat er
bislang veröffentlicht. Niemand hat die Liebe in dieser
Weise systematisch untersucht wie er, und kaum ein
anderer konnte die Bedeutung eines respektvollen Miteinanders für gelingende Beziehungen so greifbar machen.

Wofür andere kaum Worte finden, das verpackt er in
Zahlen, Daten und Fakten. Für seine Forschung hat er
Tausende von Paaren beobachtet und zahlreiche Facetten
ihres Verhaltens vermessen: Blickkontakt, Atempausen,
Seufzer, zudem Kommunikationsmuster bis hin zu Atem-
frequenz, Hormonspiegel und Hautleitfähigkeit.

Er selbst sagt über seine Forschung: »Für viele ist die
Liebe ein komplexes Mysterium. Dabei ist sie so vorher-
sagbar.« Ein gewagter Satz, den der Mathematiker natürlich wissenschaftlich belegen kann. Respekt, so viel sei an
dieser Stelle bereits verraten, spielt dabei eine entscheidende Rolle.

Als Gottman sich Ende der 1970er-Jahre entschloss, sich
der Paarforschung zu widmen, wusste man nicht viel darü-

ber, warum einige Beziehungen funktionieren und andere nicht. Gottman aber wollte verstehen, warum einige Ehen Jahre und Jahrzehnte halten, während anderen bereits nach wenigen Monaten die Luft ausgeht. Er wollte die Mechanismen dahinter sichtbar und begreifbar machen. Etwas, das ihn und mich verbindet: Wir beide sind von Natur aus neugierig und wollen verstehen, warum Menschen das tun, was sie tun. Warum etwa einige Beziehungen gut funktionieren, andere weniger – und es ist uns wichtig, dass andere unsere Erkenntnisse nachvollziehen können. Damit es auch unseren Mitmenschen leichter gelingt, glücklich und zufrieden zu sein. Was unsere Herangehensweise unterscheidet: Gottman fokussiert sich auf verheiratete Paare, mich interessieren vertrauensvolle Beziehungen im Allgemeinen. Respekt, das zeigt die aktuelle Forschung, ist natürlich in beiden Bereichen unerlässlich.

Das Vorhaben, mit dem Gottman schließlich berühmt wurde – die Liebe zu vermessen –, galt in den 1980er-Jahren als abwegig. Gemeinsam mit seinem Kollegen Robert Levenson untersuchte er im Jahr 1983 das Verhalten von dreißig verheirateten Paaren. Dazu lud er die Ehepaare ins Labor ein, verkabelte sie, maß ihren Herzschlag, ihre Atemfrequenz und zeichnete die Gespräche auf Video auf. Er stellte allen Paaren dieselbe Aufgabe: Sie sollten 15 Minuten lang über ein kritisches Thema ihrer Beziehung diskutieren. Wer das Gespräch eröffnete und welche Themen gewählt wurden, all das überließen die Forscher den Paaren selbst.

Zu Beginn seiner Forschung war sich der Beziehungsexperte sicher: Er würde herausfinden, warum einige Paare glücklich waren und andere nicht. Bereits damals vermutete er, dass der gegenseitige Respekt eine entscheidende Rolle spielen würde.

Sein damaliger Arbeitgeber, die University of Illinois in den Vereinigten Staaten, war von seinem Vorhaben wenig begeistert. Das Verhalten einer Person vorherzusagen grenzte damals ans Unmögliche, aber gleich die Reaktion von zwei Menschen? Anstatt Gottman in seinem Vorhaben zu unterstützen, legte man ihm nahe, sich auf andere, auf »relevante« Studien zu konzentrieren. Trotzdem ließ er sich nicht beirren und forschte weiter. Drei Jahre dauerte es, bis 1987, da hatte er die Antwort: Was glückliche von den unglücklichen Paaren unterschied, waren ihre physiologischen Daten während des Experiments.

Gottman machte eine verblüffende Entdeckung: Die Körper der Partner, die später unglücklich waren, spielten während der Konfliktgespräche verrückt. Ihr Puls schoss in die Höhe, die Atemfrequenz stieg rapide, und sie begannen stark zu schwitzen. Nicht immer war diese Reaktion auf den Videoaufzeichnungen der Gespräche zu sehen. Aber die physiologischen Messungen waren eindeutig: Die Körper der später Unglücklichen waren im Kampfmodus. Sie reagierten, als müssten sie es mit einem wilden Tier aufnehmen – und nicht mit einem geliebten Menschen.

Umgekehrt verrieten die Daten: Je ruhiger die Partner in der Diskussion innerlich blieben, desto wahrscheinlicher war es, dass sie drei Jahre später glücklich und noch zusammen waren. Tatsächlich konnte Gottman mit 90-prozentiger Wahrscheinlichkeit nur anhand der erhobenen Daten voraussagen, ob die Paare drei Jahre später noch zusammen sein würden.

Gottman selbst war überrascht von der Eindeutigkeit seiner Ergebnisse. Und doch waren sie ihm nicht präzise genug. Schließlich war er Mathematiker, ein Zahlenliebhaber, und so wollte er es genauer wissen. Er wollte vorhersagen können, welche der Paare sich trennen würden und sogar, wann dies passieren würde. Hinweise darauf vermutete er im Kommunikationsverhalten der Partner.

Gottman sah sich die Videoaufnahmen der Paar-Gespräche aus den Vorjahren wieder und wieder an. Darüber hinaus rekrutierte er 1992 für eine Folgestudie 73 weitere Paare und vermaß diese auf dieselbe Art und Weise. Er suchte nach kritischen »Markern«, die glückliche von unglücklichen Paaren unterscheiden.

Und Gottman wurde fündig: Das Maß an Respekt im Miteinander war entscheidend. Die glücklichen Paare hatten alle eines gemeinsam: Mindestens fünf positiv erlebte Momente standen während des Konflikts einem negativen gegenüber. Wichtig war dies entscheidende Verhältnis von fünf zu eins. Was die positiven Momente auszeichnete? Das fürs Vertrauen wichtige respektvolle Verhalten war ausschlaggebend: Freundlichkeit, Rücksicht, Anerkennung und Augenhöhe – allesamt Zutaten für das Respektsrezept.

In den Gesprächen äußerte sich das folgendermaßen: Die Partner ließen einander ausreden, lächelten zwischendurch, berührten den anderen liebevoll am Arm oder hatten Verständnis für die Sichtweise des anderen. Diese Verhaltensweisen sollten wir uns merken, denn genau diese kleinen Gesten haben auch auf die Vertrauensbildung einen positiven Effekt.

Was die Forscher überraschte: Bei unglücklichen Paaren kehrte sich das Verhältnis nicht etwa um. Für ein Scheitern der Beziehung reichte es tatsächlich bereits, wenn sich respektvolle und respektlose Momente ungefähr die Waage hielten. Diese Erkenntnisse veröffentlichte Gottman später als das sogenannte »Balance

Model« für Paarbeziehungen. Anders, als der Name auf den ersten Blick vermuten lässt, reicht ein Gleichgewicht allerdings nicht immer aus, um harmonische Beziehungen zu führen. Denn wie Gottman erkannte, machen negative Momente mehr kaputt, als positive reparieren können.

Gottmans Ergebnisse zeigen: Schlechte Erfahrungen wiegen schwer und lassen mit der Zeit das Vertrauen in unseren Beziehungen erodieren. Sticheleien, Kränkungen und Verletzungen führen in eine Negativspirale, aus der wir so schnell nicht wieder herauskommen. Für uns bedeutet das: Respektlosigkeiten kosten uns nicht nur Vertrauen, sondern im ungünstigsten Fall sogar unsere Beziehung.

Müssen wir deshalb gleich jedes Konfliktgespräch fürchten, um nicht am Ende vor den Scherben unserer Beziehung zu stehen? Glücklicherweise ist das nicht so.

Denn der Mathematiker fand noch etwas Entscheidendes heraus. Nicht alle Respektlosigkeiten wurden einer Beziehung gleich gefährlich. Es waren ganz konkrete Verhaltensweisen, die sich aus wissenschaftlicher Sicht als zerstörerisch herausstellten. Traten sie allein oder in Kombination in der – wohlgemerkt nur 15-minütigen – Diskussion auf, konnte Gottman die Scheidung des Ehepaares mit einer 90-prozentigen Wahrscheinlichkeit vorhersagen. Diese betroffenen Paare trennten sich durchschnittlich 5,6 Jahre, nachdem sie im Labor miteinander diskutiert hatten.

Gottman entdeckte insgesamt vier wesentliche Vorboten, die den Untergang einer Partnerschaft ankündigten. Diese gingen den Stressreaktionen – dem physiologischen Feuerwerk aus Atem, Puls und Herzschlag – im Kritikgespräch voraus. Ich vergleiche den Mechanismus gerne mit einem sinkenden Schiff. Mit jedem dieser vier Schritte wird das Leck im Schiffsrumpf größer – und je größer das Leck, desto schneller geht das Schiff unter. Diese vier Schritte bringen über kurz oder lang jedes Beziehungsschiff zum Kentern: Kritik, Verteidigung, Verachtung und Rückzug. Wie viel Macht ihr Zusammenwirken auf einen Menschen ausüben kann, ist leicht verständlich, wenn man sich Folgendes bewusst macht:

Der Anfang vom Ende einer Beziehung beginnt meist mit *Kritik* – dem Gegenteil von Anerkennung. Wer kritisiert wird, der fühlt sich angeklagt und attackiert. Kritik reißt das erste Loch in die Schiffswand – und nimmt dem Boot damit an Stabilität. Wir kennen das doch alle: Gerade bei Menschen, die einem nahestehen, treffen uns kritische Kommentare bis ins Mark.

Um sich selbst zu schützen, reagiert der Kritisierte auf natürliche Weise mit *Rechtfertigung*. Er versucht die lecke Stelle zu schützen – und geht in die Abwehrhaltung, oft getarnt als Verteidigung. Doch wer sich rechtfertigt, der stoppt nicht das eintretende Wasser, er versucht nur zu erklären, warum er nicht dafür verantwortlich ist, dass der Rumpf leckt. Anstatt sich also um die Stabilität des Schiffes zu kümmern, sieht er zu, wie das Loch im Bug langsam größer wird. Da das Gegenüber nur die Aufregung des anderen spürt, nicht aber versteht, dass es sich bei der Rechtfertigung um einen Hilfeschrei handelt, wird dieses Verhalten oft fälschlich als Gegenangriff gedeutet. Das verpasst dem ohnehin schon angeschlagenen Schiff einen weiteren Hieb – das Leck wird größer, die Wassermenge im Inneren steigt, und das Boot sinkt tiefer. Da Menschen sich bei Rechtfertigung des Gegenübers selbst nicht gesehen fühlen, es sogar als Desinteresse und mangelnde Anerkennung ihrer eigenen Person deuten, folgt schließlich die Antwort aus der eigenen Kränkung heraus: die *Verachtung*. Ein hämisches Grinsen, das Rollen mit den Augen, der Verlust der Augenhöhe. Nichts ist gefährlicher, als wenn wir auf unseren Partner herabschauen. Verachtung im Zwischenmenschlichen bedeutet: Wir haben den Respekt verloren und damit auch die Basis für das zwischenmenschliche Vertrauen. Nun ist das Beziehungsschiff so gut wie dem Untergang geweiht. Am Ende kommt, was kommen muss: Der *Rückzug*, ebenfalls ein Schutzmechanismus. Mit anderen Worten: Der eine Teil der Mannschaft macht sich bereit, um das sinkende Schiff zu verlassen. Im Alltag erkennen wir das leicht: Dann wird dichtgemacht, nichts mehr an sich herangelassen und »gemauert«. Ein klares Zeichen von Hilflosigkeit und ein Zu-Wasser-Lassen der Rettungsboote. Das Schiff ist ohne fremde Hilfe nicht mehr zu retten.

Heute arbeitet ein Großteil der Paartherapeuten in Kenntnis der vier Schritte für den Untergang einer Beziehung, was darauf hinweist, dass sich die Erkenntnisse ganz gezielt und mit Erfolg präventiv nutzen lassen: Wenn wir wissen, welche Vorboten das Schiff zum Kentern bringen, dann können wir sie leichter vermeiden und im Zweifelsfall schneller erkennen, wann in unserer Beziehung der »Anfang vom Ende« beginnt. Keine Angst, wer die Gefahr kennt, der kann heikle Themen schneller umschiffen, einen Konflikt deeskalieren und durch den Beweis von Respekt die Beziehung bewahren.

Eines sollte uns darüber hinaus bewusst sein: Gottman hat zwar Ehepaare untersucht, die vier Vorboten für den Untergang können aber jeder unserer Beziehungen gefährlich werden. Sie sind Vertrauensfallen, in die wir gerne einmal tappen und die weit im Voraus das Ende einer Beziehung ankündigen. Das ist unabhängig davon, ob es sich dabei um unsere Liebesbeziehung, die Beziehung zu Kollegen, Freunden oder Sportkameraden handelt. Warum das so ist? Nun, Menschen wollen geliebt werden. Und Respekt ist Liebe in Zivil.

Wenn wir anderen respektlos begegnen, dann erodiert das Vertrauen in unseren Beziehungen langsam und unaufhaltbar. Damit uns das nicht passiert, kann uns das Respektsrezept mit seinen verschiedenen Zutaten helfen, die Grenzen des anderen zu erkennen, zu wahren und im entscheidenden Moment das Richtige zu tun. Und erinnern wir uns an die gefährlichen Zutaten: Kritik, Verteidigung, Verachtung und Rückzug. Ja, Rezepte zeigen auch auf, welche Zutaten wir in jedem Fall meiden sollten, denn sie machen unsere Beziehungen buchstäblich ungenießbar.

Respekt in anderen Ländern

Wie aber zeigt sich Respekt in den vertrauensvollen Ländern? Auf welche Respektszutaten legen Menschen etwa in Vietnam, Kanada, Schweden und Dänemark besonderen Wert? Und welche Umwege nehmen sie in Kauf, um respektvoll zu sein?

Ich war beeindruckt, wie facettenreich Respekt anderenorts gelebt wird, und konnte feststellen, dass er trotz aller Unterschiede einer gemeinsamen Grundlage entspringt.

Vietnam: Rücksicht mit Hindernissen

Ein Land, in dem Respekt ganz großgeschrieben wird, ist Vietnam. Das erzählte mir Christian Oster, ein deutscher Journalist, der seit mehr als 25 Jahren in Vietnam lebt. »Die vietnamesische Kultur ist sehr stark vom Konfuzianismus geprägt. Obwohl das Land kommunistisch regiert wird, nehmen konfuzianische Ideale immer noch einen sehr großen Einfluss auf die Stellung des Einzelnen in der Gesellschaft. Loyalität, Ehre, Verantwortung und vor allem Respekt genießen bei Vietnamesen weiterhin ein hohes Ansehen. Während in Freundschaftsbeziehungen in den USA die Freundlichkeit das zentrale Merkmal ist, so ist es in Vietnam der Respekt.«

Gerade der hohe Respekt vor dem Alter ist etwas, das die vietnamesische Kultur ausmacht. Das drückt sich vor allem in kleinen Gesten aus, die das gesellschaftliche Miteinander prägen. So dürfen in Vietnam die Ältesten einer Gruppe als Erste durch eine Tür gehen, sie nehmen zuerst am Tisch Platz und eröffnen das Essen – als Geste des Respekts.

Wie verhält man sich allerdings, wenn man das Alter des Gegenübers nicht kennt? Etwa wenn man auf einer Feier auf neue Bekanntschaften trifft oder mit Geschäftsleuten essen geht? Menschen hierzulande würden vermutlich offensiv nach dem Alter fragen, um sich in die natürliche Hierarchie einzuordnen. Das allerdings gilt in Vietnam als respektlos. Man fragt nicht nach dem Alter, weder bei Männern noch bei Frauen.

Wie also lösen die Vietnamesen diese Herausforderung? Sehr geschickt, wie ich von Huen erfuhr, der mich zwei Tage durch das Mekong-Delta in Vietnam führte. »Die Menschen hierzulande haben eine sehr zurückhaltende Art, um das Alter ihres Gegenübers zu erfahren. Ein Vietnamese würde dich nie fragen, wie alt du bist. Aber er würde fragen, ob du Kinder hast, und wenn ja, wie alt deine Kinder sind. Und wie alt du warst, als deine Kinder geboren wurden. Falls du keine Kinder hast, würde er dich fragen, wie lange du schon für deine Firma arbeitest. Und wie alt du warst, als du bei der Firma angeheuert hast. Daraus errechnet er dann im Stillen dein Alter.«

Was für uns vielleicht umständlich klingt, ist für Vietnamesen eine Frage von zwei wesentlichen Vertrauenszutaten: Rücksicht und Grenzen wahren.

Dafür nehmen sie gerne Hürden und Umwege in Kauf. Anderen freundlich und achtsam zu begegnen steht in Vietnam hoch im Kurs. Ein Grund, warum es den Vietnamesen leichtfällt, einander zu vertrauen. Wir sollten dabei nicht vergessen: Vietnam steht auf der Rangliste der vertrauensstärksten Länder weit vor Deutschland auf Rang acht – die Bundesrepublik »nur« auf Platz zwanzig.

Kanada: Freundlichkeit als Nationalsport

Andere Länder, andere Sitten. Wie sieht es in Kanada mit dem respektvollen Miteinander aus?

»Die Kanadier entschuldigen sich einfach für alles: wenn sie dich anrempeln, wenn du sie anrempelst, sogar für das Wetter, für das sie ja nun wirklich nichts können. Sich zu entschuldigen gehört bei uns in Kanada einfach zum guten Ton. Wir entschuldigen uns so oft, dass die Amerikaner schon sagen, uns zu entschuldigen sei unsere dritte Nationalsportart. Gleich nach La Cross und Eishockey.« Das erfuhr ich von Rob, einem jungen Barista, den ich in Montreal traf.

Was für uns eher merkwürdig klingt, ist in Kanada völlig normal. Freundlichkeit ist im Land des roten Ahornblatts das Salz in der Suppe. Kein Wunder, dass die Kanadier auch das Rezept für Respekt vorbildlich beherrschen.

Dass sie es auch mit der Rücksicht sehr genau nehmen, wurde mir spätestens klar, als ich an einer Haltestelle auf den Bus wartete. Was ich dort erlebte, ist einfach beispielhaft für kanadischen Respekt.

Wie Perlen an einer Kette aufgefädelt standen die wartenden Fahrgäste in einer endlos langen Schlange. Kein Drängeln, kein Schubsen. Die Fahrgäste warteten ganz gesittet in Reih und Glied.

»Warum sollten wir drängeln? Schließlich fährt der Bus ohnehin erst, wenn alle eingestiegen sind«, entgegnete mir eine ältere Dame, mit der ich an der Haltestelle ins Gespräch kam.

Recht hat sie. So entspannt wie in Kanada bin ich noch nie zuvor Bus gefahren. Wer in Deutschland regelmäßig den Nahverkehr nutzt, der weiß, wovon ich spreche. Wer wünscht sich da nicht manchmal kanadische Verhältnisse?

Schweden: Das freundliche Grundrauschen

Wer einen Tag durch die schwedische Hauptstadt läuft, der wird eine andere Form von Respekt kennenlernen. Denn wenn man entlang der bunten Holzhäuser oder durch die kleinen Gassen der Altstadt Stockholms wandert, ist es ständig da, ein »Tak, tak, tak«, mal lauter, mal leiser. Was man da vernimmt, ist nicht etwa ein älterer Schwede mit seinem Krückstock, der einem nachläuft. »Tak« ist das schwedische Wort für »danke«, das aus allen Ecken schallt. Ein freundliches Grundrauschen der Gesellschaft.

»Die Schweden bedanken sich für alles. Sogar wenn sie dir gerade einen Gefallen getan haben. Das ist typisch schwedisch. Wir sind einfach ein nettes und freundliches Volk«, erzählte mir Patrik Lindqvist, ein erfolgreicher junger Geschäftsmann, den ich in Stockholm traf. Mit Anfang dreißig leitet Patrick in einem internationalen Konzern bereits den Vertrieb für Europa und den Mittleren Osten. Von Erfolg will er aber nichts wissen, zumindest nicht dafür gelobt werden oder davon erzählen. Das merkte ich schnell in unserem Gespräch. Später erklärte er mir: »Schweden empfinden es als respektlos, sich mit Erfolgen, Titeln oder auch Reichtum zu brüsten. Sich zu vergleichen und dabei die eigenen Vorzüge anzupreisen betont die Unterschiede zwischen uns und schafft Distanz. Das mögen wir nicht. Bei uns gilt das *Jantelagen*. Das ist ein ungeschriebenes Gesetz, das im Kern besagt: Du bist nicht besser oder schlechter als andere. Wir sind alle gleich.«

Anstatt über die eigene Karriere zu sprechen, reden Schweden deshalb viel lieber über Dinge, die sie verbinden. Man spricht gerne über den letzten Urlaub, das Ferienhaus am Meer oder darüber, was am Wochenende geplant ist. Oder man schweigt gemeinsam. Natürlich bei Fika, der schwedischen Kaffeepause mit Filterkaffee und Gebäck. In Gesprächen lässt man sich ausreden, erzählt wenig von sich, sondern hört gerne zu und schätzt die Meinung des anderen.

Diese Beispiele zeigen mir, dass die Schweden zu Recht zu den vertrauensstärksten Ländern der Welt gehören: Sie schätzen Freundlichkeit, Bescheidenheit, Augenhöhe,

Anerkennung und Rücksicht. Und wie wir in diesem Kapitel gesehen haben, bilden diese die Grundlage für das Respektsrezept – und somit für Vertrauen. Gewiss aber sind das nicht die einzigen Zutaten, die wir von den Schweden für unser Vertrauensrezept lernen können.

Norwegen: Rücksicht statt Nachsicht

Und wie steht es bei den Norwegern um den Respekt? Schließlich gehören sie, so wie Schweden und Dänen, nicht nur zu den glücklichsten, sondern auch zu den vertrauensvollsten Nationen der Welt …

Die Norweger haben nicht nur viel Achtung vor ihren Mitmenschen, sondern auch vor dem Staat und dessen Gesetzen. Während sich Menschen in anderen Ländern vor allem an Gesetze halten, weil sie eine Strafe fürchten, hat die norwegische Gesetzestreue einen anderen Ursprung: Respekt. Sich gesetzestreu zu verhalten ist ein Zeichen von Rücksicht – den Mitmenschen und dem Staat gegenüber.

In einem kleinen Café in Oslo kam ich mit Janne, einer jungen Master-Studentin, ins Gespräch. Mich interessierte, woran sie im Alltag merkt, dass Norweger respektvoll miteinander umgehen. »Ach, an vielen Stellen. Wir treffen Entscheidungen stets gemeinsam, hinterziehen keine Steuern, pöbeln nicht im Straßenverkehr und überfahren keine roten Ampeln. Das gehört sich bei uns einfach nicht.« Respektvoll zu sein, Rücksicht zu nehmen und andere bewusst nicht vor den Kopf zu stoßen, das ist Teil der norwegischen Kultur. Woran sich das unter anderem bemerkbar macht: daran, wie Norweger reagieren, wenn jemand ihnen im Weg steht. Ob an der Supermarktkasse, auf dem Gehweg oder in einem Café, die Reaktion ist stets dieselbe: Norweger warten geduldig. Kein leichtes Schulterklopfen, kein unfreundliches »Platz da« und kein Anrempeln. Stattdessen warten alle in Seelenruhe darauf, dass sie bemerkt werden und man sie vorbeilässt. Wo hierzulande manch einer schnell die Geduld verliert, patzig oder ungehalten wird, da wartet der Norweger höflich und lässt sich nicht aus der Ruhe bringen. Ja, die Norweger leben nach dem Motto »Rücksicht ist besser als Nachsicht«. Sicher ein Grund, warum sie gut miteinander auskommen und wissen, wie man einander vertraut.

International: Natürlich auf Augenhöhe

Eine Art, Respekt zu zollen, in der sich Deutschland deutlich von fast allen vertrauensstarken Ländern der Welt unterscheidet, ist: Anderenorts duzen sich die Menschen, obwohl es sprachlich durchaus die Möglichkeit der Unterscheidung zwischen »Sie« und »Du« gibt. Sie wird ganz bewusst nur selten genutzt. Dieses Verhalten findet sich in Schweden, Norwegen, Dänemark, Kanada, den USA und den Niederlanden. Respekt ist in diesen Nationen keine Frage der Anrede, sondern eine Frage des Umgangs miteinander. Und dafür brauchen die Menschen kein Höflichkeits-»Sie«. Das betont nur Unterschiede, Vertrauen hingegen entsteht in erster Linie aufgrund von Gemeinsamkeiten. Sich zu duzen schafft ein Gefühl von Augenhöhe durch diese ebenbürtige Ansprache – als Zeichen von Respekt.

Vietnam, Kanada, Schweden und Dänemark: vier Länder, vier unterschiedliche Zutaten für das Respektsrezept. So unterschiedlich die Zutaten von Land zu Land auch sind, in den vertrauensstarken Nationen haben sie einen gemeinsamen Nenner: eine wohlwollende Haltung andern gegenüber. Respekt ist kein Selbstzweck, es geht nicht um den Respekt an sich, sondern um das, was er bewirkt: vertrauensvolle Beziehungen und harmonisches Miteinander, in dem sich jeder wohlfühlen kann.

Freundlich zu sein, anderen anerkennend zu begegnen, Grenzen zu wahren, rücksichtsvoll, bescheiden zu sein und anderen auf Augenhöhe zu begegnen: Das ist das Wesen von Respekt – und schafft Vertrauen. Wesentliche Zutaten, die wir viel öfter in unser Leben holen dürfen.

4. Rezept:
TRANSPARENZ

Stellen Sie sich Folgendes vor: Sie fahren gut gelaunt nach Hause, freuen sich auf einen schönen Abend mit Ihrem Schatz, und als Sie zur Tür hereinkommen, macht der ein Gesicht wie sieben Tage Regenwetter. Sie wissen sofort: Irgendetwas ist vorgefallen. Nur haben Sie beim besten Willen keine Ahnung, was das sein könnte. Als Sie am Morgen das Haus verlassen haben, schien alles in bester Ordnung. Also tun Sie das Naheliegende: Sie fragen nach.

»Du siehst nicht glücklich aus. Was ist passiert?«

»Nichts!«, schallt es Ihnen in einem Ton entgegen, der keinen Zweifel daran lässt: Ihr Gefühl hat Sie nicht getäuscht. Nun machen Sie sich erst recht Gedanken. Schließlich möchten Sie für Ihren Partner da sein, gerade wenn es ihm schlecht geht.

Deshalb lassen Sie nicht locker: »Aber ich sehe doch, dass etwas nicht stimmt. Was ist denn los?«

»Es ist nichts!«, schießt es Ihnen entgegen.

Das muss aber ein ganz schön großes Nichts sein, denken Sie. Da Sie sich keine dritte Abfuhr abholen wollen, lassen Sie es dabei bewenden und ziehen sich zurück.

Dann beginnt die Gedankenspirale in Ihrem Kopf: Haben Sie etwas falsch gemacht? Etwas Unpassendes gesagt? Ein wichtiges Datum vergessen? Sie können sich an nichts dergleichen erinnern. Dennoch beginnt ganz automatisch das berühmte Kopfkino. In Bruchteilen von Sekunden laufen vor Ihrem inneren Auge die wildesten Szenarien ab, was alles vorgefallen sein könnte. Und im Abspann Ihres Films sehen Sie sich und Ihren Partner bereits getrennte Wege gehen. Ihr Vertrauen in die Situation ist verständlicherweise beeinträchtigt. Dabei könnte es so einfach sein …

Wie viel leichter ist es hingegen, wenn Ihr Partner Sie an seinem Gefühlsleben teilhaben lässt? Wenn er Ihnen anvertraut (ja, das Wort kommt von Vertrauen): »Ich habe mich heute wahnsinnig über einen Kollegen geärgert. Ich will aber nicht mehr darüber reden.« Oder aber: »Ich habe mich vorhin heftig mit meiner Mutter gestritten. Du weißt ja, wie sie ist. Das hängt mir noch nach.«

Wie viel einfacher ist unser Miteinander, wenn wir einander sagen, was uns ärgert, traurig oder gar wütend macht. Wie viel entspannter sind wir im Umgang miteinander, wenn wir wissen, was gerade im anderen vorgeht – und nicht rätseln müssen? Denn dann müssen wir und andere nicht länger im Dunkeln tappen, sondern können reagieren.

Schlimmer als eine schlechte Nachricht ist nur der Moment davor. Wenn wir ahnen, dass etwas Schlimmes passiert ist, aber noch nicht wissen, was genau. Diese Unklarheit bringt unser Gedankenkarussell in Gang und lässt uns hilflos zurück. Klarheit hingegen macht uns handlungsfähig.

Solange diese uns allerdings fehlt, sind wir unsicher. In diesen kleinen Momenten spüren wir die Distanz zwischen uns deutlich. Das sind die Augenblicke, in denen wir gemeinsam einsam sind. Wir sehen einander, und doch scheint der andere unerreichbar. Die Verbindung fehlt. Das sind die kleinen, oft unterschätzten Momente des Alltags, in denen Vertrauen erodiert. Dabei reichen schon wenige Worte, um das Blatt zu wenden.

Tatsächlich gibt es ein ganz einfaches Rezept, mit dem Sie in einer solchen Situation Nähe herstellen und Vertrauen stärken können: Schaffen Sie Transparenz. Denn Transparenz schafft Vertrauen.

Transparenz ist ein Wort, das wir womöglich nicht sofort mit zwischenmenschlichen Beziehungen in Verbindung bringen. Vielleicht denken wir eher an eine Glasscheibe, durch die wir blicken können. Oder an eine Bluse, die durchscheinen lässt, was sich darunter verbirgt. Damit sind wir gedanklich schon sehr nah an dem, was Transparenz an dieser Stelle meint. Wenn etwas transparent ist, dann ist es durchschaubar, durchsichtig oder auch durchlässig.

Auf unsere Beziehungen übertragen, bedeutet das: Gewähren wir anderen Einsicht in unser Handeln, unsere Gefühle, aber auch unsere Erwartungen und Wünsche, schafft das Verbundenheit und erleichtert den Weg ins Vertrauen.

Definition von Transparenz

Transparenz ist die Fähigkeit, das eigene Denken und Handeln für Dritte offenzulegen. Wer transparent agiert, ist sich über die eigenen Erwartungen im Klaren und kann diese offen kommunizieren. Er macht seine Entscheidungen und die dahinterliegenden Beweggründe für andere nachvollziehbar – und schafft durch diese Einschätzbarkeit Vertrauen. Transparenz hat dabei wenig mit der natürlichen Offenherzigkeit zu tun, die manche Menschen an den Tag legen. Sie meint vielmehr eine bewusst geschaffene Offenheit über den eigenen Gefühlszustand, eine Nachvollziehbarkeit von Entscheidungen und Verhalten sowie das gezielte Teilen von Informationen.

Damit ist Transparenz nicht nur eine positive Charaktereigenschaft, die Menschen vertrauenswürdig macht, sondern auch eine Fähigkeit, die wir erlernen und trainieren können.

Wie wir Transparenz praktizieren können

Woran aber erkennt man, dass Menschen transparent agieren, und wie lässt sich Transparenz im Alltag praktizieren?

Menschen halten uns für transparent:
… wenn wir mit ihnen unsere Gedanken und Gefühle teilen.
Wenn wir sie daran teilhaben lassen, was in unserem Innern vorgeht. Wenn wir uns trauen, uns verletzlich zu zeigen, anstatt Unverwundbarkeit vorzutäuschen.
… wenn wir unser Handeln offenlegen.
Wenn wir ihnen erklären, was wir tun, bevor wir handeln. Wenn wir ihnen die Chance geben, unser Verhalten nachzuvollziehen.
… wenn wir für Klarheit sorgen.
Wenn wir selbst uns klar sind über unsere Erwartungen und Wünsche und diese offen kommunizieren. Und wenn wir wichtige Informationen weder zurückhalten noch verstecken, sondern sie mit den Betreffenden teilen.

Wenn wir nach diesen Prinzipien handeln, dann empfinden uns andere als transparent und schenken uns eher ihr Vertrauen.

In den vertrauensstarken Ländern verhalten sich Menschen transparent. Diese Erfahrung habe ich auf meinen Reisen bei zahlreichen Begegnungen und mit meinen Gesprächspartnern vor Ort gemacht. Überrascht hat es mich nicht, denn das hatte ich erwartet. Schließlich ist es doch so: Wer verschlossen ist, sich in Geheimniskrämerei verliert und eine versteckte Agenda für sein Handeln besitzt, dem vertrauen wir nicht.

Wie sich Transparenz äußert, das allerdings ist von Land zu Land verschieden. Trotz aller Unterschiedlichkeit haben die Menschen in den Vertrauensländern eines gemeinsam: Transparenz dient in diesen Ländern der Beziehungspflege. Sie bietet Orientierung, schafft Sicherheit und lässt Vertrautheit entstehen. Auf diese Weise lässt das transparente Miteinander in diesen Ländern Nähe und Verbundenheit wachsen. Diese Mechanismen sind es, die den Menschen in Ländern wie Norwegen, Schweden, der Schweiz und auch in Vietnam und den Niederlanden dabei helfen, vertrauensvolle und glückliche Beziehungen zu führen. Dort gilt das ungeschriebene Gesetz: Was das Gemeinschaftsgefühl fördert, wird transparent behandelt. Ein Grund, weshalb es in den Vertrauensländern eine ausgeprägte Small-Talk-Kultur gibt. Über persönliche Themen zu sprechen, etwas von sich preiszugeben und das eigene Handeln nachvollziehbar zu machen – das sind wichtige Facetten von Transparenz, die auch anderenorts Vertrauen schaffen können.

Damit Sie wissen, wie Sie vertrauensstärkend agieren und wem Sie guten Gewissens vertrauen können, weil er die

Kunst der Transparenz beherrscht, mache ich Sie gerne mit den einzelnen Zutaten für das entsprechende Rezept vertraut.

Zutaten für Transparenz

Oft werde ich gefragt, woran man erkennen kann, ob jemand transparent agiert. Tatsächlich lässt sich Transparenz niemandem an der Nasenspitze ansehen. Es gibt allerdings Merkmale, nach denen wir Ausschau halten können, um transparent handelnde Menschen zu erkennen.

Offenheit

Die erste Zutat für das Transparenzrezept ist Offenheit. Woran man sie erkennt? Ein offener Mensch spricht darüber, was ihn bewegt: worüber er sich freut, was ihn nachdenklich stimmt oder ihn stolz macht. Er teilt mit seinen Mitmenschen, was in seinem Innern vorgeht – ohne diese gleich mit seiner ganzen Lebensgeschichte zu überfrachten. Offenen Menschen fällt es häufig leicht, auf andere zuzugehen. Sie beherrschen die Regeln des Small Talk und werden von ihrem Umfeld häufig als gesellig wahrgenommen. Offenheit erkennen wir bei einer Person auch daran, dass sie bereit ist, sich verletzlich zu zeigen – ein wesentlicher Charakterzug von Vertrauen. Vor anderen gibt sie Schwäche zu, spricht über belastende Erfahrungen und auch über die Unsicherheit und die Zweifel, die damit einhergehen können. Jemand, der offen ist, lässt ausgewählte Menschen hinter seine Fassade schauen, anstatt mit einem versteinerten Dauerlächeln durch die Welt zu gehen. Wer zu seinen Schwächen und Fehlern steht, der wirkt auf andere nahbarer, sympathischer und auch vertrauenswürdiger.

Zu diesem Resultat kommt eine Studie unter der Leitung von Matthew Feinberg von der University of California in Berkeley im Jahr 2012. Dazu ließen die Forscher sechzig Probanden einen besonders peinlichen Moment aus ihrer Vergangenheit erzählen und zeichneten diese auf Video auf. Anschließend wurden die Videosequenzen allen Mitprobanden vorgespielt. In einem zweiten Schritt sollten die Probanden sich gegenseitig in Bezug auf verschiedene Eigenschaften beurteilen. Diejenigen, die ein Fettnäpfchen offen zugaben, wurden von ihren Mitprobanden durchweg als sympathischer und vertrauenswürdiger eingeschätzt. Vorausgesetzt, sie zeigten Anzeichen, dass es ihnen peinlich war und leidtat.

Nicht perfekt zu sein macht also nicht nur sympathisch, es hilft uns sogar, das Vertrauen anderer zu gewinnen. Vielleicht denken wir beim nächsten Mal daran, wenn uns der typisch deutsche Perfektionismus überkommt. Im Sinne vertrauensvoller Beziehungen dürfen wir ruhig etwas großzügiger mit uns sein. Das macht nicht nur unser Leben leichter und entspannter, sondern stärkt – wissenschaftlich erwiesen – sogar unsere Beziehungen. Gleich zwei gute Gründe, mit uns selbst milder zu sein. Dann fällt uns auch der offene Umgang mit unseren Mitmenschen leichter.

An dieser Studie wird zudem deutlich: Offenheit ist eng mit Authentizität und Wahrheit verknüpft – den beiden Zutaten für Ehrlichkeit. Wer ehrlich ist, dem fällt meist auch Offenheit leichter – nicht nur bei Fettnäpfchen.

Klarheit

Die zweite Zutat für das Transparenzrezept ist Klarheit. Woran wir sie erkennen? Menschen, die klar sind, sind sich über ihre eigenen Wünsche und Erwartungen bewusst und können diese offen benennen. Denn Klarheit im Innen schafft Klarheit im Außen. Menschen mit einer klaren Haltung haben den Mut, um Hilfe zu fragen, wenn sie diese benötigen – anstatt mühsam zu versuchen, das Problem allein zu lösen. In Konfliktsituationen gelingt es ihnen, genau zu formulieren, was sie stört, anstatt pauschal alles schlechtzureden. Sie können erklären, warum sie enttäuscht sind und was sie erwartet hatten. Und auch Menschen, die einer Person Informationen zugänglich machen, die für sie relevant sind – die agieren klar.

Nachvollziehbarkeit

Die dritte Zutat für das Transparenzrezept ist Nachvollziehbarkeit. Woran man sie erkennt? Handelt eine Person nachvollziehbar, legt sie ihr Handeln offen. Sie erklärt, was sie tut und warum sie es tut. Damit gibt sie ihren Mitmenschen die Möglichkeit, ihr Verhalten besser zu verstehen. Menschen, die die Kunst der Nachvollziehbarkeit beherrschen, wirken deshalb auf ihr Umfeld nahbarer und durchsichtiger – also transparenter.

Sie erklären etwa, warum sie zu einer Feier nicht kommen können, anstatt wortlos fernzubleiben. Und Eltern, die nachvollziehbar handeln, werden ihren Kindern erklären, warum Zähneputzen vor dem Zubettgehen wichtig ist, anstatt kommentarlos darauf zu bestehen. Wir Menschen suchen stets nach Erklärungen. Bleiben andere uns diese schuldig, dann beginnt das erwähnte große Kopfkino. Anderen Einblick zu gewähren, Entscheidungen durchschaubar zu machen – das macht unser Handeln nachvollziehbar.

Beherzigen wir die anderen beiden Transparenzzutaten Offenheit und Klarheit, dann entsteht Nachvollziehbarkeit fast automatisch, wir müssen nicht mehr viel dafür tun.

Warum Transparenz befreiend sein kann

Transparenz hat viele Vorteile. Klarheit kann uns etwa vor falschen Erwartungen schützen, Nachvollziehbarkeit das persönliche Kopfkino unterbinden und Offenheit – die kann uns entlasten und unser Wohlbefinden steigern.

Wir alle teilen persönliche Erlebnisse und Geheimnisse, weil es uns entlastet. Wer offen mit dem umgeht, was ihn beschäftigt, der kann nicht nur auf Unterstützung von außen hoffen, sondern reduziert auch die Grübelei, die oft ebenso belastet wie das Thema selbst.

Das fand Michael Slepian von der Columbia University in New York in zahlreichen Experimenten heraus. Mit Geheimnissen kennt er sich bestens aus – von Berufs wegen. Etwa 18 000 Geheimnisse hat der Psychologe in seiner Karriere bereits analysiert. Seit Jahren erforscht er, was Menschen lieber für sich behalten und inwiefern das ihr Wohlbefinden beeinflusst. Er konnte vielfach belegen: Geheimhaltung belastet uns nicht nur seelisch, sondern auch körperlich.

In einer von Slepian geleiteten Studie fand ein Forscherteam im Jahr 2017 heraus, dass das Teilen von Geheimnissen sich unmittelbar auf unsere Stimmung und unser Wohlbefinden auswirkt. Dazu rekrutierten die Wissenschaftler über eine Online-Plattform 1500 Probanden und befragten diese zu ihren Geheimnissen. Die Studienteilnehmer sollten sich dazu äußern, welche Erfahrungen sie aus 38 Kategorien bereits gemacht und vor anderen verheimlicht hatten. Die Kategorien umfassten unter anderem Finanzen, Diebstahl, Familienthemen, Hobby, Glaube, Untreue, sexuelle Orientierung, Trauma, Sucht und Vertrauensbruch. Darüber hinaus sollten die Probanden angeben, wie oft sie in den zurückliegenden vier Wochen an dieses Ereignis gedacht und wie häufig sie es vor anderen verborgen hatten. Das Ergebnis der Studie war eindeutig: Je bedeutsamer das Geheimnis für die Versuchsteilnehmer war, desto häufiger dachten sie daran und desto stärker grübelten sie darüber nach. Gerade die Grübelei über das Verschwiegene wurde von den Probanden als Belastung empfunden und minderte das persönliche Wohlbefinden.

Die Forscher konnten überdies zeigen: Je offener die Teilnehmer mit ihren Themen umgingen, desto authentischer fühlten sie sich und desto zufriedener waren sie mit ihrem Leben.

Was wir daraus lernen können: Sprechen wir offen über das, was uns bewegt, und hören eine andere Meinung dazu, unterbricht das unser ständiges Grübeln. Versuchen wir hingegen, allein mit belastenden Situationen umzugehen und diese geheim zu halten, dann fördert das nicht nur die Grübelei im Stillen, es isoliert uns gleichzeitig von anderen, wie die Forscher ebenfalls herausfanden. Beides belastet uns und unsere Beziehungen. Deshalb ist es nicht nur wichtig, sondern auch ratsam, offen mit Themen umzugehen, die uns beschäftigen.

Verschlossenheit quält uns jedoch nicht nur, sie verzerrt sogar die Wahrnehmung. Das ist das Ergebnis von zwei weiteren Studien aus dem Jahr 2012, für die sich Slepian und seine Kollegen einen ungewöhnlichen Versuchsaufbau einfallen ließen. Dazu forderten die Wissenschaftler vierzig Probanden auf, sich an ein wichtiges persönliches Geheimnis zu erinnern. Dieses sollten sie auf einen kleinen Zettel schreiben und diesen – ohne es zu enthüllen – in eine dafür vorgesehene Schachtel werfen. Anschließend gaben die Forscher vor, ein zweites Experiment durchzuführen. Tatsächlich handelte es sich allerdings nur um eine Fortführung des ersten. Dabei sollten die Studienteilnehmer einschätzen, wie robust ein Tisch, wie steil ein Hügel und wie weit eine Distanz war. Vor allem die Frage nach dem Hügel war für die Wissenschaftler interessant. Wie steil würden die Teilnehmer mit großen Geheimnissen das Hindernis einschätzen?

Das verblüffende Resultat: Studienteilnehmer mit großen, belastenden Geheimnissen wie etwa Homosexualität oder einem Seitensprung schätzten den Hügel deutlich steiler ein als jene, die zuvor berichtet hatten, nur ein kleines Geheimnis zu hüten.

In verschiedenen Experimenten fand Slepian seitdem heraus: Geheimnisse, die einen Probanden beschäftigen, belasten oder aufregen, wirken sich signifikant auf dessen Wahrnehmung aus. Infolgedessen nimmt er seine persönliche Situation als schwieriger wahr, schätzt seinen Alltag als anstrengender ein – und den symbolischen Hügel als steiler.

Diese Studienergebnisse sprechen eine klare Sprache: Geheimhaltung – sprich fehlende Offenheit – wird nicht nur als seelische, sondern auch als körperliche Last empfunden. Demnach wirkt ein Geheimnis wie ein Rucksack auf dem Rücken. Je belastender das Geheimnis, desto schwerer der Rucksack.

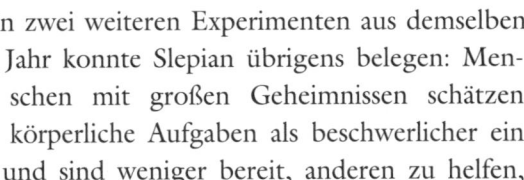 In zwei weiteren Experimenten aus demselben Jahr konnte Slepian übrigens belegen: Menschen mit großen Geheimnissen schätzen körperliche Aufgaben als beschwerlicher ein und sind weniger bereit, anderen zu helfen, etwa indem sie einem Freund beim Umzug zur Hand gehen. Offenheit entlastet uns also nicht nur persönlich und steigert unser Wohlbefinden. Sie hilft uns sogar, andere wichtige Vertrauenszutaten wie praktische Hilfe und emo-

tionale Unterstützung leichter umzusetzen. Offenheit ist somit ein wirkungsvoller Vertrauensstifter, der nicht nur uns selbst, sondern auch unseren Beziehungen zugutekommt.

Dennoch wägen wir meist sehr genau ab, wem wir was anvertrauen. Und das hat einen guten Grund: So steuern wir – bewusst oder unbewusst –, wem wir näherkommen und wem wir fremd bleiben. Persönliche Geschichten preiszugeben entscheidet darüber, wie intensiv wir eine Beziehung eingehen. Denn dann bauen wir Vertrauen auf. Je mehr wir voneinander wissen, desto tiefer und inniger wird die Verbindung. Die niederländische Professorin für Sozialwissenschaften Carin Finkenauer von der Universiteit Utrecht sagt: »Geheimnisse sind die Währung der Freundschaft.« Ich führe den Gedanken weiter: Offenheit ist die Währung des Vertrauens. Denn sie schafft Nähe und Verbundenheit. Und dies sind wiederum wichtige Meilensteine auf dem Weg zu Vertrauen.

Transparenz – ein zweischneidiges Schwert

Ist Transparenz also das Allheilmittel? Die Geheimzutat, die nach dem Motto wirkt: je mehr, desto besser? Ganz so einfach ist es nicht, denn Offenheit ist nicht immer zielführend. Wenn wir jemand anderem etwas anvertrauen oder uns verletzlich zeigen, macht uns das auch angreifbar. Dabei ist es zweitrangig, ob wir über Enttäuschungen oder die neue Liebe sprechen. In unserer schnelllebigen Welt, in der Beziehungen oft über das Niveau flüchtiger Bekanntschaften nicht hinausreichen, kann ein Zuviel an Offenheit sogar zum Risiko werden. Geraten private Geheimnisse und vertrauliche Informationen an den Falschen, kann das zum Problem werden.

Stellen Sie sich vor, Ihr Chef erfährt über einen Kollegen, dass Sie sich bei der Konkurrenz beworben haben. Wie wird er wohl darauf reagieren? Oder Ihre Schwiegermutter hört, dass Sie die Besuche bei ihr nur aus Pflichtbewusstsein machen und schrecklich finden. Wie viel Freude macht dann wohl das nächste Wiedersehen mit ihr? Beides sind Situationen, in denen Offenheit an der falschen Stelle mehr Schaden anrichten kann als Nutzen stiften.

Die Frage ist somit nicht, ob wir uns transparent zeigen sollten, sondern gegenüber wem und in welchem Maße. Auf die richtige Balance kommt es an. Wer sich etwa gegenüber Freunden gar nicht öffnet, der hat auf lange Sicht keine mehr, denn Freundschaften leben davon, dass wir den anderen an unserem Leben teilhaben lassen. Dass wir gemeinsam lachen, weinen, wütend sind, einander trösten oder mit Rat und Tat zur Seite stehen.

Dennoch sollten wir unseren Freunden auch nicht alles erzählen, sondern uns immer fragen, wie viel Offenheit eine Freundschaft verträgt. Das richtige Maß sorgt schließlich für ein harmonisches Miteinander.

Gerade im Berufsleben ist es ratsam zu überlegen, wie viel – vor allem Privates – wir von uns preisgeben wollen. Je größer die eigentliche Distanz, umso wichtiger wird die Dosierung. Eine Freundschaft verzeiht viel, ein Chef weniger.

Transparenz schafft Vertrauen

Warum aber neigen Menschen dazu, anderen gerade dann zu vertrauen, wenn diese transparent agieren? Wenn sie sich sichtbar machen, offen über das sprechen, was in ihnen vorgeht, und ihre Entscheidungen nachvollziehbar gestalten? Und wie können wir mit diesem Wissen Vertrauen gewinnen?

Offenheit, die Verletzlichkeit birgt, schafft Vertrauen

Offenheit birgt Verletzlichkeit. Warum das so ist? Eine Form, Offenheit zu demonstrieren, ist, sich verletzlich zu zeigen. Indem wir unseren Mitmenschen Einblick in unsere Gefühls- und Gedankenwelt geben, machen wir anderen ein Beziehungsangebot. Wir bieten Nähe an und signalisieren gleichzeitig: »Ich bin keine Gefahr. Du kannst mir vertrauen.« Im übertragenen Sinn bedeutet das: Wir klappen das Visier hoch und gewähren Einblick. Wir gehen also in puncto Vertrauen in Vorleistung. Das wiederum erhöht die Wahrscheinlichkeit, dass der andere dasselbe tut – und ebenfalls sein Visier öffnet. Hier wirkt das Gesetz der Reziprozität: Es besagt, dass Menschen allgemein dazu neigen, eine Gegenleistung zu erbringen, wenn sie etwas bekommen. Schenkt uns jemand etwas, lädt uns jemand beispielsweise zum Essen ein oder hilft uns beim Umzug, entsteht ein Ungleichgewicht in der Beziehung. Wir verspüren den Drang, uns dafür zu revanchieren, um die Balance von Geben und Nehmen wieder herzustellen. Dieses Prinzip wirkt auch bei Vertrauen. Deshalb gilt: Vertrauen schafft Vertrauen.

Wir sind übrigens nicht die einzigen Säugetiere, die über Verletzlichkeit in Beziehung gehen. Affen, Katzen und auch Hunde tun das genauso – und natürlich viele andere Tierarten. Wenn Hunde sich etwa verwundbar zeigen, dann um Nähe zu ihren Artgenossen herzustellen. Wir alle haben das schon einmal beobachtet: Ein Hund rollt sich am Boden auf den Rücken, streckt alle vier Pfoten von sich, reckt den Bauch in den Himmel und präsentiert den Hals. Was für uns wie ein Spiel aussieht, ist echte Beziehungsarbeit – in Hundesprache. Der Hund am Boden offenbart seine verletzliche Seite. Er streckt die ungeschützte Bauchseite und den Hals dem Artgenossen entgegen. Er liefert sich schutzlos aus. Noch offener geht aus Hundesicht nicht. Auf diese Weise demonstrieren Vierbeiner, wofür wir Menschen oft Worte brauchen: »Sieh her: Ich zeige mich verletzbar. Ich vertraue dir.«

Egal ob Mensch oder Hund: Wer sich offen und verletzlich zeigt, der wirkt in den Augen seines Gegenübers ungefährlich. Er macht es dem anderen leicht, den Vertrauensvorschuss zu erwidern, und schafft einen Rahmen, in dem Vertrauen schneller wachsen kann.

Wollen wir das Vertrauen anderer gewinnen, hilft es sehr, uns ihnen gegenüber zu öffnen. Das kann über persönliche Erlebnisse sein, die uns gerade beschäftigen. Oder auch, indem wir ein bisschen aus dem Nähkästchen plaudern bei Themen, die den anderen gerade umtreiben. Öffnen wir uns unserem Gegenüber und zeigen uns verwundbar, ist der andere eher bereit, uns sein Vertrauen zu schenken. Denn: *Offenheit, die Verletzlichkeit birgt, schafft Vertrauen.*

Offenheit, die Nähe und Verbundenheit erzeugt, schafft Vertrauen

Offenheit erzeugt Verbundenheit und Nähe. Denn wenn wir etwas von uns preisgeben, wenn wir über unsere Träume, Ziele, Wünsche und auch Sorgen reden, können unsere Mitmenschen Ähnlichkeiten entdecken. »Ich bin damit ja gar nicht allein. Ihm geht es ja auch so!« Dieses Gefühl, das meist einen richtigen Aha-Effekt auslöst, schafft ein unsichtbares Band der Gemeinschaft. Forscher sprechen an dieser Stelle von identifikationsbasiertem Vertrauen, sprich der Form von Vertrauen, die dadurch entsteht, dass wir uns in Teilen einer anderen Person selbst wiedererkennen. Dann fühlen wir uns zugehörig, jemandem nahe, erkennen womöglich sogar Parallelen zu unserem Gegenüber. Ein Anzeichen dafür sind Gedanken wie: »Ach, das kenne ich doch auch von mir.« Oder: »So ging es mir ja auch einmal.« In einem solchen Augenblick entstehen Nähe und Verbundenheit. Oft fällt es uns dann leichter, den anderen einzuschätzen oder sein Verhalten vorherzusagen. Dann fühlen wir uns sicher, geborgen, einander nahe – und wagen leichter den Schritt ins Vertrauen. Denn: Offenheit, die Nähe und Verbundenheit erzeugt, schafft Vertrauen.

Klarheit, die Sicherheit gibt, schafft Vertrauen
Klarheit gibt Sicherheit. Gerade Unsicherheit ist etwas, was wir nur schwer aushalten können und das dennoch jede Phase unseres Lebens prägt. Nehmen wir beispielsweise unser Liebesleben: Flirten ist ein einziges Spiel mit der Ungewissheit. Wir verlieben uns, aber wir sind nicht sicher: Werden unsere Gefühle erwidert? Treffen wir die richtige Wahl? Können wir dem anderen vertrauen? Werden wir enttäuscht werden? Ein Grund, warum Dating-Portale seit einiger Zeit so erfolgreich sind, liegt darin, dass sie vorgeben, die Ungewissheit zu verringern. Persönlichkeitstests, detaillierte Profile der potenziellen Partner und Matching-Points – Punkte, in denen wir etwas mit einem anderen Single gemeinsam haben – suggerieren eine Gewissheit, wo es keine gibt. Und doch gelingt es Dating-Plattformen, ihre Dienste teuer zu verkaufen. Gleich 50 Euro und mehr pro Monat sind da keine Seltenheit, trotz langer Vertragslaufzeiten. So manch einer zahlt mehr für Klarheit in puncto Partnersuche als für seine Stromrechnung oder seinen Mobilfunkvertrag. Klarheit ist uns wichtig, und deshalb lassen wir sie uns einiges kosten. Unseren Traumpartner kontaktieren wir am Ende nur, wenn er unseren Erwartungen entspricht und wir den seinen – wenn es also ein Match gibt. Denn: Klarheit, die Sicherheit gibt, schafft Vertrauen.

Klarheit, die Orientierung bietet, schafft Vertrauen

Klarheit bietet Orientierung. Wenn wir wissen, was unser Gegenüber sich wünscht oder erwartet – ob im Dating-Portal, im Büro oder in der Beziehung –, dann können wir entsprechend reagieren. Passt unsere Vorstellung von Beziehung zu der von »Traumtänzer76«, dem Single, mit dem wir schon seit Tagen über die Dating-App schreiben? Lohnt es sich, dort Emotionen zu investieren? Oder suchen wir lieber weiter? Was genau meint der Chef, wenn er sagt: »Das Projekt muss zeitnah fertig werden?« Morgen, diese Woche, diesen Monat? Oder doch erst zum Ende des Quartals?

Was genau meint unser Partner, wenn er sagt: »Wir sollten mehr Zeit miteinander verbringen?« Dass wir jeden Abend gemeinsam vor dem Fernseher sitzen? Ins Kino gehen? Gemeinsam Sport machen? Mehr Sex haben? Alles eine Frage der Auslegung – oder der Klarheit.

Klarheit über Wünsche und Erwartungen hilft uns, Missverständnisse und Enttäuschungen zu vermeiden und gemeinsam einen vertrauensvollen Kurs für unser Beziehungsschiff zu finden – in privaten wie beruflichen Gewässern. Denn: Klarheit, die Orientierung bietet, schafft Vertrauen.

Nachvollziehbarkeit, die Sichtbarkeit ermöglicht, schafft Vertrauen

Nachvollziehbarkeit ermöglicht Sichtbarkeit. Wechseln wir nun einmal die Perspektive. In welchen Situationen lässt Nachvollziehbarkeit uns leichter Vertrauen fassen? Betrachten wir dazu eine Situation, die wir vermutlich alle schon einmal erlebt haben. In der uns vertrauensstiftende Nachvollziehbarkeit begegnet ist, ohne dass wir sie bewusst als solche wahrgenommen haben – eine Reise mit dem Flugzeug.

Haben Sie sich schon einmal gefragt, warum Piloten ihre Fluggäste beim Einstieg persönlich begrüßen? Warum immer ein Pilot mit in dem sehr engen Gang des Flugzeugs steht, direkt gegenüber dem Einstieg, und alle Passagiere an ihm vorbeigeführt werden? Wenn es um eine reine Geste der Freundlichkeit ginge, dann könnte ja auch eine der Stewardessen die Begrüßung übernehmen. Das passiert allerdings selten. Und ist Ihnen aufgefallen, dass jeder Pilot sich zu Beginn eines Flugs bei den Passagieren mit seinem Vor- und Zunamen vorstellt? Beides tun Piloten aus demselben Grund: Nachvollziehbarkeit schafft Vertrauen. Wenn wir wissen, wem wir unser Leben anvertrauen, wenn wir ein Gesicht zu der Person haben und ihr in die Augen blicken konnten, dann fällt es uns leichter, ihr zu vertrauen.

Nicht umsonst sind wir bei besonders großen Sonnenbrillen, tief in die Stirn gezogenen Hüten und Verschleierungen jeglicher Art erst einmal vorsichtig. Sie vermitteln uns: Da ist etwas, was wir nicht sehen sollen. Sie verdecken, vertuschen, verhüllen. Und das weckt in uns eine natürliche Vorsicht.

Wollen wir also das Vertrauen unserer Mitmenschen gewinnen, sollten wir uns deshalb zeigen: Besser das persönliche Gespräch suchen, als zum Telefonhörer zu greifen. Uns mit Namen vorstellen, wenn wir auf neue Menschen treffen. Und bei Gesprächen die Sonnenbrille von der Nase nehmen. Das sind kleine, aber wesentliche Gesten, mit denen wir mühelos Vertrauen gewinnen. Denn: Nachvollziehbarkeit, die Sichtbarkeit ermöglicht, schafft Vertrauen.

Transparenz in anderen Ländern

Welche Rolle spielt das Transparenzrezept in den Vertrauensländern? Dazu schauen wir uns ein Thema an, mit dem die Menschen vor Ort besonders offen umgehen – und das in Deutschland hingegen schnell zu betretenem Schweigen führt: das liebe Geld.

Deutschland: Über Geld spricht man nicht

Wie viel verdienst du? Was kostet dein Haus? Wie teuer war der Urlaub? Für viele Deutsche unangenehme Fragen. Kommt das Thema Geld auf den Tisch, wird es still. Nicht nur unter Kollegen oder Freunden spricht man hierzulande ungern über Finanzen. Selbst unter Eheleuten ist Geld häufig ein Tabuthema. Laut einer repräsentativen Studie im Auftrag der Postbank im Jahr 2015 wissen mehr als 40 Prozent der Deutschen nicht, was ihr Partner verdient. Susan, eine US-amerikanische Interviewpartnerin, die viele Jahre in Deutschland gelebt hat, brachte ihre persönlichen Erfahrungen mit Deutschen beim Thema Geld so auf den Punkt: »In Deutschland redet ihr mit anderen eher über Sex, als jemandem euren Kontostand zu verraten.« Das deutsche Schweigen übers Geld ist fast ein kulturelles Alleinstellungsmerkmal. In kaum einem anderen Land der Welt wird so ein Geheimnis aus dem eigenen Vermögen gemacht wie hierzulande. Dabei könnte ein bisschen mehr Offenheit an dieser Stelle nicht nur unserem Geldbeutel, sondern auch unseren Beziehungen und dem Vertrauen in der Bevölkerung guttun. Warum das so ist und welche Rahmenbedingungen Offenheit braucht, um sich entfalten zu können, das erfahren wir bei einem Besuch in Schweden.

Schweden: Transparenz hat Tradition

In Schweden herrscht ein offener Umgang mit Geld. So ist das eigene Vermögen nichts, womit man hinter dem Berg hält. Im Gegensatz zu den Menschen in Vietnam und den Vereinigten Staaten, die gerne über ihren Wohlstand sprechen, sind die Menschen in Schweden deutlich zurückhaltender. Darüber geredet wird eher auf Nachfrage, etwa unter Freunden und im Familienkreis. Sich mit Geld in der Öffentlichkeit zu brüsten widerspricht nämlich der skandinavischen Bescheidenheit. Und die hat in Schweden eine lange Tradition – ebenso wie Transparenz.

Wie sich Transparenz im schwedischen Alltag äußert, das ließ mich ganz schön staunen: Wer in Schweden wissen möchte, was der Nachbar, der Chef oder der Kollege aus dem Nachbarbüro verdient, der muss nicht einmal fragen. Er blättert einfach im sogenannten Taxeringkalender, einer Datensammlung, die jährlich das zu versteuernde Einkommen eines jeden erfasst, der in Schweden gemeldet ist. Nur eine Ausnahme gibt es: die schwedische Königsfamilie.

Der Grund dafür ist das in Schweden geltende Öffentlichkeitsprinzip, nach dem alle Bürger Einblick in die Arbeit des Staates haben sollen. Dazu zählen sämtliche Behördengänge, aber auch Steuerunterlagen. Diese Art der Transparenz hat eine lange Tradition und wurde bereits 1766 in der schwedischen Verfassung vereinbart. Das Prinzip soll Korruption verhindern, Gerechtigkeit fördern und damit das Vertrauen der Bürger in den Staat und die Mitbürger stärken. Das ist offenbar gelungen, gehört Schweden doch zu den vertrauensstarken Ländern und hat laut einer jährlich von Transparency International veröffentlichten Studie eine der niedrigsten Korruptionsraten der Welt.

Wie ernst es den Schweden mit der Transparenz für ein harmonisches und vertrauensvolles Miteinander ist, zeigt eine ungewöhnliche Institution: die Gehaltspolizei. So nennen die Schweden umgangssprachlich eine Einrichtung des Staates, die Unternehmen dazu anhält, angemessene Gehälter zu zahlen. Ab einer Größe von 25 Mitarbeitern werden Unternehmen dazu verpflichtet, alle drei Jahre einen Bericht abzugeben, der über die Gehaltsunterschiede im Unternehmen Aufschluss gibt. Eine Maßnahme, die das Vertrauen in den Staat und die gerechte Bezahlung der eigenen Arbeit stärkt. Ziel ist es, Unternehmen für eine gerechte Bezahlung von Männern und Frauen zu sensibilisieren und bei einem Verstoß zu ermahnen.

In Schweden empfinden die Menschen das Öffentlichkeitsprinzip und auch ihre Gehaltspolizei übrigens als unterstützende und nicht, wie manch einer vielleicht denkt, als sanktionierende Kontrolle. Deshalb wird diese Institution von der großen Mehrheit der Schweden befürwortet. Den Mechanismus dahinter – warum unterstützende Kontrolle Vertrauen schafft – haben Sie bereits bei den Vertrauensmythen kennengelernt.

In der Heimat von Astrid Lindgren betrachtet man den Staat wie einen großen Bruder, der immer dort nach dem Rechten schaut, wo es der Gemeinschaft und einem harmonischen Miteinander dient. Er fordert Transparenz, geht aber auch selbst in Vorleistung, indem er seine eigenen Prozesse der Allgemeinheit offenlegt. Der schwedische Staat ist ein gutes Beispiel für den Mechanismus der Reziprozität: Wer mit gutem Vorbild vorangeht und sich offen zeigt, der erntet Offenheit. Und die wiederum fördert Vertrauen. Nicht nur in Schweden.

International: Transparenz schafft Vertrauen

Das Beispiel Schweden zeigt, warum die Verschlossenheit im Umgang mit Vermögen überhaupt ein Problem ist. Die deutsche Geheimniskrämerei ums Geld begünstigt letztendlich den sogenannten Gender-Pay-Gap, die ungleiche Bezahlung von Frauen und Männern bei vergleichbarer Tätigkeit. Frauen verdienen in Deutschland immer noch deutlich weniger als Männer. Laut einer Studie des Statistischen Bundesamts aus dem Jahr 2018 erhalten Frauen hierzulande 22 Prozent weniger Gehalt als männliche Kollegen. Um das bildlich zu machen: Das ist in etwa so, als wenn Sie bis zum 18. März eines Jahres bereits für ein Unternehmen arbeiten, aber erst ab dem 19. März dafür bezahlt werden. Denn die ersten 77 Tage zu Beginn des Jahres entsprechen exakt dem Prozentwert, den Frauen an Gehalt weniger erhalten. Im Ranking der europäischen Staaten belegt Deutschland damit übrigens Platz 26 von 28 Plätzen. Nur in Tschechien und Estland ist das Gender-Pay-Gap noch größer.

Was aber hat die ungleiche Bezahlung zwischen den Geschlechtern mit Vertrauen zu tun? Und welche Rolle spielt Transparenz an dieser Stelle?

Einen Grund für die ungleiche Bezahlung zwischen den Geschlechtern sehen Psychologen in der mangelnden Transparenz und dem fehlenden Wissen der Betroffenen. Das ist nachvollziehbar: Wenn wir nicht wissen, dass jemand anders für einen vergleichbaren Job deutlich mehr verdient, dann fällt es uns schwerer, unsere Gehaltserhöhung auszuhandeln – oder auch nur danach zu fragen. In Ländern, in denen offen über Gehalt gesprochen wird, sind die Gehaltsunterschiede deutlich geringer. Ein transparenter Umgang mit Geld fördert allerdings nicht nur die Chance auf eine gerechtere Bezahlung, sondern auch das Vertrauen in der Bevölkerung. Einkommensgleichheit wirkt sich positiv auf das zwischenmenschliche Vertrauen der Menschen in einem Land aus, wie eine Studie unter der Leitung von Shigehiro Oishi von der University of Virginia 2011 zeigen konnte. Wie man das genau misst und warum eine gleichere Bezahlung uns sogar glücklicher macht als der Euro mehr auf dem Konto, das sehen wir uns im Neutralitätsrezept genauer an. Tatsache ist: Offenheit in Gehaltsfragen fördert die ganz elementare Vertrauenszutat Fairness. Kombinieren wir beide, werden sie zu regelrechten Vertrauensstiftern – in der Bevölkerung, aber auch ganz konkret in unseren persönlichen Beziehungen.

Transparenz ist nur eines der Rezepte, die Menschen in den Vertrauensländern ihren Mitmenschen stärker vertrauen lassen. Sicher ein Punkt, den wir von ihnen lernen können – nicht nur in Gehaltsfragen.

5. Rezept:
RELIABILITÄT

Nehmen wir an, Sie sind mit einer alten Bekannten verabredet. Sie haben sich Ewigkeiten nicht gesehen und treffen sich an einem Nachmittag zum Kaffee. Es dauert keine zehn Minuten, da wissen Sie: Dieses Wiedersehen reicht für die nächsten zehn Jahre. Sie haben sich weder etwas zu erzählen noch eine gemeinsame Wellenlänge.

Am Ende stehen Sie draußen vor dem Café, verabschieden sich und hören sich selbst sagen: »Es war mal wieder schön mit dir. Ich ruf dich mal an!« Das war vielleicht eine Spur zu freundlich, denken Sie. Schließlich sind Sie ganz froh, dass das Treffen endlich vorbei ist.

Ihre Bekannte allerdings scheint das anders zu sehen, denn ihre Augen beginnen zu leuchten: »Das wollte ich auch gerade vorschlagen. Das müssen wir unbedingt wiederholen! Ich freu mich auf deinen Anruf. Bis bald!« Dann dreht sie sich um und geht.

Genau das haben Sie befürchtet! Sie seufzen. Dabei wollten Sie doch einfach nur nett sein …

Kennen Sie solche Situationen? In denen Sie spontan Zusagen machen, die Sie hinterher bereuen? Die Sie zwar halten könnten, aber gar nicht wollen? In denen Sie zu nett sind, weil Sie niemanden vor den Kopf stoßen wollen?

Und am Ende haben Sie die Qual der Wahl: Entweder Sie tun etwas, was Sie gar nicht wollen, oder Sie sind unzuverlässig. In den meisten Fällen riskieren wir es, als unzuverlässig zu gelten. Zu groß ist der innere Schweinehund, den wir überwinden müssten. Damit tappen wir allerdings geradewegs in die Vertrauensfalle: Wir halten Zusagen nicht ein und machen uns damit unglaubwürdig. Dabei könnte es so einfach sein …

Wie viel leichter wäre es, wenn wir nichts zusagen, was wir ohnehin nicht halten wollen? Wenn wir keine vorschnellen Versprechen geben, die wir später bereuen, weil sie uns ein schlechtes Gewissen machen? Wie viel wohler fühlen wir uns in unserer Haut, wenn wir uns selbst als zuverlässig erleben – weil wir halten, was wir versprechen? Und wie viel entspannter und vertrauensvoller macht es unsere Beziehungen, wenn andere wissen, dass sie sich auf unser Wort verlassen können?

Wie das gehen kann? Zum Beispiel so: Sie stehen mit Ihrer Bekannten vor dem Café, Sie verabschieden sich und sagen: »Es war schön, dich wiederzusehen.« – Pause – »Komm gut heim.« Dann gehen Sie beide Ihrer Wege. Keine leeren Versprechungen, kein Zugzwang und kein schlechtes Gewissen. Gleichzeitig wecken Sie keine falschen Erwartungen und bleiben glaubwürdig. Und dann klappt es auch mit dem Vertrauen …

Worum es mir an dieser Stelle geht: Ein wichtiges Vertrauensrezept verbirgt sich hinter einem schwierigen Wort – Reliabilität. Denn Reliabilität schafft Vertrauen. Tatsächlich ist leicht zu verstehen, aus welchen Zutaten dieses Rezept besteht.

Definition von Reliabilität

Reliabilität ist die Fähigkeit, uns beständig – in vielen verschiedenen Situationen im Lauf der Zeit – zuverlässig zu verhalten. Was genau als zuverlässig gilt, ist abhängig von den Erwartungen unseres Gegenübers. Werden seine Erwartungen einmal erfüllt, gelten wir in seinen Augen als zuverlässig. Werden sie wiederholt erfüllt, sind wir hingegen reliabel. Reliabilität ist nicht nur eine positive Charaktereigenschaft, die uns vertrauenswürdig macht, sondern auch eine Fähigkeit, die wir erlernen und trainieren können.

Wie wir Reliabilität praktizieren können

Woran aber erkennen wir, dass Menschen konstant zuverlässig sind? Und wie können wir selbst reliabel im Alltag handeln?

Menschen empfinden uns als reliabel:

… wenn wir zuverlässig sind.
Wenn wir tun, was wir angekündigt haben. Etwa indem wir Vereinbarungen und Versprechen halten. Wenn wir zu unserem Wort stehen, anstatt es leichtfertig zu brechen.

… wenn wir uns beständig als zuverlässig erweisen.
Wenn wir nicht nur einmal zuverlässig sind, sondern konstant über verschiedene Situationen hinweg.

... wenn wir unsere Fähigkeiten und Grenzen kennen.
Wenn wir nur Dinge zusagen, die wir wirklich halten können und wollen.

Können wir diese Verhaltensweisen berücksichtigen und danach handeln, ist unser Umfeld eher bereit, uns zu vertrauen.

In den Vertrauensländern ist man reliabel. Die Menschen vor Ort sind zuverlässig, und das auch beständig über längere Zeit hinweg, allerdings nicht unbedingt nach deutschen Maßstäben. Während die Menschen in meiner Heimat Deutschland Zuverlässigkeit und Beständigkeit häufig vor allem vor dem Arbeitshintergrund betrachten – Ergebnisse erzielen, Termine einhalten, Qualität abliefern –, äußert sich Reliabilität in anderen Ländern stärker im privaten Kontext. Braucht ein Freund oder Bekannter Hilfe, lassen sie im übertragenen Sinn alles andere stehen und liegen, um für den Hilfesuchenden da zu sein. In den Vertrauensländern nimmt man berufliche Unzuverlässigkeit eher in Kauf, um privat zuverlässig zu sein. Diese Erfahrung habe ich auf meinen Reisen in zahlreichen Gesprächen mit den Menschen vor Ort gemacht. Wie sich Reliabilität anderenorts äußert, das ist von Land zu Land verschieden. Während die Menschen in der Schweiz großen Wert auf Pünktlichkeit legen, kann es in Vietnam schon mal passieren, dass jemand erst zwei Stunden nach der vereinbarten Zeit zum Treffpunkt kommt. Ob er in Vietnam damit als unzuverlässig gilt? Nein, denn die Vietnamesen haben einfach ein anderes Zeitverständnis und andere Prioritäten, auf die sie ihre Zuverlässigkeit beziehen: die Fürsorge für die eigene Familie zum Beispiel.

So unterschiedlich die Vertrauensländer auch sind, es gibt etwas, das sie alle verbindet: Die Menschen vor Ort geben den Beziehungen in ihrem Leben Vorrang, pflegen sie und stellen dafür schon mal eher berufliche Belange hintan, als ich es aus Deutschland kenne. Um im persönlichen Miteinander zuverlässig zu sein, lässt man gerne fünfe gerade sein und verschiebt einen Termin oder überzieht eine Frist. Das bedeutet nicht, dass die Menschen in den Vertrauensländern beruflich unzuverlässig sind – sie sind auf ihre Weise zuverlässig. Allerdings selten auf Kosten von privaten Beziehungen, denn die stehen für sie an erster Stelle.

Damit Sie wissen, wie Sie reliabel agieren und wem Sie guten Gewissens vertrauen können, weil er oder sie die Kunst der Reliabilität beherrscht, mache ich Sie gerne mit den einzelnen Zutaten für das entsprechende Rezept vertraut.

Zutaten für Reliabilität

Ob jemand reliabel – also zuverlässig über einen langen Zeitraum – ist, sieht man niemandem an. Was wir allerdings tun können, ist, das Verhalten unseres Gegenübers über verschiedene Situationen hinweg zu betrachten. Konkrete Merkmale helfen uns zu erkennen, ob wir es mit einer konstant zuverlässigen Person zu tun haben. Sie dienen uns im Übrigen auch als Orientierung, wie wir unsere Reliabilität unter Beweis stellen können.

Zuverlässigkeit

Die erste Zutat für das Reliabilitätsrezept ist Zuverlässigkeit. Sie erleichtert das Zusammenleben mit anderen und ist ein hohes Gut. Wer von seinen Mitmenschen als zuverlässig eingeschätzt wird, genießt oft ein hohes Ansehen und Vertrauen. Wann aber beherrscht jemand die Kunst der Zuverlässigkeit? Und woran erkennen wir das?

Überlegen Sie bitte einmal: Welche Personen, mit denen Sie regelmäßig zu tun haben, erleben Sie als zuverlässig? Ich bin sicher, Ihnen fallen direkt einige Menschen ein: vielleicht ein guter Freund, eine Freundin, Ihr Partner oder der Nachbar von gegenüber. Und auch im Berufsleben treffen wir immer wieder auf Kollegen, Kunden oder Vorgesetzte, die wir als zuverlässig erleben. Was aber genau macht eine zuverlässige Person aus? Dass sie Zusagen und Versprechen einhält? Uns zu Hilfe eilt, wenn wir alleine nicht weiterkommen? Pünktlich zum Termin erscheint? Sich besonders engagiert?

Ob diese und andere Verhaltensweisen für uns Zuverlässigkeit ausdrücken, hängt von einem wesentlichen Punkt ab: unseren Erwartungen an diese Person. Das wird deutlicher, wenn wir es an einem konkreten Beispiel betrachten: Stellen Sie sich vor, Ihrem Vater geht es gesundheitlich schlecht, und sie machen sich ernsthafte Sorgen. Ihre Mutter ist mit der Situation überfordert, und Sie beschließen, ein paar Tage zu Ihren Eltern zu fahren, um sich um Ihren Vater zu kümmern. Nun erzählen Sie drei verschiedenen Personen davon: einer Freundin, Ihrem Nachbarn und Ihrem Chef. An jeden werden Sie andere Erwartungen haben und deshalb unterschiedlich beurteilen, ob Sie ihn oder sie für zuverlässig halten.

Während Sie sich von Ihrer Freundin beispielsweise emotionalen Beistand wünschen, allein dadurch, dass sie Ihnen zuhört oder Mut macht, hoffen Sie bei Ihrem Nachbarn eher auf tatkräftige Unterstützung. Sie bitten ihn, in Ihrer Abwesenheit Ihre Blumen zu gießen und die Zeitungen hereinzuholen. Von Ihrem Chef hingegen erwarten Sie, dass er Ihnen in diesem besonderen Fall kurzfristig Urlaub gibt und Ihnen in dieser Zeit den Rücken freihält.

Erfüllen Freundin, Nachbar und Chef unsere Erwartungen, haben wir das Gefühl, dass wir auf sie zählen können, und erleben sie als zuverlässig. Denn: Zuverlässigkeit bemisst sich am Grad unserer erfüllten Erwartungen.

Was in der Theorie simpel klingt, stellt sich in der Praxis nicht immer so einfach dar. Beispielsweise dann, wenn wir Ansprüche erfüllen sollen, von denen wir nicht einmal wissen, dass es sie gibt. Wenn uns andere nicht mitteilen, worauf sie hoffen und Wert legen – oder sogar davon ausgehen, dass wir das doch wissen »müssen«. Dann wird das Erfüllen von Erwartungen – und damit unsere Zuverlässigkeit – zu einer echten Herausforderung.

Deshalb ist es sinnvoll, genauer zu verstehen, welche Erwartungen andere generell an uns haben können. Grundsätzlich lassen sich zwei Arten unterscheiden: offene und verdeckte Erwartungen.

Offene Erwartungen werden ausgesprochen und sind somit für beide Seiten transparent. Trifft Ihr Chef mit Ihnen Zielvereinbarungen für das kommende Geschäftsjahr, handelt es sich dabei um offene Erwartungen. Ebenso, wenn Sie selbst Versprechen abgeben oder eine Vereinbarung treffen, denn die Erwartung ist klar für alle beteiligten Parteien formuliert. Es fällt uns leichter, solche Erwartungen zu erfüllen, weil wir wissen, was dem anderen wichtig ist.

Schwieriger hingegen wird es mit dem Managen *verdeckter Erwartungen*. Diese sind, wie der Name bereits vermuten lässt, nicht direkt ersichtlich. Es fällt uns entsprechend schwerer, auf sie einzugehen, denn wir können nicht die Gedanken unserer Mitmenschen lesen. Sicher, einige unausgesprochene Erwartungen können wir uns mit gesundem Menschenverstand erschließen, etwa dass unser Partner in der Beziehung von uns Ehrlichkeit und Respekt erwartet. In anderen Situationen hingegen fällt es uns schwerer zu begreifen, was sich unser Gegenüber konkret erhofft: der Chef, der zwar mit der Leistung seines Teams gerade unzufrieden ist, aber nicht sagt, was er sich eigentlich vorstellt. Die Ehefrau, die darüber klagt, dass ihr in der Beziehung etwas fehlt, ohne konkret zu werden, woran es ihr mangelt. Beispiele gibt es viele. Wenn wir jedoch nicht wissen, was andere von uns erwarten, eben weil diese nicht darüber sprechen, dann fällt es uns schwer, ihren Vorstellungen gerecht zu werden. Wir riskieren also nicht nur, andere zu enttäuschen, sondern auch, als unzuverlässig zu gelten und damit ihr Vertrauen zu verlieren.

Damit es gar nicht erst so weit kommt, können uns die Vertrauenszutaten Offenheit und Klarheit aus dem Transparenzrezept helfen. Sie ermöglichen uns, Erwartungen sichtbar zu machen und abzugleichen, um unnötigen Enttäuschungen vorzubeugen. Denn Erwartungen, die beiden Seiten bekannt sind, lassen sich deutlich leichter erfüllen. Wenn wir wissen, worauf es dem Chef, unserem Partner oder Freunden ankommt, dann laufen wir seltener Gefahr, sie zu enttäuschen. Es ist einfacher, verlässlich zu handeln. Und dann ist der Weg frei für Zuverlässigkeit, die Vertrauen schafft.

Tipps: So geht Zuverlässigkeit

Zum Schluss noch zwei konkrete Tipps, mit denen wir sofort unsere Zuverlässigkeit steigern können. Der erste Tipp klingt fast banal und ist doch leider nicht selbstverständlich: Wort halten. Denn was nützen uns alle anderen Vertrauenszutaten, wenn wir sie in den entscheidenden Momenten nicht anwenden und uns andere deshalb nicht vertrauen. Zu unserem Wort zu stehen ist tatsächlich der einfachste und schnellste Weg, zuverlässig zu sein und das Vertrauen anderer zu gewinnen. Das funktioniert unabhängig davon, ob es sich um eine Zusage, eine Vereinbarung oder ein gegebenes Versprechen handelt.

Unsere Zuverlässigkeit messen andere daran, inwieweit unsere Worte mit dem übereinstimmen, was wir tatsächlich tun. Zuverlässigkeit hat also viel mit Integrität zu tun, einer Vertrauenszutat, die Sie später noch kennenlernen. Auch wenn es sich in unseren Augen um Kleinigkeiten handelt, wie etwa ein paar Minuten zu spät zum Termin zu erscheinen, eine knapp verpasste Abgabefrist oder ein versäumtes Telefonat: Unsere Zuverlässigkeit beeinflusst das Leben anderer und ist damit nichts, was wir auf die leichte Schulter nehmen sollten.

Verlässlich zu sein ist eine Form von Respekt unseren Mitmenschen gegenüber. Fehlt dieser Respekt und häufen sich die Enttäuschungsmomente, entstehen Risse in der Fassade unserer Vertrauenswürdigkeit – und damit auch in unseren Beziehungen. Viele kleine Verstöße, die für sich als keine große Sache erscheinen, summieren sich mit der Zeit zu einer großen und kosten uns wertvolles Vertrauen. Wer hingegen bereits im Kleinen sein Wort ernst nimmt, der muss sich im Großen weniger Gedanken machen. Er ist ja bereits in Übung.

Zweiter Tipp: Transparenz schaffen, wenn wir unser Wort nicht halten können. Damit andere uns vertrauen, müssen sie an unsere Verlässlichkeit glauben. Nicht immer gelingt es uns jedoch, einzulösen, was wir zugesagt haben. Das kann ganz unterschiedliche Gründe haben. Vielleicht haben wir uns mit der Zeit verkalkuliert und schaffen es deshalb nicht, einen Termin oder eine Abgabefrist zu wahren. Oder es ist uns etwas Dringendes dazwischengekommen, weshalb wir unsere ursprüngliche Zusage nicht einhalten können. »That's life«, wie die Amerikaner sagen, und das ist etwas, das jedem von uns passieren kann.

Die gute Nachricht: Bleibt unser Wortbruch eine Ausnahme, gelten wir nicht zwangsläufig als unzuverlässig. Vertrauen schwindet nicht sofort. Doch es ist in solchen Fällen besonders wichtig, dass wir denjenigen, dem wir etwas zugesagt haben, rechtzeitig informieren. Können wir eine Vereinbarung nicht halten, sollten wir so früh wie möglich mitteilen, warum wir es nicht schaffen. Insbesondere dann, wenn wir etwas zugesagt haben, das unserem Gegenüber wirklich wichtig ist.

Mancher Termin lässt sich verschieben, eine Frist verlängern oder ein Treffen absagen. In jedem Fall sollten wir jedoch deutlich machen, dass es uns leidtut und eine Ausnahme ist. Das haben wir bereits im Kapitel Ehrlichkeit gesehen.

Eine aufrichtige Entschuldigung und ein positives Versprechen für die Zukunft – vorausgesetzt, es wird zuverlässig eingehalten – können aus einem Fehler sogar einen Vertrauensstifter machen, der unsere Beziehungen stabiler und tiefer werden lässt. Das konnte ein US-amerikanisches Forscherteam um John Shaw von der Jacksonville University im Rahmen einer großen Metastudie im Jahr 2003 beweisen. Dazu analysierten die Forscher 54 unabhängige Einzelstudien im Hinblick auf Erfolgsfaktoren für gute Entschuldigungen. Zuverlässigkeit, gerade dann, wenn das Ziel ist, nicht nur Vertrauen zu »retten«, sondern es auch in einer schwierigen Situation zu stabilisieren, spielte dabei eine zentrale und vertrauensstiftende Rolle. Die Forscher konnten zeigen: Zuverlässigkeit kann Vertrauen in Konfliktsituationen nicht nur erhalten, sondern aktiv stärken. Fehlende Zuverlässigkeit kostet uns damit nicht zwangsläufig Vertrauen – der falsche Umgang mit ihr schon.

Nehmen wir unsere eigene Unzuverlässigkeit hingegen auf die leichte Schulter oder spielen wir deren Bedeutung sogar herunter, kommt das selten gut an – und kostet uns fast ausnahmslos Vertrauen. Denn es ist generell nicht an uns, zu bewerten, wie bedeutend eine Zusage ist. Das liegt immer im Auge des Betrachters, also desjenigen, dem wir etwas zugesagt haben. Selbst wenn uns die Angelegenheit klein und unbedeutend erscheint, kann sie für den anderen durchaus eine weit größere Bedeutung haben.

Auch hier können wir aus der Studie unter der Leitung von John Shaw lernen: Gehen wir in die Rechtfertigung, versuchen wir also unsere Unzuverlässigkeit zu begründen, statt uns ehrlich zu entschuldigen, kostet uns das fast ausnahmslos Vertrauen, wie die Forscher herausfanden. Ihre Begründung dafür: Wer in die Verteidigungshaltung geht, der befeuert den Konfliktherd, anstatt ihn zu löschen.

Deshalb gilt: Wenn wir respektvoll und ehrlich erklären, warum wir unser Wort nicht halten können, ernten wir in den meisten Fällen Verständnis. Dann verzeiht unser Gegenüber uns leicht, dass wir nicht halten, was wir versprochen haben. Offenheit schafft also Vertrauen – auch im Hinblick auf unsere Zuverlässigkeit.

Grenzen kennen: Können und Wollen

Die zweite Zutat, die in keinem Reliabilitätsrezept fehlen darf, ist das Bewusstsein für die eigenen Grenzen. Warum das wichtig ist, wird schnell klar, wenn wir uns noch einmal vergegenwärtigen, dass Menschen ihr Gegenüber für zuverlässig halten, wenn dieses ihre Erwartungen erfüllt.

Damit wir selbst als reliabel wahrgenommen werden können, sollten wir uns deshalb zwei grundlegende Fragen stellen. Zum einen: »*Können* wir überhaupt die Erwartungen erfüllen, die jemand an uns hat?« Und zum anderen: »*Wollen* wir diese Ansprüche überhaupt erfüllen?« In anderen Worten: Verfügen wir über die relevanten Fähigkeiten und die nötige Motivation, das zu leisten, was unser Gegenüber verlangt? Nur wenn wir beides ehrlich mit »Ja« beantworten können, sollten wir etwas zusagen oder versprechen.

Wir können die besten Absichten haben und hoch motiviert sein: Wenn uns die relevanten Fähigkeiten fehlen und die Rahmenbedingungen nicht stimmig sind, werden wir unser Gegenüber ganz sicher enttäuschen. Fehlt uns etwa die nötige Fachkompetenz, relevante Information, ausreichend Zeit oder die notwendige Hilfe, haben wir es schwer, unser Wort zu halten, und wir wirken schnell unzuverlässig. Dabei ist es unerheblich, warum wir unser Wort nicht halten. Die Tatsache, dass wir es nicht tun, macht uns in den Augen anderer unzuverlässig und damit wenig vertrauenswürdig.

Was wir noch viel weniger unterschätzen sollten in seiner Wirkung, ist unsere Motivation. Wir können noch so kompetent sein und über nahezu ideale Rahmenbedingungen verfügen. Fehlt uns der Antrieb, etwas zu tun, bleibt es meist dabei. Dann übernimmt unser innerer Schweinehund das Ruder. Ein kreatives Kerlchen, das vor keiner noch so feigen Ausrede zurückschreckt. Nicht umsonst sagt man auch: »Wer nicht will, findet Gründe. Wer will, findet Wege.« Da ist viel dran.

Deshalb ist der erste Schritt auf dem Weg zur Zuverlässigkeit, ehrlich mit uns selbst zu sein. Was *können* und was *wollen* wir überhaupt leisten? Erst wenn wir uns darüber im Klaren sind, sollten wir etwas zusagen – oder im Zweifel ablehnen. Die Bereitschaft, »Nein« zu sagen – und auszuhalten, dass wir damit nicht immer auf Begeisterung stoßen –, ist eine wichtige Fähigkeit, die uns vor manchem Vertrauensverlust bewahren kann. Andernfalls tappen wir schnell in die Falle, zu Beginn mehr zu versprechen, als wir am Ende halten können. Und das kostet uns wertvolles Vertrauen. Unsere Grenzen zu kennen und nur das zuzusagen, was wir auch wirklich halten können und wollen, ist hingegen eine wichtige Zutat für jede Vertrauensbeziehung und trägt zu ihrem Gelingen bei.

Beständigkeit

Die dritte und letzte Zutat für das Reliabilitätsrezept ist die Beständigkeit. Genauer gesagt: die Konstanz im Verhalten über einen längeren Zeitraum. Denn genau das macht Reliabilität aus: dass jemand sich beständig zuverlässig verhält.

Im Alltag verwechseln Menschen häufig die Begriffe Zuverlässigkeit und Reliabilität. Sie glauben, dass sie jemandem vertrauen, weil er zuverlässig ist. Tatsächlich tun sie dies allerdings oft erst, wenn sich die betreffende Person in verschiedenen Situationen, also über einen längeren Zeitraum, als verlässlich erwiesen hat. Um unser Vertrauen zu gewinnen, muss unser Gegenüber seine Zuverlässigkeit also durch Beständigkeit bekräftigt haben – und genau das ist Reliabilität. Deshalb ist Beständigkeit eine Zutat, die unserem Reliabilitätsrezept für vertrauensvolle Beziehungen nicht fehlen darf.

Warum Beständigkeit so entscheidend ist, wird am konkreten Beispiel deutlich. Stellen wir uns vor, unser Partner fragt uns morgens, wann wir am Abend heimkommen. Sagen wir etwa: »Ich bin heute Abend um sechs zu Hause«, und halten uns daran, dann sind wir zuverlässig. Bleibt das jedoch eine Ausnahme und in neun von zehn Fällen kommen wir zu spät, dann sind wir zwar in dem einen Fall zuverlässig, aber in keiner Weise reliabel. Verhalten wir uns generell so inkonsistent und halten das eine Mal eine Zusage ein, beim nächsten Mal wieder nicht, können andere nicht auf uns bauen, denn es fehlt die Beständigkeit in unserem Verhalten. Dadurch schwindet unsere Reliabilität, und das macht es anderen schwer, uns zu vertrauen.

Wer heute als charmanter Dr. Jeckyll und morgen als rüpelhafter Mr. Hyde auftritt, für den wird es schwierig, stabile Beziehungen aufzubauen und zu pflegen. Wir Menschen brauchen Beständigkeit, das Gefühl, uns auf jemanden dauerhaft verlassen zu können. Das vermittelt uns Sicherheit und erleichtert es uns, jemandem langfristig zu vertrauen.

Diese und weitere Beispiele zeigen: Als reliabel wahrgenommen zu werden ist kein Dauerzustand, den wir uns einmal erarbeiten und der dann über Wochen, Monate oder sogar Jahre anhält. Reliabilität ist eher wie ein Konto, auf das wir beständig einzahlen oder von dem wir abheben, mit allem, was wir tun. Halten wir unser Wort, lösen wir unser Versprechen ein und stehen zu unseren Zusagen, sind wir also immer wieder aufs Neue zuverlässig, steigt der Kontostand. Entpuppen sich unsere Worte jedoch als heiße Luft, machen wir leere Versprechungen, sinkt dieser. Das betrifft übrigens auch die Reliabilität anderer.

Und zuletzt gilt wie bei vielem: Übung macht den Meister. Wer mit offenen Augen durch die Welt geht und die Entscheidung getroffen hat, reliabel zu sein, der braucht Übung. Unser Alltag bietet uns viele Gelegenheiten, unsere Zuverlässigkeit in unterschiedlichen Situationen zu überprüfen und zu trainieren. Dabei geht es nicht um große Gesten, sondern um die kleinen Momente, in denen wir uns als zuverlässig erweisen: pünktlich sein, statt zu schreiben, dass wir später kommen. Jemanden anrufen, wenn wir es vereinbart haben. Den Müll rausbringen, wenn wir es versprochen haben. Das sind nur einige dieser kleinen Momente, in denen wir uns zuverlässig zeigen. Und das lohnt sich, für uns und unsere Beziehungen.

Zeigen wir anderen, dass sie sich konstant auf uns verlassen können, stärkt dies nicht nur ihr Vertrauen in uns, es wirkt sich auch positiv auf unser eigenes Selbstbild aus. Es fühlt sich gut an, Wort zu halten und kein schlechtes Gewissen zu haben. Das können Sie leicht selbst überprüfen: Kennen Sie das Gefühl, dass Sie jemandem noch etwas schuldig sind, es auf die lange Bank geschoben haben und dieser plötzlich vor Ihnen steht? Den Moment, wenn Sie sich wünschen, im Erdboden zu versinken, weil Sie peinlich berührt sind, nicht Wort gehalten zu haben? So etwas bleibt uns erspart, wenn wir nur versprechen, was wir auch wirklich halten können und wollen. Damit liegt es an uns, vertrauensvolle Beziehungen aufzubauen und zu pflegen. Denn: Reliabilität ist vor allem eines: eine persönliche Entscheidung. So gewinnen wir Leichtigkeit in unseren täglichen Beziehungen.

Reliabilität – auf den Punkt gebracht

Um die drei Vertrauenszutaten für Reliabilität noch einmal auf den Punkt zu bringen, hilft ein kleines Gedankenexperiment. So erkennen Sie schnell, wie Zuverlässigkeit, Beständigkeit und das Anerkennen von Grenzen Reliabilität erzeugen. Stellen Sie sich vor, Sie zielen mit Pfeilen auf eine Zielscheibe. Treffen Sie einmal direkt in die Mitte, sind Sie zuverlässig. Treffen Sie bei jedem Schuss in die Mitte und keiner geht daneben, auch nicht neben die Zielscheibe – dann sind Sie reliabel.

☑ ZUVERLÄSSIGKEIT
☐ BESTÄNDIGKEIT
☐ GRENZEN KENNEN

☑ ZUVERLÄSSIGKEIT
☑ BESTÄNDIGKEIT
☑ GRENZEN KENNEN

Warum Reliabilität Vertrauen schafft

Warum neigen Menschen dazu, gerade denjenigen zu vertrauen, die sie für zuverlässig und beständig halten? Solchen, die die Kunst der Reliabilität beherrschen?

Dazu werfen wir einen Blick auf die Wissenschaft. Die beiden niederländischen Forscherinnen Francesca Righetti und Catrin Finkenauer untersuchten 2011, inwieweit sich verschiedene Eigenschaften, darunter auch die Zuverlässigkeit einer Person, auf das Vertrauen des eigenen Partners auswirken. Dazu befragten sie Ehepaare, die im Schnitt seit fast acht Jahren verheiratet waren. Die Probanden beantworteten unabhängig voneinander einen Fragebogen, in dem sie ihren Ehepartner in Bezug auf verschiedene Eigenschaften beurteilen sollten, auch dessen Zuverlässigkeit über verschiedene Situationen hinweg – sprich dessen Reliabilität. Abschließend wurden die Teilnehmer gefragt, wie sehr sie ihrem Partner vertrauten. Das Ergebnis der Studie: Je zuverlässiger der eigene Partner eingeschätzt wurde, desto mehr Vertrauen brachten die Ehepartner ihm entgegen.

Auch wenn es sich hier um eine Studie mit Paaren handelt, so lassen sich die Ergebnisse generell auf zwischenmenschliche Beziehungen übertragen. In Paarbeziehungen werden vertrauensstiftende Zutaten allerdings besonders deutlich, denn in einer Partnerschaft ist der Maßstab für Vertrauenswürdigkeit oft noch strenger als in anderen Beziehungen. Die Begründung der beiden Forscherinnen: In einer Paarbeziehung machen wir uns emotional verwundbar und reagieren daher empfindlicher auf Vertrauensverstöße.

Die Studie von Righetti und Finkenauer macht deutlich: Zuverlässigkeit fördert nicht nur die Vertrauenswürdigkeit einer Person. Sie erhöht sogar nachweislich die

Bereitschaft des Gegenübers, sich für Vertrauen zu entscheiden.

Warum das so ist, das lasse ich gerne Denise Rousseau erklären. Die bekannte Vertrauensforscherin analysierte 1998 gemeinsam mit anderen Wissenschaftlern den aktuellen Forschungsstand zum Thema Vertrauen. Dazu verglichen sie verschiedene Konzepte und empirische Forschungsergebnisse und konnten zeigen, dass Reliabilität – also Zuverlässigkeit und Beständigkeit im Verhalten einer Person – ein wesentlicher Faktor ist, um als vertrauenswürdig wahrgenommen zu werden und die Vertrauensbereitschaft des Vertrauensgebers zu erhöhen. Die Begründung der Forscher: War jemand in der Vergangenheit beständig zuverlässig, hat er auf sein Reliabilitätskonto eingezahlt. Er hat gezeigt, dass der Vertrauensgeber sich auf ihn verlassen kann, und zwar in unterschiedlichen Situationen über einen längeren Zeitraum hinweg. Das lässt den Vertrauensgeber davon ausgehen, dass er auch in Zukunft auf die betreffende Person setzen kann. Diese positive Erwartung an den Vertrauensnehmer senkt das wahrgenommene Risiko des Vertrauensgebers und macht es ihm damit leichter, sich für Vertrauen zu entscheiden. Andere Studien, beispielsweise von Antoinette Weibel, der Vertrauensforscherin von der Universität St. Gallen, die Sie bereits kennengelernt haben, bestätigen dies.

Wollen wir also selbst das Vertrauen anderer gewinnen, sind wir gut damit beraten, reliabel zu handeln. Wenn wir durch Zuverlässigkeit, Beständigkeit und dadurch, dass wir unsere Grenzen kennen, kontinuierlich auf unser Reliabilitätskonto einzahlen, wirken wir vertrauenswürdiger und machen es unserem Umfeld damit leichter, uns zu vertrauen. Das gilt für Beziehungen zu Freunden, Kollegen und Bekannten, vor allem jedoch für das Vertrauen in unseren Partnerschaften. Denn hier sind Menschen besonders sensibel, was vertrauenswürdiges Verhalten betrifft.

Reliabilität:
Auf das richtige Maß kommt es an

Ist Reliabilität also in jedem Fall sinnvoll? Garantiert uns denn konstante Zuverlässigkeit automatisch vertrauensvolle Beziehungen? Sie ahnen es vermutlich schon: Die Antwort ist »Nein«. Denn Reliabilität kann im übertriebenen Sinn sogar Vertrauen kosten.

Warum das so ist, wird deutlich, wenn wir uns ansehen, was der Preis für unbedingte Reliabilität ist – denn maßlose Zuverlässigkeit und Beständigkeit fordern in der Regel Opfer.

Uns selbst zu kasteien, um zuverlässig zu bleiben, ist das eine: Früh im Büro zu sein, spät zu gehen, Nächte durchzuarbeiten, uns zu hetzen, unter Druck zu setzen – all das sind Tribute, die unsere Reliabilität fordern kann. Insbesondere dann, wenn wir unsere eigenen Grenzen im Vorfeld falsch eingeschätzt haben oder in die Bequemlichkeitsfalle getappt sind: Wir dachten »Nein«, sagten aber »Ja«, weil es uns in dem Moment einfacher erschien. Dann kämpfen wir später sehr darum, unser Wort zu halten, und zahlen den Preis dafür. Solange nur wir die Leidtragenden sind, ist das noch vertretbar. Jeder von uns ist schließlich für sich selbst verantwortlich.

Schwierig wird es allerdings ab dem Moment, in dem andere für unsere unbedingte Zuverlässigkeit unfreiwillig leiden müssen. Wenn unsere Reliabilität in Härte, Gefühlskälte oder Rücksichtslosigkeit umschlägt, dann wird es schwer mit dem Vertrauen. Sind wir zu sehr darauf fokussiert, unsere Zusagen zu halten, bekommen wir früher oder später den berühmten Tunnelblick. Wir denken an nichts anderes mehr als das kompromisslose Erreichen unseres Ziels: die perfekte Geburtstagsparty, die Suche nach der idealen Wohnung, das Umsatzziel im Job, der Pitch bei einem wichtigen Kunden, die Terminfrist, die wir unbedingt halten müssen. Beispiele gibt es viele. Gerade die Perfektionisten unter uns werden wissen, wovon ich spreche. Ihnen fällt es besonders schwer, sich von einem Ziel zu lösen und das große Ganze im Auge zu behalten. Stattdessen fokussieren sie sich so auf eine Aufgabe, dass sie kaum etwas anderes mehr wahrnehmen. Haben wir uns erst einmal darauf eingeschossen, verengt sich unser Blick, und wir sehen nichts mehr außer diesem Ziel.

Mit diesem Tunnelblick wirken wir auf andere häufig teilnahmslos und gefühlskalt. Selbst wenn wir es gar nicht sind, sondern nur ganz besonders fokussiert – unser Umfeld nimmt uns anders wahr. Und das entscheidet am Ende darüber, ob man uns Vertrauen schenkt oder vorenthält.

Nehmen wir Aufgaben wichtiger als die Menschen, die daran beteiligt sind, halten wir das Erreichen von Zielen für bedeutungsvoller als die Menschen, die uns auf dem Weg dorthin begleiten, tappen wir schnell in die Vertrauensfalle. Und dann schlägt falsch verstandene Reliabilität schnell ins Gegenteil um: vom Vertrauensstifter zum Vertrauensvernichter.

Damit das nicht geschieht, brauchen wir eine weitere Vertrauenszutat: die Empathie. Ihr widmen wir uns an einer späteren Stelle noch ausführlich. Sie kann uns helfen, das richtige Maß zu finden, damit wir es mit der Reliabilität nicht übertreiben. Dann klappt es auch mit dem Vertrauen.

Reliabilität in anderen Ländern

Wie aber sieht es in anderen Ländern aus, wenn es um Reliabilität geht? In welcher Form finden wir sie, und was können wir dahingehend von den Vertrauensländern der Welt lernen? Mir hat es ein Lächeln ins Gesicht gezaubert, zu sehen, dass auch wir Deutschen ein paar Vertrauenszutaten für gelingende Beziehungen beisteuern können.

Deutschland: Pünktlich, zuverlässig, gewissenhaft

Auch wenn Deutschland im Ranking der vertrauensstärksten Länder der Welt nicht ganz oben steht: Im Hinblick auf Reliabilität macht uns so schnell keiner etwas vor. Das zumindest zeigen die Rückmeldungen, die ich von vielen Interviewpartnern weltweit erhalten habe. Jeden Einzelnen habe ich gefragt, welche drei Eigenschaften seine eigenen Landsleute auszeichnen, und auch, welche in seinen Augen typisch deutsch sind. Das sind die »Top Drei« der typisch deutschen Eigenschaften: auf Platz eins Pünktlichkeit, auf Platz zwei Zuverlässigkeit, auf Platz drei Gewissenhaftigkeit. Diese drei Eigenschaften, die uns zahlreiche Menschen über unsere Landesgrenzen hinaus zuschreiben, sind allesamt Facetten von Reliabilität.

Der deutsche Begriff »Pünktlichkeit« hat es sogar in den englischen Sprachkanon geschafft. Im Ausland sind wir Deutschen für unsere Termintreue berühmt und berüchtigt. Selbst dann, wenn »Stuttgart 21« oder der Flughafen Berlin-Brandenburg ein anderes Bild zeichnen. Ausnahmen bestätigen ja bekanntlich die Regel. Generell werden wir Deutschen im Ausland als sehr zuverlässig eingeschätzt. Ein gutes Gefühl, zu wissen, dass auch wir zum Vertrauensrezept Reliabilität einiges beisteuern können. Verlässlich zu sein steht bei uns hoch im Kurs. Nicht umsonst sind wir weltweit dafür bekannt, Termine einzuhalten und zu

Veranstaltungen eher zu früh als zu spät zu kommen. Während andere Nationen es mit der Termintreue nicht immer ganz so genau nehmen, sind wir oft überpünktlich. Ich kenne kein anderes Land, in dem Fluggäste von Inlandsflügen freiwillig mehr als zwei Stunden vor dem Boarding am Flughafen warten. Nicht weil sie müssen, sondern weil sie auf keinen Fall den Flug verpassen wollen. Das ist gelebte Pünktlichkeit.

Auch Gewissenhaftigkeit ist eine Eigenschaft, die Zuverlässigkeit fördert – und die wir Deutschen durchaus besitzen. Wir planen gründlich, arbeiten sorgfältig und wissen uns zu organisieren. Wer einen guten Überblick über seine Aufgaben hat und sorgsam plant, dem fällt es leichter, Termine, Fristen und Zusagen zu halten. Kein Wunder, dass wir mit Blick auf Zuverlässigkeit ein gutes Beispiel abgeben.

Manchmal übertreiben wir es allerdings auch mit dem Festhalten an unserer Reliabilität und dem Drang, alles »korrekt« machen zu wollen. Während wir damit überaus beschäftigt sind, alles in der Sache richtig zu machen, verlieren wir dabei andere wichtige Dinge leicht aus dem Blick.

Das wird greifbar, wenn wir uns die Unterschiede in der Meeting-Kultur zwischen Deutschland und den Vertrauensländern ansehen. Ein Deutscher wirkt oft schon nervös, wenn zu Beginn eines Arbeitstreffens etwas Small Talk gemacht wird. »Zeitverschwendung«, »verschenkte Produktivität« und »nutzlos«, das sind die Small-Talk-Mythen, die sich in deutschen Büros hartnäckig halten. Dabei ist das kurze Gespräch zwischendurch ein Teil der so wichtigen Beziehungspflege – und erleichtert zudem den Weg zu mehr Vertrauen.

Auch wenn wir schon vieles richtig machen mit Blick auf das Vertrauensrezept Reliabilität. In Deutschland können wir von den Bewohnern der Vertrauensländer etwas Wesentliches über uns selbst lernen: Wir sollten – bei aller Korrektheit in der Sache – die Menschen nicht vergessen. Denn das haben uns diese Länder tatsächlich voraus: Dort kommt erst der Mensch und dann die Sache. Man widmet sich stärker den zwischenmenschlichen Beziehungen, als wir es tun. Unser Fokus liegt meist auf dem Ziel. Und damit laufen wir Gefahr, unsere Mitmenschen aus den Augen zu verlieren. Sicher ein Aspekt, den wir uns von den vertrauensstarken Ländern abschauen können: erst der Mensch und dann die Sache. Dann klappt es auch leichter mit dem Vertrauen.

USA: Zuverlässigkeit schafft Vertrauen

Was für den einen eine Lappalie ist, kann für den anderen die Welt bedeuten. Warum Zuverlässigkeit im Kleinen Dankbarkeit und Vertrauen im Großen schaffen kann – das erfuhr ich auf meiner Reise durch die USA am eigenen Leib. Dort machte ich eine Erfahrung, die ich nie wieder vergessen werde.

Bevor ich mich auf die weltweite Suche nach Vertrauen machte, gab ich ein Versprechen ab. Ich sagte drei Freunden eine Postkarten-Flatrate zu: Aus jedem Land, in das ich für mein Buchprojekt reiste, würden sie eine Karte erhalten. Das war mein Plan, denn sie hatten mich unterstützt bei der Entscheidung, dieses Buch zu schreiben.

 Doch ich hatte die Rechnung offensichtlich ohne die amerikanische Post gemacht. Als ich auf dem Rückweg aus den USA am New Yorker Flughafen stand, meine Karten geschrieben und mit Briefmarken versehen hatte, konnte ich es kaum glauben: kein Postkasten weit und breit. Fast eine Stunde

lief ich die Gänge des Terminals auf und ab, mit dreißig Kilogramm Gepäck und dem Blick auf der Uhr. Die Zeit bis zum Abflug verging »wie im Fluge«, und so entschied ich mich schließlich, jemanden um Hilfe zu bitten, der sich auskannte: das Flughafenpersonal.

Ich schaute mich um und entschied mich für einen Mann mittleren Alters mit dunklem Teint, grauen Haaren und blauer Uniform am Informationsschalter.

Zielstrebig ging ich auf ihn zu, lächelte ihn an und fragte: »Entschuldigen Sie. Können Sie mir sagen, wo ich hier einen Postkasten finde?«

Der Mann überlegte einen Moment, dann lächelte er. So wie er strahlte, hatte er offensichtlich eine Antwort für mich. Gespannt starrte ich auf seine Lippen, die mir sofort verraten würden, wo ich denn nun endlich meine Karten einwerfen konnte.

»Sorry, Miss, einen Postkasten gibt es hier nicht. Es tut mir leid.« Er zuckte mit den Schultern und holte mich binnen Sekunden in die Realität zurück: kein Postkasten! Ich konnte meinen Ohren kaum trauen. Jeder große internationale Flughafen hat doch mindestens einen Postkasten, oder nicht?! Wo sonst werfen Touristen auf den letzten Drücker all ihre Karten ein, wenn nicht am Flughafen?

Eines stand fest: So leicht wollte ich mich nicht geschlagen geben. Hier ging es schließlich nicht um irgendwelche Karten, sondern um deutlich mehr: um mein Versprechen und meine Glaubwürdigkeit.

Der Blick auf die Uhr verriet, dass mir noch 15 Minuten blieben, um mein Gepäck aufzugeben und mich zur Sicherheitskontrolle zu begeben. Sicher könnte mir die Dame am Check-in-Schalter weiterhelfen, beruhigte ich mich. Wenn sich jemand hier auskannte, dann doch wohl sie. Also reihte ich mich in die Warteschlange ein, rückte bis zu ihr vor, gab mein Gepäck auf und versuchte mein Glück erneut.

»Entschuldigen Sie. Können Sie mir sagen, wo ich hier einen Postkasten finde?«, fragte ich sie.

»Sorry, Miss, auf diesem Flughafen gibt es keinen Postkasten.« Sie blickte mich entschuldigend an.

»Sind Sie sicher?«, schob ich nervös hinterher.

»Ja, Miss. Ganz sicher. Ich arbeite nun schon seit zehn Jahren hier. Wenn es einen Postkasten gäbe, wüsste ich das.«

Frustriert verabschiedete ich mich und warf einen Blick auf die Uhr. Laut Plan blieben mir noch fünf Minuten, bis ich an der Sicherheitskontrolle sein musste. Mein Kartenproblem war ungelöst – und ich auf dem besten Weg, mein Versprechen zu brechen.

Ich beschloss, einen letzten Versuch zu wagen. Aller guten Dinge sind schließlich drei. Diesmal hatte ich einen Flugbegleiter in weinroter Uniform ins Auge gefasst.

Schnurstracks lief ich auf ihn zu und stellte meine Frage: »Entschuldigen Sie. Können Sie mir sagen, wo ich hier einen Postkasten finde?« Erwartungsvoll blickte ich ihn an. Doch dann kam, was kommen musste:

»Sorry, Miss, hier am Flughafen gibt es leider keinen Postkasten.«

Das war zu viel für meine Nerven, und Tränen stiegen mir in die Augen. Ich war enttäuscht und wütend zugleich. Natürlich: Ich hätte die Karten auch in Deutschland einwerfen können. Das jedoch wäre Mogeln gewesen und war für mich deshalb keine Option.

Der Flugbegleiter riss mich aus den Gedanken: »Sie sehen so aus, als wären Ihnen die Postkarten wichtig.«

»Wichtig ist gar kein Ausdruck. Hier geht es um viel mehr als einfach Karten. Es geht um ein Versprechen, ein Dankeschön an die Menschen, die dafür gesorgt haben, dass ich überhaupt hier bin. Und ...« In diesem Moment verließ mich die Stimme.

Der junge Mann verstand mich auch so. Er blickte auf die Postkarten in meiner Hand, legte mir freundlich die Hand auf die Schulter und sagte: »Mach dir keine Sorgen. Wir kriegen das hin. Hier am Flughafen gibt es tatsächlich keinen Postkasten. Aber in zwei Stunden habe ich Feierabend. Auf meinem Heimweg komme ich zwar nicht direkt an der Post vorbei, aber für dich fahre ich gerne einen Umweg. Ich werfe die Karten ein, und alles wird gut. – Ach ja, und ich bin übrigens George«, er lächelte und streckte mir seine Hand entgegen. Wortlos erwiderte ich seinen Handschlag, denn die Situation überforderte nicht nur mich, sondern auch mein Sprachzentrum.

Zu Hause angekommen, erzählte ich von der Postkarten-Misere und meinem Retter. Was dann passierte, werte ich als typisch deutsch: Mir begegnete pure Skepsis: »Also, ich an deiner Stelle wäre das Risiko ja nicht eingegangen!«

Kein Wunder, dass wir Deutschen in puncto Vertrauen nicht gerade Weltmeister sind. Im Schwarzmalen macht uns jedenfalls kaum jemand etwas vor.

Ob George sein Versprechen hielt? Erst zehn Tage nach meiner Rückkehr nach Deutschland erlöste mich die SMS einer Freundin: »Vielen Dank für deine Karte. Du hast ja wirklich an mich gedacht. Ich freue mich zu hören, wie es dir in den USA ergangen ist. Alles Liebe, Miriam.« Und auch die anderen Karten fanden ihren Weg nach Deutschland.

Diese Geschichte zeigt: Vertrauen beginnt immer mit einem ersten Schritt: der Entscheidung, zu vertrauen. Nur wenn wir anderen prinzipiell trauen, können sie unser Vertrauen bestätigen.

Vertrauen braucht also beides: Vertrauensvorschuss auf der einen und Zuverlässigkeit auf der anderen Seite.

6. Rezept:
AUFRICHTIGKEIT

Stellen Sie sich vor, Sie haben einen Chef, der ständig darüber redet, wie wichtig Ehrlichkeit und Unterstützung sind. Im Unternehmen genießt er den Ruf, freundlich zu sein und andere fair zu behandeln. Auch Sie erleben ihn so – bis die Tür zugeht. Denn was andere für »echt« halten, ist Ihrer Erfahrung nach reine Fassade. »Wasser predigen und Wein trinken«, dieses Sprichwort könnte von ihm stammen. Denn das, was hinter seiner Bürotür passiert, hat mit Fairness reichlich wenig zu tun. Gerade wenn Mitarbeiter nicht nach seiner Vorstellung agieren, zeigt er sein wahres Gesicht: Er wird intrigant, unfair und manipulativ.

Eines Tages bittet Ihr Chef Sie in sein Büro. Als er Sie ausgiebig für Ihre Arbeit lobt, ahnen Sie bereits, dass das nur Mittel zum Zweck ist: Er will etwas von Ihnen.

Ihr Gefühl täuscht Sie nicht, denn wenig später kommt er zum Punkt: »Ich weiß, dass ich mich immer auf Sie verlassen kann. Deshalb habe ich eine Aufgabe für Sie, die ich hier niemand anderem anvertrauen kann. Ich möchte, dass Sie die Telefonate von Kollege Müller protokollieren. Ich muss genau wissen, mit wem er wann spricht – und worüber. Name, Uhrzeit, alles!«

Sie machen große Augen. Was sollen Sie? Die Gespräche Ihres Kollegen bespitzeln?

Und während Sie noch überlegen, ob das ein schlechter Scherz ist, legt Ihr Chef nach: »Hier sind in letzter Zeit einige Sachen schiefgelaufen. Der Vorstand ist sauer und will den Schuldigen. Eigentlich dürfte ich Ihnen das ja gar nicht sagen, aber Herr Müller ist dafür verantwortlich. Nur kann ich es noch nicht beweisen. Und genau dafür brauche ich Sie.«

Ihr Entsetzen steht Ihnen ins Gesicht geschrieben, das fühlen Sie genau. Das ist tatsächlich sein Ernst. Ihr Chef verlangt, dass Sie einen Kollegen ans Messer liefern ...

Während Sie noch überlegen, wie Sie aus der Nummer herauskommen, fährt er fort: »Ach ja, und eines noch: Reden Sie darüber bitte mit keinem. Ihre Kollegen würden das nur missverstehen. Die haben einfach nicht den Weitblick, den wir beide haben. Natürlich dient das alles nur dem Wohle der Abteilung.«

Falls Sie jetzt denken: »Das ist doch überzogen. So etwas gibt es doch nicht wirklich«, dann kann ich Sie gut verstehen. Genau so dachte ich auch – bis sich mir eine Freundin anvertraut hat: Sie war die Mitarbeiterin, die den Kollegen ausspionieren sollte. Ob sie es getan hat? Natürlich nicht! Kurz darauf hat sie gekündigt und das Unternehmen verlassen.

Ich habe bewusst dieses Beispiel gewählt, denn gerade Extremsituationen zeigen, wann wir Vertrauen gewinnen oder verlieren. In diesem Kapitel geht es schließlich um ein wichtiges Vertrauensrezept. Wenn dieses fehlt, dann machen wir solche Erfahrungen: Wir haben mit Menschen zu tun, die das eine sagen und das andere tun. Mit Vorgesetzten, die zwei Gesichter haben, eines für die Mitarbeiter und das andere für die Öffentlichkeit. Wir begegnen Kollegen, die uns niemals sagen würden, was sie stört, die aber hinter unserem Rücken über uns herziehen. Menschen, die oberflächlich nett sind, aber im Hintergrund Intrigen schmieden. Die uns in den Rücken fallen, wenn wir ihre Hilfe am meisten brauchen.

Würden Sie mit so jemandem zusammenarbeiten wollen?

Könnten Sie mit solchen Menschen befreundet oder sogar liiert sein?

Und hätten Sie Vertrauen?

Aber zum Glück gibt es Menschen, die vorleben, was sie predigen. Führungskräfte, die nicht nur über Teamgeist reden, sondern selbst die Ärmel hochkrempeln. Und Chefs, die sich für ihre Mitarbeiter verantwortlich fühlen, statt sie zum Sündenbock zu machen. Kollegen, die uns in schweren Momenten beistehen, statt den eigenen Kopf zu retten. Freunde, die uns ins Gesicht sagen, was sie denken, statt hinter unserem Rücken schlecht über uns zu reden. Und Partner, die uns treu zur Seite stehen – in guten wie in schlechten Zeiten.

Bei solchen Menschen fällt es uns leicht, ihnen zu vertrauen. Was all diese Menschen auszeichnet: Aufrichtigkeit.

Definition von Aufrichtigkeit

Aufrichtigkeit ist die Haltung, sich selbst und anderen gegenüber treu zu sein. Es bedeutet, im Einklang mit den eigenen Werten und Prinzipien zu handeln und für diese einzustehen. Aufrichtige Menschen verhalten sich gegenüber Einzelpersonen, Gruppen oder Gemeinschaften solidarisch – und zwar selbst dann, wenn sie dadurch persönliche Nachteile befürchten müssen. Damit ist Aufrichtigkeit nicht nur eine positive Charaktereigenschaft, die Menschen vertrauenswürdig macht, sondern auch eine Fähigkeit, die wir erlernen und trainieren können.

In vertrauensvollen Ländern ist man loyal

Dass dieses Verhalten kein Wunschtraum ist, sondern durchaus Teil des täglichen Miteinanders sein kann, zeigen zahlreiche Beispiele aus den vertrauensstarken Ländern der Erde.

Sich anderen gegenüber aufrichtig zu verhalten ist dort kein Selbstzweck, sondern dient der Gemeinschaft. Es entspringt einer wohlwollenden Grundhaltung und zeigt den Wert, den die Menschen anderenorts den Beziehungen in ihrem Leben beimessen. Denn Aufrichtigkeit, wohldosiert, ist eine effektive Form der Beziehungspflege.

In Ländern wie Vietnam, den Niederlanden, der Schweiz und auch Dänemark verstehen Menschen sie als persönlichen Beitrag zu einem gelingenden Miteinander. Vielleicht ist das das Geheimnis, warum es den Menschen in diesen Ländern leichtfällt, aufrichtig zu sein. Sie jedenfalls beherrschen die Zutaten für dieses Rezept mit Bravour.

Wie wir Aufrichtigkeit praktizieren können

Woran genau erkennt man, dass Menschen aufrichtig sind, und wie können wir unsere Aufrichtigkeit im Alltag zeigen?

Menschen empfinden uns als aufrichtig:

… wenn wir uns selbst treu bleiben.

Wenn wir das tun, was wir für »richtig« halten, und nicht das, was einfach, schnell und bequem ist. Anders gesagt: Wenn wir unseren Prinzipien treu bleiben, anstatt den Weg des geringsten Widerstands zu gehen.

… wenn wir wohlwollend sind.

Wenn wir eine menschenfreundliche Haltung einnehmen, die sich in unserem Handeln widerspiegelt.

... wenn wir anderen den Rücken stärken.
Wenn wir loyal sind und anderen treu zur Seite stehen.
Auch dann, wenn wir persönlich eine andere Meinung
vertreten.

Wenn wir nach diesen Prinzipien handeln, dann empfinden
uns andere als aufrichtig und schenken uns eher ihr Vertrauen.

Zutatenliste Aufrichtigkeit

Woran kann man jedoch erkennen, dass jemand aufrichtig
ist? Wie bei allen anderen Rezepten gilt auch für Aufrichtigkeit: Man sieht sie jemandem nicht an der Nasenspitze
an. Aufrichtig zu sein ist eine persönliche Haltung, die sich
in ganz konkreten Verhaltensweisen widerspiegelt. Damit
Sie wissen, wonach Sie Ausschau halten können, mache ich
Sie mit den wichtigsten Zutaten vertraut.

Integrität

Beginnen wir mit der ersten Zutat für Aufrichtigkeit – der
Integrität. Menschen, die wir als integer bezeichnen, sind
sich selbst treu. Sie verhalten sich entsprechend ihrer eigenen Werte und tun das, was sie für gut und richtig halten.
Sie folgen ihrer inneren Überzeugung, statt ihr Fähnchen
nach dem Wind zu richten. Integre Menschen werden von
anderen als kongruent erlebt, denn was sie sagen und was
sie tun, stimmt überein.

Deshalb ist integres Verhalten sehr eng verknüpft mit
dem Ehrlichkeitsrezept und wird nicht selten für dasselbe gehalten. Dabei gibt es einen entscheidenden Unterschied: Integrität basiert zwar auf Ehrlichkeit, geht aber
noch einen Schritt weiter. Integer verhalten sich Menschen, die den Mut haben, das »Richtige« zu tun, auch

wenn es unbequem ist. Ein integrer Mensch entscheidet sich auch dann für die Wahrheit, wenn er mit negativen Konsequenzen rechnet. Er schreckt nicht davor zurück, die eigene Meinung zu äußern und zu verteidigen, nur um Probleme aus dem Weg zu gehen. Wer etwa aus Überzeugung Vegetarier ist, weil er Massentierhaltung ablehnt, der wird Fleisch auch dann nicht anrühren, wenn er das erste Mal bei den Schwiegereltern in spe eingeladen ist und die Mutter des Liebsten Schnitzel gemacht hat. Wer Fairness und Wohlwollen zu seinen Grundwerten zählt, der wird nicht tatenlos zusehen, wie ein Kollege gemobbt wird, sondern den Mund aufmachen, auch wenn er dadurch selbst ins Kreuzfeuer gerät. Integrität endet nicht am Rand der persönlichen Komfortzone, sondern zeigt sich gerade dann, wenn man diese verlässt. Das macht Integrität zu einer persönlichen Leistung, die Mitmenschen mit Vertrauen belohnen.

Der kürzeste Integritätstest der Welt

Interessiert es Sie, wie es um Ihre Integrität bestellt ist? Möchten Sie wissen, wie gut Sie diese wichtige Zutat für das Aufrichtigkeitsrezept bereits beherrschen? Es gibt eine ganz einfache Möglichkeit, das eigene Integritätsvermögen schnell und leicht zu bestimmen. Und so viel kann ich Ihnen versprechen: Sie werden überrascht sein.

Werfen wir vorab einen kurzen Blick auf den Sinn und Zweck von Integritätstests für unseren Alltag. Weltweit gibt es eine Vielzahl solcher Tests mit ganz unterschiedlicher Güte. Im Kern messen sie eine Mischung aus Einstellungen, Persönlichkeitsmerkmalen und Verhaltensweisen. Diese wiederum erlauben eine Aussage darüber, wie wahrscheinlich es ist, dass sich eine Person kontraproduktiv verhält.

Gerade für Unternehmen ist das ein relevanter Aspekt.

Für Arbeitgeber ist es besonders interessant zu wissen, wer aus sich selbst heraus eher zu Betrug, Sabotage oder Diebstahl neigt. Das kann bei der Personalauswahl entsprechend berücksichtigt werden. So lässt sich ein möglicher Schaden abwenden, bevor er entsteht. Dem VW-Konzern wäre etwa einiges erspart geblieben, hätten seine Mitarbeiter sich integer verhalten. Den Dieselskandal gab es nur, weil es Mitarbeitern und Managern an Integrität fehlte. Und wer weiß, vielleicht entdecken Dating-Portale in Zukunft auch Integritätsmessungen für sich und ihre Kunden. Wäre es nicht hilfreich zu wissen, ob ein ernst zu nehmendes Risiko besteht, dass uns der vermeintliche Traumtyp oder die Traumfrau betrügt oder hintergeht?

Zurück zu Ihnen: Um zu wissen, wie es grundsätzlich um Ihre Integrität, diese elementare Vertrauenszutat, bestellt ist, brauchen Sie keinen aufwendigen Test. Tatsächlich können Sie mit einer einzigen Frage herausfinden, wie integer Sie sind. Denn die Antwort auf diese Frage sagt mehr über Sie aus als so manches Testergebnis. Die Frage lautet: »Wie verhalten Sie sich, wenn Sie wissen, dass niemand zusieht?«

In anderen Worten: Was tun Sie, wenn Sie sich unbeobachtet fühlen? Wenn Sie weder Sanktionen noch Ablehnung befürchten? Bringen Sie das Portemonnaie, das Sie auf dem Bürgersteig gefunden haben, zum Fundbüro? Parken Sie auf dem Behindertenparkplatz, um nur kurz in den Supermarkt zu springen? Zahlen Sie Ihrer Freundin die geliehenen 50 Euro zurück, obwohl diese längst vergessen hat, dass Sie ihr noch das Geld schulden? Werfen Sie Ihr Kaugummi in den Mülleimer, statt es auf der Straße zu entsorgen? Wie reagieren Sie, wenn Sie einen Diebstahl oder Vandalismus beobachten? Und was tun Sie, wenn Sie mitbekommen, wie eine junge Frau auf der Straße bedrängt wird?

Denken Sie daran: Je mehr wir unser Handeln danach ausrichten, was wir für richtig halten, statt danach, was für uns einfach, schnell und bequem ist, desto integrer sind wir. Am Ende gilt: Taten sprechen lauter als Worte.

Mitmenschen vertrauen uns auch aufgrund der Absichten, die wir kundtun. Sie vertrauen uns allerdings vor allem aufgrund unseres Verhaltens. Stimmt beides überein – verhalten wir uns in ihren Augen integer –, schenken sie uns Glauben und oft auch ihr Vertrauen.

Loyalität

Die zweite Zutat für unser Rezept der Aufrichtigkeit ist Loyalität. Hier geht es ebenfalls um Treue, allerdings gegenüber einer anderen Person, Gruppe oder Gemeinschaft. Loyalität wirkt wie ein ungeschriebener Vertrag und ist ein Ausdruck persönlicher Verbundenheit. Loyale Menschen stehen für andere Personen, aber auch Ideen und Ziele ein, selbst wenn sie persönlich anderer Meinung sind.

Loyalität ist also eng verbunden mit dem Vertrauensrezept Unterstützung und wird irrtümlich oft für dasselbe gehalten. Es stimmt: Loyales Verhalten kann sich in Unterstützung ausdrücken, hat allerdings deutlich mehr Facetten: zu schweigen, wenn die eigenen Worte jemand anderen in die Bredouille bringen (Verschwiegenheit). Kritik zu äußern, die sich andere nicht trauen (Ehrlichkeit). Dem Partner treu zu sein, auch wenn die Beziehung gerade kriselt (Respekt). Nicht schlecht hinter dem Rücken eines anderen zu sprechen (Aufrichtigkeit).

Im Alltag zeigt sich der Loyalitätsgedanke in Form von Verbundenheit und einem klaren Bekenntnis zu einer Beziehung. Er basiert auf einer wohlwollenden Haltung dem gegenüber, dem man sich verpflichtet fühlt.

Loyalität ist eine Vertrauenszutat, die sich gerade dann erkennen lässt, wenn die Rahmenbedingungen am schwersten sind: in Krisen und Konflikten. Wenn die Gemüter bereits erhitzt sind, Interessen gegen Interessen stehen und es darum geht, selbst Stellung zu beziehen. Loyale Menschen halten beständig zu jemandem, in guten wie in schlechten Zeiten. Wird es holprig, dann steigen sie nicht aus, sondern schnallen sich an und machen mit der Person, der sie sich verbunden fühlen, das Beste aus der Situation. Das macht Loyalität zu einer persönlichen Leistung. Ebenso wie Integrität, honorieren andere diese mit Vertrauen.

Loyalität – die Währung der Freundschaft

»Bist du nicht auf meiner Seite, dann bist du gegen mich.« Eine gängige Annahme, die darauf beruht, dass wir häufig Unparteilichkeit mit fehlender Loyalität gleichsetzen. Dabei kann es durchaus gute Gründe geben, sich aus Konflikten herauszuhalten, wie wir später noch im Kapitel Neutralität erfahren werden. Unparteilichkeit kann etwa ein Versuch sein, eine positive Beziehung zu beiden Seiten aufrechtzuerhalten.

Welche Auswirkungen hat es allerdings, wenn sich eine befreundete Person bei einem Konflikt mit Dritten heraus-hält? Und wie wirkt sich dieses Verhalten auf ihre wahrge-nommene Loyalität aus?

Ein amerikanisches Forschungsteam um Alex Shaw von der University of Chicago ging im Jahr 2017 genau diesen Fragen nach. Dazu untersuchten die Wissenschaft-ler anhand von drei Studien, welche Auswirkungen es hat, wenn ein Freund oder eine Freundin dem Konflikt mit einer dritten Person beiwohnt, und variierten deren Ver-halten.

In drei Experimenten sollten sich die Teilnehmenden je-weils einen verbalen Konflikt mit einer Person vorstellen, die sie erst seit Kurzem kannten, und dass währenddessen ein Freund oder eine Freundin anwesend war. Wie sich die befreundete Person während des Konflikts verhielt, wurde dann auf drei verschiedene Arten variiert: Er oder sie stellte sich entweder auf die Seite der Probanden, blieb unparteiisch oder bezog Stellung für die Gegenseite. Im Anschluss daran wurden die Probanden gebeten einzuschätzen, in welcher Weise sich das Verhalten der befreundeten Person auf ihre Freundschaft auswirken würde.

Wie die Forscher erwartet hatten, zeigte sich, dass es sich positiv auf die empfundene Nähe und die Freundschaft auswirkte, wenn sich die befreundete Person auf die Seite des Probanden stellte. Diese Parteinahme wurde als Loyalität interpretiert und von den Probanden als Nähe stiftend und die Beziehung stärkend empfunden.

Hatte sich die befreundete Person hingegen auf die gegnerische Seite gestellt, werteten die Probanden dies als illoyal, und ihr Verhalten wurde von den Teilnehmern der Studie als die Beziehung schwächend und Distanz stiftend empfunden.

Sehr überraschend war allerdings die Einschätzung der Probanden, die sich das unparteiische Verhalten der befreundeten Person vorstellen sollten: Die neutrale Haltung des Freundes oder der Freundin wirkte sich in etwa genauso negativ auf die empfundene Nähe und die Freundschaft aus wie die Unterstützung der Gegenseite. Die Parteilosigkeit wurde von den Probanden somit als Illoyalität gedeutet. Dies führten die Forschenden darauf zurück, dass Freundschaften wie Bündnisse betrachtet werden, in denen Loyalität und emotionale Unterstützung erwartet werden. Bleibt eine befreundete Person bei einem Konflikt mit Dritten unparteiisch, fühlen sich Menschen von ihr im Stich gelassen, und die Beziehung leidet.

In weiteren Studien konnten die Forscher zeigen: Je enger die Beziehung zwischen zwei befreundeten Personen, desto höher ist die Erwartung an gegenseitige Loyalität und emotionale Unterstützung.

Wie aber lösen Menschen in den vertrauensstarken Ländern das Dilemma zwischen Neutralität und Loyalität? Sehr geschickt, wie ich finde: Sie versuchen schlicht von vornherein Konflikte zu vermeiden, denn sie sind grundsätzlich an einem harmonischen Miteinander interessiert. Wo immer möglich setzen sie auf Konsens, anderenfalls auf einen Kompromiss. Deshalb stellt sich die Loyalitätsfrage im Konfliktfall nur sehr selten. Vielleicht eines der Geheimnisse, warum die Menschen anderenorts harmonischere Beziehungen führen und einander leichter vertrauen.

Aufrichtigkeit schafft Vertrauen

Aufrichtigkeit erleichtert uns den Weg ins Vertrauen. Was jedoch ist der Mechanismus dahinter? Haben Sie sich diese Frage schon einmal gestellt?

Verhält sich eine Person integer und loyal, reduziert das für ihr Gegenüber das im Vertrauen liegende Risiko. Wer einem anderen vertraut, der geht immer auch ein Risiko ein, das mit Unsicherheit und Kontrollverlust einhergeht. Denn Vertrauen beginnt dort, wo Sicherheit endet.

Wie wir im Verschwiegenheitsrezept bereits von der Sozialpsychologin Susan Fiske erfahren haben, neigen Menschen dazu, mögliche Risiken gering zu halten. Betrachten wir Aufrichtigkeit unter diesem Aspekt, wird deutlich, warum sie tatsächlich Vertrauen erleichtert.

Nehmen wir beispielsweise Integrität, die Treue gegenüber sich selbst. Handelt eine Person konstant nach ihren eigenen Werten, tut sie das, was sie sagt, wirkt sie auf andere in gewisser Weise vorhersehbar. Sie stärkt ihre eigene »Marke«. Andere erleben sie als kongruent und stimmig, was dazu führt, dass sie ihr Glauben schenken. Glaubwürdigkeit wiederum ist ein wesentlicher Aspekt, damit Menschen einer anderen Person vertrauen.

Der Vertrauensforscher John Butler, den Sie bereits im Rezept für Verschwiegenheit kennengelernt haben, beschreibt Integrität als eine risikomindernde und Sicherheit stiftende Zutat für Vertrauen, die in keiner stabilen Beziehung fehlen darf. Seiner Ansicht nach ist Integrität die Basiszutat, die es braucht, um einer Person zu vertrauen. Denn »ohne das Erkennen eines moralischen Charakters des anderen und einer grundlegenden Ehrlichkeit wären alle anderen Vertrauensfaktoren bedeutungslos«. Zahlreiche andere Studien bestätigen diese Einschätzung.

Was aber bedeutet das für uns und unsere Beziehungen? Integrität zeichnet Personen aus, bei denen Mitmenschen das Risiko gering einschätzen, enttäuscht und verletzt zu werden. Deshalb fällt es uns persönlich leichter, integren Menschen zu vertrauen. Im Umkehrschluss gilt auch: Je integrer wir uns selbst verhalten, je mehr unsere Worte mit unseren Taten übereinstimmen, desto stimmiger wirken wir auf andere und desto leichter fällt es unseren Mitmenschen, uns Vertrauen zu schenken.

Auch Loyalität trägt dazu bei, dass in Beziehungen Vertrauen entsteht, wie mir Antoinette Weibel erklärte. Die renommierte Vertrauensforscherin haben Sie bereits im Kapitel über die Vertrauensmythen kennengelernt. Einen Grund, warum Loyalität Vertrauen begünstigt, sieht sie in der gemeinsamen Historie: »Ob wir jemanden für vertrauenswürdig halten, hängt auch von unserer eigenen Erfahrung mit eben dieser Person ab.« Hat uns jemand beispielsweise in der Vergangenheit bereits den Rücken gestärkt und zu uns gestanden – war er uns gegenüber loyal –, wirkt er auf uns vertrauenswürdiger. Er hat uns gezeigt, dass er da ist, wenn es darauf ankommt. In guten wie in schlechten Zeiten. Das lässt uns annehmen, dass er auch in Zukunft da sein wird, wenn wir ihn brauchen.

Menschen, die sich loyal verhalten, signalisieren ihrem Gegenüber: »Ich bin dir wohlgesinnt.« Wer sich loyal zeigt, der wird von seinen Mitmenschen als Verbündeter wahrgenommen. Von ihm, so glaubt man, geht keine Gefahr aus. Diese Einschätzung sorgt dafür, dass das wahrgenommene Risiko sinkt, der Loyalitätsspender wolle einem schaden, und das wiederum erhöht die Bereitschaft, dieser Person tatsächlich zu vertrauen. Denn, wie wir eingangs von Susan Fiske erfahren haben, Menschen sind nicht sonderlich risikofreudig.

Für uns sind diese Erkenntnisse auf zwei Arten interessant: Einerseits liefern sie uns Hinweise, warum wir bei loyalen Menschen leichter ins Vertrauen gehen können, und bestätigen uns darin, ebendies zu tun. Denn wer anderen aufgrund ihrer Loyalität Vertrauen schenkt, der vertraut klug, weil reflektiert und begründet. Andererseits zeigen diese Erkenntnisse, dass wir mit loyaler Treue anderen gegenüber aktiv und gezielt Rahmenbedingungen schaffen können, die es anderen erleichtern, uns zu vertrauen.

Wir müssen Vertrauen also nicht dem Zufall überlassen. Wir können es aktiv mitgestalten. Das können Sie übrigens leicht selbst überprüfen: Zeigen Sie sich loyal in Ihrem engeren Umfeld, und Sie werden nicht nur Vertrauen ernten, sondern auch Loyalität. Denn Loyalität ist keine Einbahnstraße, sie funktioniert in beide Richtungen.

Aufrichtigkeit –
auf die richtige Mischung kommt es an

Bei all den positiven Aspekten von Aufrichtigkeit wird eines für dieses Vertrauensrezept leicht übersehen: Integrität und Loyalität besitzen durchaus ihre Tücken. Wie beim Kochen gilt: Auf die richtige Mischung kommt es an.

Integrität braucht die richtige Mischung

Unbestritten ist: In den allermeisten Fällen trägt Integrität tatsächlich dazu bei, Vertrauen zu gewinnen. Aber Ausnahmen bestätigen die Regel. Fakt ist: Integer zu sein ist weder per se gut, noch schafft es immer und überall Vertrauen. Der Grund dafür liegt im gängigen Verständnis von Integrität als einer möglichst großen Übereinstimmung des eigenen Handels mit den eigenen Werten – auch Verhaltensintegrität genannt. Welche Werte das sind, das ist jedem selbst überlassen.

Genau genommen haben auch die Attentäter, die am 11. September 2001 zwei Flugzeuge in das World Trade Center in New York flogen, es zum Einsturz brachten und damit Tausende in den Tod rissen, integer gehandelt. Aus ihrer Sicht. Und genau da liegt das Problem: Integrität als konstantes, an eigenen Werten und Normen orientiertes Handeln schafft nur dann Vertrauen, wenn ihr eine menschenfreundliche, wohlwollende Haltung zugrunde liegt.

Jemand, der Toleranz für andere Denk- und Glaubensrichtungen nicht zu seinen Werten zählt, der alles, was nicht seiner Denkart entspricht, verurteilt und ablehnt, der handelt auch dann integer, wenn er fremdenfeindliche Parolen brüllt, sich mit Gleichgesinnten verbündet und menschenverachtende Ansichten vertritt. Beispiele dafür lassen sich leider immer häufiger beobachten.

So aber schafft Integrität sicher kein Vertrauen. Daher müssen wir integres Verhalten mit anderen Zutaten kombinieren. Nur dann kann Integrität ihre positive Wirkung auf Vertrauen entfalten. Die weiteren Rezepte, die selbige zu einem echten Vertrauens-Booster machen, finden Sie ebenfalls in diesem Rezeptbuch. Wenn wir unser eigenes Vertrauensrezept mit Verschwiegenheit, Ehrlichkeit, Respekt, Transparenz und den weiteren Rezepten anreichern, die Sie noch kennenlernen werden, dann ist Integrität eine sehr wirkungsvolle Zutat für gelingende Beziehungen.

Das Dilemma der Aufrichtigkeit: Integrität vs. Loyalität

Loyalität kann uns durchaus Vertrauen kosten. Beispielsweise dann, wenn wir zwar einer Person gegenüber loyal sind, dafür aber bei vielen anderen Menschen auf Unverständnis und Ablehnung stoßen. Wer die Ziele und Vorstellungen einer einzelnen Person vertritt und stützt, dabei allerdings die eigenen Werte verrät, der gilt in den Augen anderer als Mitläufer. Nicht selten werden ihm Blindheit und fehlendes Rückgrat attestiert. Gerade wenn die Person, der er Beistand leistet, moralisch betrachtet nichts Gutes im Schilde führt, läuft er Gefahr, durch die Treue zu einer Person das Vertrauen von vielen anderen Menschen zu verlieren. Wer beispielsweise dem eigenen Chef zur Seite steht, während dieser sich auf unfaire Weise von einem Kollegen trennt, der verhält sich seinem Chef gegenüber zwar loyal, dem Kollegen, der das Unternehmen verlassen muss, hingegen weniger. Haben die Kollegen ein ausgeprägtes Gespür für Gerechtigkeit, wird er mit seinem Verhalten nur Vertrauen verspielen. Tatsächlich geraten wir alle von Zeit zu Zeit in eine Dilemma-Situation. Wir haben die Qual der Wahl: Integrität oder Loyalität. Dazu ein kleines Gedankenexperiment:

Stellen Sie sich vor, ein guter Freund ruft Sie völlig aufgelöst an. Er erzählt Ihnen, dass er gerade ein kleines Kind angefahren hat und von der Unfallstelle geflüchtet ist. Unter Tränen fleht er Sie an: »Ich brauche deine Hilfe! Bitte! Ich brauche ein Alibi. Du bist meine letzte Rettung!«

Sie sind hin- und hergerissen: Prinzipiell sind Sie immer für Ihre Freunde da, stärken ihnen den Rücken. Aber in diesem Fall? Können Sie es mit Ihrem Gewissen vereinbaren, einen Unfall – und dann auch noch mit einem Kleinkind – zu decken?

Sie stecken in einem Dilemma: Verhalten Sie sich Ihrem Freund gegenüber loyal, verraten Sie Ihren eigenen Sinn für Gerechtigkeit. Denn Fahrerflucht ist für Sie ein Unding.

Andererseits: Wenn Sie ihm ein Alibi geben, das Kind ist ohnehin verletzt, Sie können die Tat nicht rückgängig machen und fügen keinem einen direkten, körperlichen Schaden zu.

Nehmen wir an, Sie entscheiden sich am Ende dafür, Ihren verzweifelten Freund zu decken, und geben ihm tatsächlich ein Alibi für die Tatzeit. Und dann? Wie fühlen Sie sich? Trotz oder gerade aufgrund Ihrer Loyalität? Denn im Sinne der Definition verhalten Sie sich absolut loyal. Was aber, wenn Ihre Beihilfe zur Vertuschung ans Licht kommt? Nicht nur, dass Sie sich damit selbst strafbar machen. Was wird Ihr Freundeskreis sagen? Wie wird Ihr Partner reagieren?

Fakt ist: Wenn die Geschichte herauskommt, werden Sie bei anderen schnell an Vertrauen verlieren. Da hilft es Ihnen wenig, Ihrem Freund gegenüber loyal gewesen zu sein.

Loyalität ist also durchaus mit Vorsicht zu genießen. Sie entbindet uns nie von der Verantwortung für unser eigenes Handeln. Wir müssen loyales Verhalten mit uns selbst ausmachen. Wer spontan häufig zu loyal ist, hat später

Schwierigkeiten, mit einem guten Gefühl in den Spiegel zu schauen.

Steven Covey, amerikanischer Managementexperte und Autor, schreibt in seinem Buch *Schnelligkeit durch Vertrauen* sinngemäß: Indem wir uns einer Person gegenüber loyal verhalten, können wir das Vertrauen vieler anderer gewinnen. Ich stimme ihm zu, möchte allerdings ergänzen: Indem wir uns einer Person gegenüber loyal verhalten, können wir auch das Vertrauen vieler anderer verspielen. Nicht zuletzt das Vertrauen in uns selbst. Gerade dann, wenn wir Dinge tun oder billigen, die gegen unsere eigene Überzeugung verstoßen. Ein moralisches Dilemma?

Grenzenlose Loyalität darf eben nicht in gedankenloses Handeln abgleiten. Das schadet nicht nur anderen, sondern vor allem auch uns selbst. Wer schon einmal von Gewissensbissen heimgesucht wurde, der weiß, wovon ich spreche. Deshalb sollten wir unserer Loyalität beides – Verantwortung und Integrität – zur Seite stellen. Basiert Letztere auf einer wohlwollenden Haltung, hilft sie uns, Entscheidungen zu treffen, die uns langfristig vertrauenswürdig machen. In unseren Augen und in den Augen anderer.

Wie auch bei den bisherigen Rezepten gilt für Aufrichtigkeit die Devise, Maß zu halten. Die Frage ist nicht, ob wir aufrichtig sein sollten, sondern eher, in welcher Situation, gegenüber wem und in Bezug auf was. Das Rezept für Empathie, das Sie noch kennenlernen werden, kann helfen, die Zutaten Loyalität und Integrität richtig zu dosieren. Dann klappt es auch mit dem Vertrauen.

Aufrichtigkeit in anderen Ländern

Wie aber sieht es in anderen Ländern aus, wenn es um Aufrichtigkeit geht? In welchen Ländern ist man besonders integer und loyal?

Welchen Zusammenhang gibt es zwischen der Aufrichtigkeit und dem gegenseitigen Vertrauen der Bewohner eines Landes? Und was können wir in diesem Punkt von Vertrauensländern der Welt lernen? Mich jedenfalls haben die Antworten auf diese Fragen zum Teil überrascht.

Schweiz: Alles sauber?!

Ein Land, in dem Aufrichtigkeit großgeschrieben wird, ist die Schweiz. Woran man das unter anderem erkennt? An den Straßen, Bürgersteigen und Bahnhöfen. Im Grunde an allen öffentlichen Orten. Keine Kaugummis und Zigarettenstummel auf den Wegen, keine leeren Verpackungen in Vorgärten. Selbst der Papiermüll wird fein säuberlich zu kleinen Päckchen geschnürt und an die Straße gestellt. Selten habe ich ein so sauberes Stadtbild gesehen wie in Zürich, Bern oder Winterthur. Warum aber ist das so? Haben die Schweizer Angst vor Bußgeldern? In Singapur beispielsweise drohen hohe Geldstrafen, wenn man eine Zigarette oder ein Kaugummi auf die Straße wirft. Sind Sanktionen etwa der Grund für die Reinheit der Schweizer Städte? Oder haben diese einfach eine Straßenreinigung, die rund um die Uhr im Einsatz ist?

Weder noch, wie ich von Gerry Weber erfuhr. Falls Sie sich jetzt denken: »Den Namen kenne ich doch«, dann liegt das vermutlich daran, dass Gerry denselben Namen wie eine große Modekette trägt. Seine Antwort auf meine Frage, ob das Verwandtschaft ist: »Mit dem Modelabel habe ich nichts am Hut.« Ein Wortspiel, das nicht nur etwas über Gerrys Humor verrät, sondern auch gut zu seinem Beruf passt: Er ist Schauspieler für Improtheater. Ursprünglich kommt er aus Deutschland, lebt seit fast zehn Jahren in Zürich und kennt sich mit den Gepflogenheiten der Schweizer aus. Vielleicht hatte er gerade deshalb eine Antwort auf meine Frage, warum unsere Landesnachbarn so sehr auf Sauberkeit achten.

»Die Schweizer reden nicht nur über Naturschutz, sie leben ihn. Im Großen wie im Kleinen. Das fängt tatsächlich bei dem an, was jeder selbst in der Hand hat: die Entsorgung seines Mülls. Das machen wir hier gewissenhaft. Nicht alle aus persönlicher Überzeugung, um ehrlich zu sein. Manche eher aus Respekt vor anderen, denn Umweltschutz ist vielen Schweizern ein Anliegen. Wir halten uns eben an das, was den meisten Menschen wichtig ist. Auf Sauberkeit zu achten ist eine Art Loyalität anderen gegenüber.«

Sich an gemeinsame Regel zu halten, weil sie anderen etwas bedeuten, und nicht nur große Reden zu schwingen, sondern selbst aktiv zu werden: Die Schweizer haben das Rezept von Aufrichtigkeit verstanden.

Ein paar Tage nach dem Gespräch mit Gerry fiel mir ein Plakat ins Auge: eine Anti-Müll-Kampagne der Stadt für ein »Sauberes Zürich«. Der Slogan, der groß auf dem Plakat prangte: »Schwarz entsorgen ist unfair, illegal und strafbar.« Darunter der Satz: »Wer illegal entsorgt, verhält sich unfair gegenüber allen, die ihren Abfall korrekt bereitstellen.« Werbung, die auf Fairness und Gesetzestreue setzt, das gibt es wohl nur in der Schweiz. Vielleicht deshalb, weil den Einwohnern beides wichtig ist.

Übrigens ist das Thema »Müll« nur eines von vielen Beispielen für Aufrichtigkeit, auf die ich in der Schweiz gestoßen bin. Ich habe es ausgewählt, weil es zeigt, dass Integrität und Loyalität im Kleinen beginnen. In kleinen Gesten, in den alltäglichen Begegnungen. Auf den ersten

Blick geht es hier nur um Müll. Auf den zweiten Blick jedoch um deutlich mehr: Es geht um die Treue gegenüber gemeinsamen Werten und ein damit verbundenes Wohlwollen den Mitmenschen gegenüber. Das macht Aufrichtigkeit aus.

Wie uns Aufrichtigkeit auch im Alltag gelingt, ist sicher etwas, was wir von den Schweizern lernen können. Nicht nur beim Thema »Sauberkeit«.

Dänemark: Wo man auf Aufrichtigkeit vertraut

Auch in Dänemark legt man viel Wert auf Aufrichtigkeit. Als Kind verbrachte ich viele Sommerurlaube mit meiner Familie in Dänemark. Schon damals haben mich die zahlreichen kleinen Stände am Straßenrand fasziniert, an denen Obst, Gemüse und Blumen verkauft werden. Das Besondere daran: Personal am Stand sucht man vergeblich. Während in Deutschland in der Erdbeer- und Spargelzeit kleine Bauernstände das Straßenbild zieren, die stets mit mindestens einer Servicekraft besetzt sind, funktioniert der Standverkauf in Dänemark ganz ohne Personal. Wer etwa Obst oder Gemüse mitnimmt, der wirft den entsprechenden Betrag einfach in eine kleine Blechdose.

Warum diese Art von Verkauf funktioniert, erklärte mir Sophie, eine junge Dänin, mit der ich in Kopenhagen über das Phänomen der Straßenstände sprach. »Kontrolliert wird bei uns nicht, hier gilt das Vertrauensprinzip. Wie auch bei unseren offenen Haus- und Autotüren gehen wir von der Aufrichtigkeit unserer Mitmenschen aus. Und das Ergebnis spricht für sich. Ich habe hier noch nie mein Auto abgeschlossen. Und es ist noch da.«

Erinnern Sie sich noch an den kurzen Integritätstest von vorhin? »Was würden Sie tun, wenn niemand zusieht?« Um beim Bild der Straßenstände zu bleiben: Zahlt man den angegebenen Preis für Obst und Gemüse, oder prellt man die Zeche? In Dänemark stellt sich die Frage erst gar nicht. Es ist eine Selbstverständlichkeit, den Preis für die Produkte zu zahlen, der am Stand angeschlagen ist. Und wer kein passendes Wechselgeld dabeihat, der wirft eben mehr Geld in die Blechdose. Nur eines von vielen Beispielen für dänische Aufrichtigkeit. Den Integritätstest würden die Menschen in Dänemark sicherlich mit Bravour bestehen. Und wer es bereits bei so kleinen Dingen mit der Aufrichtigkeit genau nimmt, dem traut man auch in großen Dingen leichter über den Weg. Mich wundert es deshalb nicht, dass Dänemark seit Jahren einen festen Platz auf dem Treppchen der vertrauensvollsten Länder der Welt hat. Dafür tun die Dänen auch einiges. Sie zeigen: Aufrichtigkeit beginnt in den kleinen Dingen. Sicher ein Aspekt, den wir für unsere eigenen Beziehungen im Hinterkopf behalten können.

International: Korruption und Vertrauen
Werfen wir zum Abschluss dieses Kapitels noch einen Blick auf die Aufrichtigkeit im internationalen Vergleich und betrachten die Korruptionsrate. Welcher Zusammenhang zwischen Aufrichtigkeit und Korruption besteht, können wir leicht verstehen, wenn wir uns die Hintergründe für Bestechlichkeit und Vorteilsnahme ansehen. Beides setzt voraus, dass man mehr an sich denkt als an die Gemeinschaft und Gesetze bricht, um sich persönlich zu bereichern. Wer sich korrupt verhält, ist somit weder moralisch integer noch dem Gesetz und der Gemeinschaft gegenüber loyal. Damit lässt die Korruptionsrate indirekt erkennen, wie es um die Aufrichtigkeit in einem Land bestellt ist.

Blicken wir mit diesem Wissen auf den *Corruption Perceptions Index* (CPI), die bekannteste internationale Korruptionsstudie, erfahren wir also auch etwas über die

Aufrichtigkeit in den gelisteten Ländern. Je höher ein Land im Ranking abschneidet, desto geringer ist die in Politik und Verwaltung wahrgenommene Korruption.

Seit Jahren tummeln sich die üblichen Verdächtigen an der Spitze des Rankings und belegen damit die vorderen Plätze der am wenigsten korrupten Länder. Stets ganz vorne mit dabei: Schweden, Dänemark, Norwegen, die Schweiz, die Niederlande und Kanada – also die Länder, in denen Menschen ein hohes Grundvertrauen in andere haben.

Das ist kein Zufall, wie Eric Uslaner, Professor für Politikwissenschaften an der University of Maryland, in verschiedenen Studien zeigen konnte. Seit Jahren erforscht er den Zusammenhang zwischen Korruption und Vertrauen und fand heraus: In den Ländern, in denen die Menschen ein hohes Vertrauen in den Staat und das politische System haben, ist auch das generelle Vertrauen in andere Menschen höher. Denn unter sicheren, vertrauenswürdigen Rahmenbedingungen fällt es Menschen leichter, auch ihren Mitmenschen zu vertrauen.

Uslaner konnte außerdem zeigen: Vertrauen die Bewohner eines Landes dem Staat und dessen Politik, sind sie eher bereit, Gesetze zu befolgen sowie sich moralisch integer und loyal verhalten. Das wiederum macht es den Menschen untereinander leichter, sich gegenseitig zu vertrauen.

Gerade in Skandinavien ist das Vertrauen in den Staat seit Jahren hoch und stabil. Die Menschen in Schweden, Dänemark und Norwegen halten ihre Politiker für integer, glauben, dass Steuern sinnvoll verwendet werden und dem Wohle aller zugutekommen. Dieses hohe Vertrauen in den Staat wirkt sich positiv auf das Vertrauen in der Bevölkerung aus – von Mensch zu Mensch. Sicher ein Grund, warum die skandinavischen Länder seit Jahren das Ranking der vertrauensstärksten Länder anführen.

So unterschiedlich die Facetten von Aufrichtigkeit von Land zu Land auch sind: In den vertrauensstarken Ländern hat dieses Vertrauensrezept einen gemeinsamen Nenner: den Sinn für eine gute Gemeinschaft. Verhaltensweisen, die als unfair oder unaufrichtig gelten und die Harmonie im Miteinander stören, werden vermieden. Vielleicht ist das eines der Geheimnisse hinter dem großen Vertrauen der Menschen ineinander, das in diesen Ländern herrscht.

7. Rezept:
UNTERSTÜTZUNG

Stellen Sie sich vor, Sie hatten einen richtig harten Tag. Ein Termin jagte den anderen, Ihr E-Mail-Postfach quoll über, und ein Kunde raubte Ihnen den letzten Nerv. Als Sie abends nach Hause kommen, sind Sie völlig erschöpft. Alles, was Sie jetzt noch wollen, sind Ruhe, etwas zu essen und die *Tagesschau*. Sie kommen ins Wohnzimmer, und dort sitzt Ihr Partner auf dem Sofa. Binnen Sekunden ist klar: Da hatte jemand einen noch schlechteren Tag als Sie. Was tun Sie?

Sie haben zwei Möglichkeiten. Erstens: Sie halten an Ihrem Plan fest und tun so, als hätten Sie nichts bemerkt. Sie schalten auf Durchzug, denn Probleme sind gerade das Letzte, was Sie wollen. Vielleicht haben Sie nicht einmal ein schlechtes Gewissen, schließlich hatten auch Sie einen harten Tag.

Die zweite Möglichkeit: Sie fassen sich ein Herz, werfen

Ihre Abendplanung über Bord, setzen sich zu Ihrem Partner aufs Sofa und sagen: »Hey, Schatz, was ist los?« Und noch bevor Sie diesen Satz ausgesprochen haben, wissen Sie: Der Abend ist gelaufen. Sie werden keine Ruhe haben, sondern lange reden. Sie werden keine *Tagesschau* sehen, nicht einmal die Wiederholung in 100 Sekunden. Und vermutlich werden Sie nicht einmal die Zeit finden, etwas zu essen. Für welche Wahlmöglichkeit entscheiden Sie sich?

Warum diese Frage relevant ist: Im Alltag sind es oft kleine Momente wie dieser, die darüber entscheiden, ob wir Vertrauen gewinnen oder verlieren. Vertrauen baut sich langsam auf, wächst – oder erodiert mit der Zeit. Welchen Weg wir nehmen, haben wir zu einem großen Teil selbst in der Hand.

Warum das so ist, wird besonders deutlich, wenn wir die Perspektive wechseln. Stellen wir uns vor, wir sind die Person auf dem Sofa und hatten einen miserablen Tag. Wie schön ist es gerade dann, wenn sich da jemand uns zuwendet und sagt: »Hey, Schatz, was ist los?« Wenn wir eine Schulter zum Anlehnen haben und jemanden, der uns Mut zuspricht, der sagt: »Kopf hoch, wir kriegen das gemeinsam hin.«

Wenn wir uns gesehen fühlen in unserer Traurigkeit, in unserem Schmerz, wenn uns jemand Zeit schenkt, obwohl er selbst gerade keine hat, wenn er für uns da ist, gerade an Tagen, an denen wir glauben, keine gute Gesellschaft für andere zu sein, dann passiert etwas Magisches: Dann entsteht Nähe, dann entsteht Verbindung – und dann entsteht Vertrauen.

Machen wir so eine Erfahrung, fühlen wir uns geborgen. Und sollte die Welt auf dem Kopf stehen, wir haben eine Schulter, an die wir uns anlehnen, und Arme, in die wir uns fallen lassen können. Wie schön ist der Gedanke: »Jetzt schaffe ich das. Ich weiß zwar noch nicht, wie, aber irgend-

wie wird es gehen.« Was auch immer unser Ausgangspro-
blem war: Nach dem vertrauten Gespräch wirkt es kleiner
und leichter – weil es jemanden gibt, der gemeinsam mit
uns die Last des Alltags trägt. Worum es an dieser Stelle
geht: Unterstützung.

Definition von Unterstützung

Unterstützung ist die Fähigkeit und Bereitschaft, jemand
anderem unsere Hilfe anzubieten – oder diese zu leisten,
wenn er uns darum bittet. Es ist ein Geschenk an unser
Gegenüber, gegeben aus freien Stücken und ohne eine Gegenleistung zu erwarten. Unterstützung gilt nicht nur als
positive Charaktereigenschaft, die uns vertrauenswürdig
macht, sondern ist auch eine Fähigkeit, die uns angeboren
ist und die wir trainieren können.

Wie wir Unterstützung praktizieren können

Woran aber erkennen wir, dass Menschen uns aktiv unterstützen oder bereit sind, dies zu tun? Und wie können wir
selbst Unterstützung im Alltag praktizieren?

Menschen empfinden uns als unterstützend:
*… wenn wir anderen helfen, ohne eine Gegenleistung zu
erwarten.*
Wenn wir uns anderen widmen, weil sie uns selbst darum
bitten oder weil wir sehen, dass sie unsere Hilfe brauchen. Und zwar uneigennützig, ohne eine Gegenleistung zu erwarten.
*… wenn wir Freude daran haben, dass andere wachsen und
lernen.*
Wenn wir andere nach eigenen Kräften und Möglichkeiten in ihrer Entwicklung unterstützen. Wenn wir ihnen

Erfolge gönnen und uns mit ihnen freuen, anstatt neidisch und missgünstig zu sein.

... wenn wir unsere eigenen Interesse für die von anderen zurückstellen.

Wenn wir selbstlos handeln und das Wohl anderer in den Vordergrund rücken. Wenn wir bereit sind, unsere eigenen Pläne zu ändern, weil wir merken, dass jemand anderes uns gerade dringender braucht.

Handeln wir diesen Verhaltensweisen entsprechend, ist unser Umfeld deutlich eher bereit, uns zu vertrauen.

Bevor wir allerdings jemanden unterstützen können, müssen wir zunächst bemerken, dass der andere Hilfe braucht. Das klingt einfach, ist es aber nicht. Manchmal ist es offensichtlich: die ältere Dame vor dem Supermarkt, die sich vergeblich bemüht, ihre Tasche in den Fahrradkorb zu heben, und eine helfende Hand gebrauchen kann. An anderer Stelle ist es hingegen deutlich schwieriger: Nicht jedem können wir von der Nase ablesen, dass er oder sie sich Unterstützung wünscht. Beispielsweise, wenn jemand Zuspruch braucht, sich etwas von der Seele reden will, einen Rat benötigt oder einfach nur das Gefühl haben möchte, mit seinem Problem nicht allein zu sein. Diese Art der Not lässt sich oft nur schwer erkennen, denn »Ich brauche Hilfe« steht keinem von uns auf die Stirn geschrieben. Hinzu kommt, dass die meisten von uns deutlich besser darin sind, Hilfe zu leisten, als selbst darum zu bitten. So bleibt der stille Wunsch nach Beistand oft genau dies: ein Wunsch.

Deshalb ist der erste Schritt, mit offenen Augen durch die Welt zu gehen. Nur wenn wir sensibel sind für die Bedürfnisse und Nöte anderer, können wir helfen. Und wenn wir uns unsicher sind, bleibt immer noch eines: Wir können fragen. Niemand weiß so gut, ob und welche Hilfe er braucht, wie die Person, um die es geht. »Wie kann ich dich unterstützen?« ist eine Frage, die viele Türen öffnet und Vertrauen schafft.

Der zweite notwendige Schritt, selbst aktiv zu unterstützen, ist die Entscheidung, es zu tun. Unterstützung beginnt im Kopf. Was simpel klingt, ist nicht immer einfach, wie viele Studien bestätigen. Wer kennt sie nicht, die zahlreichen Experimente, in denen Menschen augenscheinlich in Gefahr schwebten, Hilfe brauchten und in denen andere wegsahen, die Not des anderen schlicht ignorierten oder aus welchen Gründen auch immer nicht zu Hilfe eilten. Oft sind wir mit uns selbst so beschäftigt, dass wir entweder die Nöte anderer nicht erkennen können oder nicht erkennen wollen. Wenn wir jedoch grundsätzlich die Entscheidung treffen, für andere da zu sein, dann fällt es uns deutlich leichter, die Anzeichen wahrzunehmen, die Menschen in Not aussenden: Das können eine kraftlose Stimme, ein gesenkter Blick oder auch hängende Schultern sein. Oder eine abweisende Haltung, denn wer sich entmutigt fühlt, stellt wie ein Igel bei Gefahr oft die Stacheln auf. Lassen Sie sich nicht täuschen, sondern behalten Sie die Ihnen vertrauten Menschen im Blick. Die Entscheidung, grundsätzlich hilfsbereit zu sein, ist der entscheidende Faktor.

Und zuletzt gilt wie bei vielem: Übung macht den Meister. Wer mit offenen Augen durch die Welt geht und die Entscheidung getroffen hat, andere zu unterstützen, der braucht Übung. Oft werde ich gefragt, welche Situationen sich denn besonders dafür eignen. Die Antwort lautet: Alle. Unser Tag ist voller Gelegenheiten, in denen wir andere unterstützen können. Dabei geht es nicht um große Gesten, sondern um die kleinen Momente des Alltags, in denen wir anderen helfend zur Hand gehen können: dem Kollegen morgens einen Kaffee mitbringen, jemandem die

Tür aufhalten oder die Mülltonnen des Nachbarn wieder in die Garage stellen, nachdem die Müllabfuhr da war. Das sind nur einige dieser kleinen Momente, in denen wir durch winzige Wohltaten uns selbst und anderen ein Lächeln ins Gesicht zaubern können. Damit machen wir nicht nur das Leben anderer, sondern auch unser eigenes erfüllter, denn kaum etwas versetzt unser Gemüt in eine solche Hochstimmung, wie jemandem zu helfen. Wer sich regelmäßig für andere engagiert, kann davon sogar »high« werden. Im übertragenen Sinne.

»Helper's High« nennen Psychologen die euphorische Stimmung, wenn wir anderen helfen. Entdeckt wurde das Phänomen von Allan Luks, einem US-Amerikaner, der seit mehr als dreißig Jahren zu den Effekten von sozialem Engagement forscht. In einer von ihm 1988 veröffentlichten Studie mit 3296 Teilnehmern konnte Luks zeigen, dass Menschen, die sich für andere regelmäßig ins Zeug legen, nicht nur im Tun selbst ein Hochgefühl empfinden. Sie sind auch noch Stunden, mitunter sogar Tage nach ihrem Einsatz für andere in einer positiven Gestimmtheit.

Und nicht nur das. Im Jahr 2011 konnte Luks anhand einer weiteren Studie zeigen: Je öfter wir uns in Hilfsbereitschaft üben, desto stärker wird der positive Effekt auf unser subjektives Wohlbefinden. Wer sich regelmäßig, mindestens einmal pro Woche, anderen unterstützend zuwendet, der fühlt sich zehnmal so gesund wie Menschen, die sich zwar regelmäßig, jedoch nur im Jahresrhythmus – etwa mit einer Weihnachtsaktion – für andere engagieren.

Regelmäßig für andere da zu sein zahlt sich also nicht nur für unsere Beziehungen aus. Auch unsere Gesundheit profitiert davon. Gründe genug, uns genauer anzusehen, auf welche Weise wir im Alltag andere unterstützen können.

Damit Sie wissen, wie Sie unterstützend agieren und wem Sie guten Gewissens vertrauen können, weil er die Kunst der Unterstützung beherrscht, mache ich Sie gerne mit den einzelnen Zutaten für das entsprechende Rezept vertraut.

Zutaten für Unterstützung

Wie sich Unterstützung praktizieren lässt, ist ebenso vielfältig wie wir Menschen selbst. Drei wesentliche Zutaten helfen uns allerdings, unterstützende Menschen zu erkennen und selbst derart zu agieren:

Emotionale Unterstützung

Eine sehr wirkungsvolle Zutat für das Unterstützungsrezept ist die emotionale Unterstützung. Woran wir sie erkennen? Menschen, die andere auf diese Weise unterstützen, sind für ihre Mitmenschen da. Sie helfen gerne und fragen aktiv nach, ob ihre Hilfe gebraucht wird. Oft besitzen sie ein feines Gespür dafür, was jemandem gerade fehlt.

Sie werden feststellen: Gerade emotionale Unterstützung begegnet uns oft bei Menschen, die das Empathierezept gut beherrschen. Denn um für jemanden emotional da zu sein, hilft es sehr zu spüren, was im Gegenüber vor sich geht. In unserem Alltag lassen sich emotionale Unterstützer etwa an diesen Verhaltensweisen erkennen: Sie bieten jemandem ein Ohr, wenn dieser reden möchte, oder eine Schulter zum Anlehnen, wenn es ihm schlecht geht. Manchmal trösten sie auch und trocknen Tränen, wenn jemand traurig ist. Eine andere, nicht weniger wirkungsvolle Art, emotional für einen Mitmenschen da zu sein: eine Postkarte mit ein paar persönlichen Zeilen zu verschicken, wenn der Empfänger der Karte Aufmunterung gebrauchen kann. Und was im Zeitalter der Digitalisierung natürlich nicht fehlen darf: die Unterstützung in den sozialen Netzwerken wie Facebook, Instagram, Twitter und Co. Dort teilen, tweeten und liken die emotionalen Unterstützer fleißig Beiträge von anderen, um ihnen digital den Rücken zu stärken.

Praktische Unterstützung

Auch praktische Unterstützung gehört zu den Zutaten für dieses Vertrauensrezept. Sie ist oft so alltäglich, dass es nicht viel braucht, um diese Zutat zu verstehen. Jemand, der anderen praktische Hilfe anbietet, packt selbst mit an. Das kann etwa das Tragen der Tasche, das Blumengießen während des Urlaubs oder auch das Übernehmen des Wocheneinkaufs ein. Beispiele gibt es viele.

Auch hier werden Sie feststellen: Praktische Unterstützung begegnet uns häufig bei Menschen, die empathisch sind und sich deshalb gut in andere hineinversetzen können.

Besonders wirkungsvoll ist diese Zutat, wenn das Gegenüber nicht darum gebeten hat, sondern wenn der Handelnde von sich aus aktiv wird. Praktische Hilfe, die aus eigenem Antrieb heraus geschieht, ist ein echter Vertrauensstifter und stärkt die gemeinsame Beziehung.

Gönnen

Die dritte Zutat für das Unterstützungsrezept ist das Gönnen. Woran wir es im Alltag erkennen? Menschen, die die Kunst des »Gönnenkönnens« beherrschen, liegt etwas daran, dass es anderen gut ist. Sie können sich mit anderen freuen, beispielsweise wenn diese sich weiterentwickeln oder einfach eine gute Zeit haben. Mit ihrem Zuspruch für das Glück des Gegenübers stärken sie die gemeinsame Beziehung.

Die Zutat des Gönnens ist somit eng mit der Respektszutat Wohlwollen verknüpft, denn die grundlegende Haltung hinter dem Gönnen ist das ehrliche Interesse daran,
dass es anderen gut geht.

Sich mit jemandem zu freuen ist etwas, das in unserer
schnelllebigen Welt immer seltener Platz findet. Schon bei
eigenen Erfolgen nehmen wir uns oft zu wenig Zeit, um
sie zu genießen. Stattdessen hecheln wir bereits dem
nächsten Ziel hinterher, um auch das so schnell wie möglich zu erreichen. Dabei verpassen wir es zumeist, innezu-
halten, auf das zu blicken, was wir erreicht haben, und den
Erfolg zu genießen, um anschließend gestärkt weiterzu-
machen. Ähnlich verhält es sich auch mit den Erfolgen
und Glücksmomenten anderer. Dabei ist die Wahrnehmung von kleinen Freuden auch im Leben der anderen
und der Hinweis, dass wir den anderen diese Freuden gönnen, ähnlich vertrauensstiftend wie die emotionale Unterstützung bei Problemen und Krisen. Sich mit jemandem
zu freuen, ihm das Beste zu wünschen, denn genau darum
geht es beim Gönnen, ist eine wichtige Vertrauenszutat,
die oft unterschätzt wird – und vielleicht gerade deshalb
immer seltener zu finden ist. Dabei kennen wir das doch
alle: Wie gut tut es, wenn wir nach harter Arbeit nicht
alleine auf unseren Erfolg blicken. Wenn wir mit anderen
gemeinsam die Früchte unserer Arbeit genießen können,
davon berichten und spüren, dass diese sich von Herzen
mit uns freuen.

Mit diesem Wissen fällt es uns sicher beim nächsten Mal
leichter, selbst in die Rolle des Gönners zu schlüpfen. Denn
andere zu unterstützen ist wie das Öl unserer Beziehungen: Es hilft, Reibungen zu vermeiden, und sorgt für
Langlebigkeit. Als Belohnung für unseren Einsatz erhalten
wir oft etwas sehr Wertvolles. Etwas, das wir weder kaufen
noch einfordern oder erzwingen können: Vertrauen.

Unterstützung schafft Vertrauen

Warum aber neigen Menschen dazu, Personen zu vertrauen, die sich hilfsbereit zeigen und sie aktiv unterstützen?

Unterstützung reduziert das im Vertrauen liegende Risiko. Wer einem Mitmenschen vertraut, der entscheidet sich im selben Zug für Unsicherheit, denn Vertrauen beginnt stets dort, wo Sicherheit und Wissen enden. Wie wir bereits zu Beginn der Vertrauensrezepte erfahren haben, sind Menschen nicht gerade risikoaffin und streben intuitiv nach Sicherheit. Wie viel sie davon brauchen, das ist von Mensch zu Mensch verschieden. Fakt ist jedoch: Wir alle haben ein Grundbedürfnis danach und handeln dementsprechend.

Vor diesem Hintergrund wird deutlich, warum Unterstützung tatsächlich Vertrauen erleichtert, denn sie ist ein Zeichen von Wohlwollen. Da Unterstützern daran gelegen ist, dass es anderen gut geht, halten ihre Mitmenschen sie nicht für ein ernst zu nehmendes Risiko für das eigene Wohlbefinden. Damit mindert ein Unterstützer durch sein Verhalten die Gefahr, die andere in ihm wittern. Infolgedessen sind diese schneller bereit, dem Helfer über den Weg zu trauen. Unterstützung vermittelt also demjenigen, der sie genießt, eine Form von Sicherheit in Bezug auf die gute Absicht seines Gegenübers. Und das wiederum macht es ihm leichter, seinem Unterstützer zu vertrauen.

Unterstützung stillt zudem das menschliche Grundbedürfnis nach Nähe und Zugehörigkeit. Und zwar selbst dann, wenn sie nicht in Anspruch genommen wird, sondern nur in Anspruch genommen werden *könnte*. Der Grund ist simpel: Wir Menschen sind soziale Wesen und sehnen uns von Natur aus nach Zuneigung, Anerkennung, Zugehörigkeit und Sicherheit. Fühlen wir uns diesbezüglich gut versorgt, etwa wenn wir den Rückhalt von anderen spüren, sind wir zufriedener und entspannter – und dann fällt es uns leichter, das im Vertrauen liegende Risiko einzugehen.

Ist es nicht so: Wohlwollende Unterstützung zeichnet die wertvollsten Beziehungen in unserem Leben aus. Denken Sie doch einmal an eine Person, der Sie wirklich vertrauen: an ein Familienmitglied, den eigenen Partner, einen Freund oder eine Kollegin. Und nun beantworten Sie für sich bitte die folgenden drei Fragen: Unterstützt diese Person mich, wenn ich Hilfe brauche? Freut sie sich mit mir, wenn ich mich weiterentwickele? Ist sie bereit, ihre Interessen für die meinen zurückzustellen? Wenn Sie diese drei Fragen alle mit Ja beantworten, dann erleben Sie diese Person als unterstützend. Sicher ein Grund, warum Sie ihr Vertrauen schenken.

Diesen Zusammenhang zwischen Unterstützung und Vertrauen können Sie selbst ganz einfach erfahren. Zeigen Sie sich helfend in Ihrem engeren Umfeld, und Sie werden schon bald die positiven Reaktionen ernten.

Wie wichtig gerade emotionale Unterstützung für die Vertrauenspflege und gelingende Beziehungen ist, das können wir unter anderem aus der Paarforschung lernen. John Gottman, Psychologieprofessor an der University of Washington, gilt als der Papst unter den Paarforschern. Der heute fast Achtzigjährige untersucht seit mehr als vierzig Jahren die Zutaten für glückliche und stabile Paarbeziehungen. Er fand heraus: Es sind vor allem die kleinen Momente des Alltags, in denen wir Vertrauen gewinnen – oder verspielen.

Er nennt diese winzigen Situationen in unserem Alltag »Schiebetür-Momente«, weil sie darüber entscheiden, wie eine Beziehung sich entwickelt. Tür auf oder Tür zu. Sich von jemandem abzuwenden oder sich ihm zuzuwenden. Das kann ein einzelner Blick oder eine kurze Berührung sein. Diese machen laut Gottman den kleinen, aber feinen Unterschied aus, ob Vertrauen in Beziehungen wächst oder erodiert. Seine Entdeckung machte er mit mehr als 3000 Paaren am »Love Lab«, einem Forschungszentrum für Paarbeziehungen an der University of Washington, das er seit 1986 persönlich leitet. In seinem Buch *Die Vermessung der Liebe: Vertrauen und Betrug in Paarbeziehungen* aus dem Jahr 2014 beschreibt Gottman diese winzigen Momente des Alltags, die darüber entscheiden, ob die wichtigsten Beziehungen in unserem Leben wachsen oder zerbrechen. Gottmans Forschung belegt, welche Wirkung emotionale Unterstützung bereits in den flüchtigen Augenblicken haben kann.

Wie wichtig emotionale Unterstützung für gelingende Beziehungen ist, das habe ich auch von zahlreichen Interviewpartnern auf meinen Reisen gehört. In jedem Land, in das ich gereist bin, befragte ich Menschen, warum sie anderen vertrauen. Häufig waren es die einfachen, oft sogar alltäglliche Dinge, die ich als Antwort erhielt: »Mein bester Freund freut sich mit mir, wenn mein Fußballteam gewinnt. Deshalb vertraue ich ihm.« Oder: »Ich vertraue meiner großen Schwester, weil sie mich grüßt, wenn ich ihr auf dem Schulhof begegne. Eigentlich ist das uncool, aber sie macht es trotzdem.« Oder auch: »Ich vertraue meinem Chef, weil er mir ansieht, wenn ich total gestresst bin, und mir einfach wortlos einen Kaffee auf den Schreibtisch stellt.« Diese und viele andere kleine Momente sind es, in denen wir das unterstützende Wohlwollen anderer spüren – und das schafft Verbundenheit. Es sind oft die flüchtigen Alltagsmomente – eine Bemerkung, ein Lachen, ein Gruß, ein Zuspruch, eine Ablehnung – die unsere Beziehungen formen. Die Beziehungsqualität ist damit immer auch das Ergebnis vieler kleiner Augenblicke, die wir gemeinsam mit einer Person erleben. Eine Begegnung auf Reisen. Die richtige Frage im passenden Augenblick. Eine freundliche Geste. Wenn wir genau hinsehen, dann können wir diese kleinen Augenblicke entdecken, in denen wir dazu beitragen, dass Vertrauen entweder stabilisiert oder erodiert. Es sind Momente, die wir mit anderen teilen, in denen wir durch ein »Ich liebe dich« oder ein »Mensch, hast du die Schuhe zu der Hose gesehen?« versuchen, eine Verbindung herzustellen, und auf eine Reaktion des anderen hoffen: auf einen Kuss, einen Blick in die Augen, eine Umarmung, ein gemeinsames Lachen oder einfach Anerkennung. Wenn unser Gegenüber nicht darauf reagiert oder sich gar abwendet, deuten wir das als persönliche Ablehnung, das Gegenteil von respektvoller Anerkennung. Diese Zurückweisung führt in vielen Fällen dazu, dass wir beginnen, unser Vertrauen in die Person zu verlieren. Oft reicht auch bereits eine Reihe von Gedankenlosigkeiten – jemand hört nicht genau hin, denkt nicht richtig nach, beschäftigt sich intensiv mit seinem Smartphone –, und ein Vertrauensverhältnis zerbricht. Denn Erlebnisse summieren sich im Lauf einer Beziehung und können die Verbindung zum anderen brüchig werden lassen.

Die gute Nachricht: Wir dürfen Fehler machen, ohne direkt Vertrauen einzubüßen. Denn Gottman fand auch heraus: Ein einzelner Moment, in dem wir uns abwenden, unaufmerksam oder zu harsch sind, ist nicht dramatisch. Worauf es ankommt, ist das richtige Verhältnis zwischen positiv und negativ erlebten Momenten. Positive Momente stärken die gemeinsame Beziehung, schaffen Verbundenheit und bieten einen emotionalen Puffer, der abfedert, wenn wir uns mal im Ton vergreifen oder nachlässig sind. Gelingt es uns, die positiven Augenblicke zu kultivieren und sie gemeinsam zu sammeln, dann haben wir beste Voraussetzungen für stabile und lang haltende Beziehungen. Zu Freunden und Familie ebenso wie zu Arbeitskollegen oder Kunden.

Einmal für diesen Zusammenhang sensibilisiert, können wir Vertrauensverhältnisse bewusster gestalten. Eine Investition, die sich lohnt – für uns und für andere. Je besser wir werden, desto leichter und geschmeidiger laufen unsere Beziehungen. Wir können sicher sein, die anderen werden es uns danken.

Wenn wir dies beherzigen, dann gelingt es uns deutlich leichter, auch in scheinbar nebensächlichen Situationen vertrauenswürdig zu handeln. Manchmal durch einen Blick, manchmal durch ein Lächeln und immer häufiger, indem wir das geliebte Smartphone zur Seite legen und unserem Gegenüber unsere volle Aufmerksamkeit schenken.

Es sind allerdings nicht nur die kleinen Momente des Alltags, in denen Vertrauen entsteht. Manchmal sind es auch ganz besondere Momente, in denen wir in kurzer Zeit und mit großen Schritten Vertrauen gewinnen können. Dann, wenn wir in einer entscheidenden Situation für jemanden da sind. Wenn wir ihm beistehen und ihn unterstützen. Woher ich das weiß? Aus der Forschung – aber auch aus eigener Erfahrung.

Wie Vertrauen in schwierigen Situationen entsteht, das erfuhr ich im Sommer 2017 am eigenen Leib. Damals verstarb meine Mutter relativ plötzlich. Es war eine Zeit, die mich immer wieder an meine eigenen Grenzen brachte, in der ich manchmal nicht wusste, wo oben und unten war – und in der ich unglaublich viel über Vertrauen lernte. Eine Geschichte aus dieser Zeit hat mich besonders berührt. Deshalb teile ich sie an dieser Stelle:

Am Tag nachdem meine Mutter verstorben war, saß ich mit meiner Freundin Marita zusammen. Eine Freundin, die ich schon ewig kenne und die mir viel bedeutet. Wir sprachen über die letzten Wochen und Tage, über das, was noch vor mir lag, und schließlich auch über die Beerdigung. Als ich das Datum nannte, zuckte sie zusammen. Dann blickte sie mich an und sagte: »Es tut mir wirklich leid, aber ich werde nicht dabei sein können. Ich bin am Tag der Beerdigung für einen großen Kunden unterwegs. Ich stehe bei ihm im Wort und kann die Veranstaltung nicht einfach absagen.« Dann schwieg sie, und ich merkte, wie sich mein Magen zusammenkrampfte. Wenn ich mir eine Person hätte wünschen dürfen, die mich an diesem Tag begleitet, dann Marita. Stattdessen musste ich mich damit abfinden, dass sie nicht dabei sein würde. Ich war natürlich traurig und auch ein Stück weit enttäuscht. Und doch konnte ich sie verstehen. Das Leben hat seine eigenen Spielregeln.

Zwei Wochen später. Es war der Tag der Beerdigung. Die Zeremonie lief bereits, ich stand am Grab, blickte zu Boden und hatte eine Menge mit mir zu tun. So sehr, dass ich gar nicht so richtig mitbekam, was um mich herum geschah. Ich kämpfte mit mir und mit den Tränen und versuchte mich darin, nicht ganz die Fassung zu verlieren. Ein echter Kraftakt. Gegen Ende der Beisetzung löste ich das erste Mal den Blick vom Grab. Was ich sah, konnte ich kaum glauben. Vielleicht ahnen Sie bereits, was jetzt kommt: Etwa zehn Meter weiter stand sie: meine Freundin Marita.

Im ersten Moment war ich sicher, dass mich meine Wahrnehmung täuschte. Meine Sicht war von den vielen Tränen getrübt, und sie hatte schließlich bereits im Vorfeld abgesagt. Das konnte nicht sein. Oder doch?

Spätestens als die blonde Frau auf der anderen Seite die Hand hob und mir leicht zuwinkte, wusste ich, sie war es tatsächlich. Marita war gekommen. Sie hatte es vorgezogen, an diesem Tag bei mir zu sein, statt zu arbeiten. Und das, obwohl sie dem Kunden ihr Wort gegeben hatte. Sie war da, weil sie spürte, dass ich sie brauchte. Ganz ohne dass ich sie darum gebeten hatte. Einfach so. Selbstlos und ungefragt.

Da habe ich das erste Mal richtig verstanden, wie sehr Vertrauen durch Momente der Unterstützung wächst.

Warum sich Hilfsbereitschaft auszahlt

Hilfsbereitschaft ist eine Eigenschaft, die nicht nur anderen, sondern auch uns selbst zugutekommt. Die beiden Forscher Isabel Hielmann und Benjamin Hilbig konnten das 2015 in einer Studie belegen: Wer anderen hilft, der wird als sympathischer empfunden und gilt als vertrauenswürdiger. Gleich mehrere gute Gründe, um sich das Rezept Unterstützung einmal genauer anzusehen.

Viele Studien belegen, dass Hilfsbereitschaft nicht nur andere glücklich macht, sondern auch uns selbst. Der Grund dafür liegt tief in unserem Innern: im Gehirn. Wenn wir andere unterstützen, schüttet unser Belohnungszentrum im Gehirn verstärkt die Botenstoffe Serotonin und Oxytocin aus. Serotonin ist ein Glückshormon, das unsere Stimmung aufhellt und dazu führt, dass wir uns und unsere Umwelt optimistischer betrachten. Oxytocin ist ein Bindungshormon, das dafür sorgt, dass wir uns anderen noch näher verbunden fühlen und somit das unsichtbare Band in unseren Beziehungen stärkt. Damit stillt die Unterstützung anderer indirekt unser Bedürfnis nach Nähe und Zugehörigkeit und trägt dazu bei, dass wir uns in unserer Haut wohler fühlen und glücklicher sind. Ein Grund, warum wir das von Luks entdeckte »Helper's High« empfinden.

Auch andere Studien belegen die positiven Effekte von Unterstützung. Einige Studien zeigen beispielsweise, dass Menschen, die Geld für andere ausgeben, glücklicher sind als solche, die es allein für sich verwenden. Das etwa konnte ein Forscherteam um Elizabeth W. Dunn von der University of British Columbia 2014 zeigen.

Andere Studien belegen, dass Menschen, die sich sozial engagieren, psychisch gesünder sind. Sie leiden nachweislich seltener an Ängsten, Sorgen und Depressionen. Zwei Studien der beiden US-amerikanischen Psychologen Michael Steger und Todd Kashdan aus dem Jahr 2009 konnten das unter anderem zeigen. In den beiden Studien mit insgesamt mehr als 150 depressiven Versuchsteilnehmern kamen die Forscher zum selben Ergebnis: Andere zu unterstützen kann nicht nur die Depressionen der Betroffenen lindern, sondern auch messbar das persönliche Wohlbefinden und das Gefühl emotionaler Verbundenheit stärken.

Auch wenn das nicht die treibende Kraft sein sollte: Andere zu unterstützen und ihr Vertrauen wirklich wertzuschätzen lohnt sich – insbesondere für uns selbst.

Wenn wir uns nun entscheiden, anderen helfend zur Hand zu gehen, sind dann alle Arten von Unterstützung gleich erfüllend? Beeinflusst die Hilfe für ein Familienmitglied unser Glück mehr oder weniger als der freiwillige Einsatz für einen Fremden?

Diesen Fragen ging ein Forscherteam der University of Oxford im Jahr 2018 nach. Lee Rowland und Oliver Scott Curry untersuchten dafür, wie verschiedene Arten von Unterstützung sich auf Zufriedenheit und Wohlbefinden auswirken. Für ihre Studie befragten die Forscher 683 Erwachsene aus mehr als zwanzig Ländern und teilten diese in fünf Gruppen auf. Die erste Gruppe sollte gezielt Menschen helfen, denen sie nahestand, beispielsweise Freunden und Familie. Die zweite Gruppe hingegen sollte Menschen unterstützen, mit denen sie weniger eng verbunden war, etwa flüchtige Bekannte oder Fremde. Die dritte Gruppe wurde angehalten, sich mehr um sich selbst zu kümmern, etwa durch Meditieren, Spazierengehen oder Tanzen. Die vierte Gruppe sollte lediglich Situationen beobachten, in denen Mitmenschen andere unterstützten, etwa wenn jemand einem anderen einen Kaffee spendierte, die Tür aufhielt oder ihm beim Tragen der Einkäufe half. Am Ende des siebentägigen Versuchs verglichen die Forscher die Ergebnisse dieser vier Gruppen mit einer fünften Kontrollgruppe, deren Teilnehmer ihr Leben wie gewohnt fortgeführt hatten.

Das verblüffende Ergebnis: Alle vier Gruppen, die sich in irgendeiner Form mit Unterstützung beschäftigt hatten, gaben nach dem Experiment an, zufriedener zu sein und sich wohler zu fühlen. Dabei machte es keinen wesentlichen Unterschied, ob sie selbst aktiv Hilfe geleistet, sich vermehrt um sich selbst gekümmert oder nur die Hilfsbereitschaft anderer beobachtet hatten. Zufriedenheit und Wohlbefinden nahmen zu – und zwar bei allen Versuchsgruppen in ähnlicher Intensität.

Jede Form der Unterstützung, selbst wenn wir sie nur beobachten, trägt demnach dazu bei, dass wir glücklicher sind und uns besser fühlen. Warum aber ist das so? Der Leiter der Studie Lee Rowland hat dafür eine einfache Erklärung: Wenn wir Unterstützung leisten oder beobachten, aktiviert das unser Belohnungszentrum im Gehirn und hellt unsere Stimmung auf.

Andere Studien belegen vor allem den positiven Effekt auf unser Wohlbefinden, wenn wir anderen etwas Gutes tun. Dazu reichen bereits kleine Gesten, wie jemandem einen Kaffee spendieren oder eine Karte schreiben. Wir müssen also nicht Mutter Teresa sein, um Gutes zu bewirken und uns besser zu fühlen.

Wenn wir aktiv etwas für unsere Beziehungen tun, unser eigenes Wohlbefinden steigern und als vertrauenswürdiger wahrgenommen werden möchten, dann ist die Unterstützung anderer nicht nur ein sinnvoller, sondern vor allem auch ein Freude stiftender Weg. Probieren Sie es aus – Sie werden es spüren.

Unterstützung in anderen Ländern

Wie aber sieht es in anderen Ländern aus, wenn es um Hilfsbereitschaft geht? In welcher Form finden wir sie, und was können wir dahingehend von den Vertrauensländern lernen? Mir hat es Freude gemacht, auf meinen Reisen den Blick über den Tellerrand genau auf diesen Punkt zu richten.

Dänemark: Hier hilft man gerne

Ein Land, in dem Unterstützung großgeschrieben wird, ist Dänemark. Woran man das unter anderem merkt? Die Dänen zahlen gerne Steuern. Was auf den ersten Blick vielleicht wie ein Märchen klingt, ist tatsächlich Fakt. Das erfuhr ich von Meik Wiking, selbst Däne und der vielleicht bekannteste Glücksforscher der Welt. Seine Bücher *Lykke, der dänische Weg zum Glück* und *Hygge, ein Lebensgefühl, das einfach glücklich macht* sind internationale Bestseller. Ich traf ihn am Rande der Glückskonferenz 2017 in der dänischen Botschaft in Berlin. Meik Wiking, der das Happiness Research Institute in Kopenhagen leitet, verriet mir: Vertrauen ist eine wesentliche Glückszutat – ebenso wie soziales Engagement. In Kombination tragen sie gleich doppelt dazu bei, dass wir in unserem Alltag viele kleine Glücksmomente erleben. Genau darum geht es im Übrigen: Glück ist kein Dauerzustand, sondern die Summe vieler kleiner Glücksmomente, die wir in unserem Alltag sammeln können. Zum Beispiel, indem wir uns für andere ins Zeug legen.

Was es genau mit der Liebe zu Steuerabgaben auf sich hat, erzählte mir später sein Kollege, Bent Greve. Er ist Professor für Sozialwissenschaften an der Roskilde University in Dänemark und erforscht den Zusammenhang zwischen Glück, Vertrauen und dem Wohlstandsniveau von Staaten. Auf meine Frage antwortete er: »Wir Dänen betrachten Steuern als Investition in die Gemeinschaft. Wer viel hat, trägt viel dazu bei. Wer wenig hat, trägt wenig dazu bei. Wir leben in einem Wohlfahrtsstaat, und darauf sind wir stolz. In Dänemark kannst du ein gutes Leben führen, ohne viel zu verdienen. Freibäder, Parks, auch Museen sind größtenteils kostenfrei. Sogar Fahrräder können wir uns mancherorts kostenlos leihen. All das wird aus dänischen Steuergeldern finanziert. Mit unseren Abgaben tragen wir also dazu bei, eine Umgebung zu schaffen, in der es allen gut gehen kann. Und deshalb zahlen wir tatsächlich gerne Steuern.« Die Dänen sehen die Abgabe aus ihrem eigenen Portemonnaie somit als legitime und sinnvolle Form, um anderen praktisch unter die Arme zu greifen. Sie gönnen es ihren Mitmenschen, wenn diese davon profitieren, dass es ihnen selbst gut geht.

Was aber ist der Grund für diese Sichtweise? Warum haben Menschen in Dänemark ganz offensichtlich ein grundlegend anderes Verhältnis zu Steuern – sprich ein gutes – als in meiner Heimat Deutschland?

Antworten darauf erhielt ich von Menschen, die sich damit auskennen: meinen dänischen Interviewpartnern. So erklärte mir etwa Svantje, eine junge Mutter, die ich in Kopenhagen auf der Straße traf: »Die Dänen legen mehr Wert auf ein gutes Miteinander als auf persönlichen Reichtum.

Steuern zu zahlen wird bei uns deshalb nicht als lästige Pflicht, sondern als wichtiger Beitrag für eine gelingende Gemeinschaft empfunden.«

Mich überraschte und beeindruckte diese Haltung gleichermaßen. Die Dänen befürworten tatsächlich Steuerabgaben, und das, obwohl die Steuersätze in Dänemark weit über denen aller anderen europäischen Staaten liegen. Zum Vergleich: In Dänemark zahlt ein Single ohne Kinder im Durchschnitt mehr als dreimal so viel Steuern wie in der Schweiz (11 Prozent) und mehr als doppelt so viel wie in Österreich (14 Prozent). 36 Prozent des Gehalts eines dänischen Singles ohne Kind gehen an den Fiskus. In Deutschland sind es 19 Prozent. Das geht aus einer Studie der Organisation für wirtschaftliche Zusammenarbeit und Entwicklung (OECD) aus dem Jahr 2018 hervor. Für Dänen ist die Unterstützung anderer die Basis für ein gelingendes Miteinander. Dafür greifen sie auch bereitwillig in die eigene Tasche. Sicher ein Grund, warum Dänemark eines der vertrauensstärksten Länder der Welt ist. Und da wir wissen, dass es glücklich macht, andere Menschen zu unterstützen – ist dies auch ein Hinweis auf den Quell unseres Glücks.

USA: Wo Hilfsbereitschaft zu Hause ist

Und wie sieht es bei den US-Amerikanern aus? Jahrelang galten die Vereinigten Staaten als das hilfsbereiteste Land der Welt. Erst im Jahr 2017 mussten sie diesen Platz unfreiwillig räumen. Die Daten stammen aus der jährlich von der »Charities Aid Foundation« durchgeführten Studie, die die Hilfsbereitschaft von Menschen in 146 Ländern misst.

Dazu werden die Bewohner der Länder zu ihrer tatsächlich gegebenen Unterstützung für andere im Zeitraum der vergangenen drei Monaten befragt. Erhoben werden Daten in drei Kategorien: Hilfe für Fremde, Spenden, soziales Engagement. Im Jahr 2018 belegten die USA Platz vier und lagen damit deutlich vor allen deutschsprachigen Ländern. Keines von ihnen, weder Deutschland noch Österreich oder die Schweiz, haben es unter die Top 20 der hilfsbereitesten Länder der Welt geschafft. Das gibt mir tatsächlich zu denken.

Dass die Amerikaner gerne für andere da sind, kann ich aus eigener Erfahrung bestätigen. Als ich für einige Interviews in New York unterwegs war, übernachtete ich im Haus meiner Großcousine, einer gebürtigen Amerikanerin. Da sie kurz vor meiner Ankunft spontan beruflich verreisen musste, ließ sie mir kurzerhand ihren Schlüssel da und gab mir eine lange Liste mit Kontaktdaten all ihrer Freunde und Bekannten in der Stadt. Wirklich aller! Insgesamt drei klein bedruckte DIN-A4-Seiten: »Nur für den Fall, dass du Gesellschaft brauchst. Oder nicht weißt, wo du am besten essen gehen kannst. Oder wenn du abends ausgehen möchtest …« Im ersten Moment dachte ich noch, das sei der »Familienbonus«. Spätestens aber als ich die ersten ihrer Freunde traf, wurde mir klar, dass es eine Frage der Haltung war. Ich bekam deutlich mehr Einladungen und Hilfsangebote, als ich annehmen konnte. Unterstützung war allen ganz offensichtlich eine Herzensangelegenheit.

Liz, eine junge Werbefachfrau, die ich in New York traf, erklärte mir das Phänomen folgendermaßen: »Wir Amerikaner sind sehr gastfreundlich. Wir möchten, dass andere eine gute Zeit haben. Deshalb hat Gastfreundschaft für uns einen hohen Stellenwert.« Oder um es mit den Worten von Andrew zu sagen, ein New Yorker Fotograf mit jamaikanischen Wurzeln: »Anderen zu helfen gehört zu den USA wie Football und Fast Food.«

Tatsächlich genießt Hilfsbereitschaft in den Vereinigten

Staaten einen besonderen Stellenwert. Das lässt sich unter anderem daran sehen, dass ein Großteil der US-Amerikaner sich regelmäßig und meist schon in jungen Jahren sozial engagiert. Ob im Sportverein, in der Kirche, in der Politik oder in der Schule: In den USA gehört es zum guten Ton, sich für andere zu einzusetzen – und kein Geld dafür zu verlangen. Die Unterstützung anderer ist Teil der amerikanischen DNA und hat ihre Wurzeln in der Gründungsgeschichte des Landes. Ende des 17. Jahrhunderts kamen Menschen aus vielen verschiedenen Ländern der Erde, um sich ein neues Leben aufzubauen. Sie alle waren darauf angewiesen, sich in einem fremden Land gegenseitig unter die Arme zu greifen, um zu überleben. Diese Tradition hat sich bis heute gehalten.

Sich für andere zu engagieren und das nicht für besonders zu halten, sondern für selbstverständlich, ist sicher etwas, was wir von den US-Amerikanern in puncto Vertrauenswürdigkeit lernen können.

8. Rezept:
EMPATHIE

Stellen Sie sich vor, Sie sind mit einer Freundin zum Abendessen verabredet. Der Termin steht schon seit Tagen fest, und Sie freuen sich auf einen gemütlichen Mädelsabend. Pünktlich um 20 Uhr sind Sie beim Italiener, hängen Ihre Jacke auf und suchen einen Tisch. Kurz darauf kommt der Kellner zu Ihnen und fragt: »Möchten Sie schon etwas trinken?« – »Danke, ich warte noch auf meine Begleitung«, entgegnen Sie.

Eine Viertelstunde später lässt Ihre Freundin immer

noch auf sich warten. Sie überlegen kurz, ob Sie ihr eine Nachricht aufs Smartphone senden, beschließen aber zu warten. »Sicher ist sie noch aufgehalten worden«, denken Sie. Am Tisch neben Ihnen erhält ein Pärchen gerade sein Essen. Beim Anblick der Nudeln läuft Ihnen das Wasser im Mund zusammen, und Sie freuen sich schon auf eine große Portion Spaghetti.

Weitere 30 Minuten später. Von Ihrer Freundin noch immer keine Spur, und Sie werden langsam ungeduldig. Sie warten noch eine Weile, und schließlich wählen Sie die Nummer der Freundin. Nach kurzer Zeit meldet sich die Mailbox. Sie hinterlassen eine Nachricht und legen auf. Nach weiteren 15 Minuten beschließen Sie, das Restaurant hungrig zu verlassen. Das war's mit dem netten Abend. Sie ärgern sich. Gerade als Sie zu Hause Ihre Jacke aufhängen, klingelt das Smartphone. Es zeigt eindeutig ihre Nummer, und Sie nehmen den Anruf an.

»Hey, wo warst du? Wir waren verabredet! Ich habe eine Stunde auf dich gewartet! Wenn ich das gewusst hätte, dann hätte ich den Abend anders verplant! Ich habe wirklich was Besseres zu tun, als irgendwo rumzusitzen und die Zeit totzuschlagen! Nicht einmal abgesagt hast du!«

Was meinen Sie, wie das Gespräch ausgeht?

Was aber wäre, wenn Sie den Anruf annehmen und dem Gespräch eine etwas andere Richtung geben. So zum Beispiel: »Hey, wo warst du? Wir waren verabredet! Ich habe eine Stunde auf dich gewartet. Wenn ich das gewusst hätte, hätte ich den Abend anders verplant.« Dann atmen Sie kurz durch. »So kenne ich dich gar nicht, ich habe mir schon Sorgen gemacht! Ist alles okay?«

Sie müssen kein Hellseher sein, um zu wissen, dass die letzten zwei Sätze den kleinen, aber feinen Unterschied machen. Diese entscheiden nicht nur darüber, wie das Telefonat verläuft, sondern auch darüber, wie sich die Beziehung entwickelt.

Worum es geht: Wollen wir als Erstes sichergehen, dass es der Freundin gut geht, die uns versetzt hat? Sind wir ehrlich daran interessiert, warum sie nicht aufgetaucht ist? Geht es also um den anderen, seine Beweggründe, seine Gefühle und Bedürfnisse – oder geht es um uns: unseren Ärger, unsere Wut? Kurz: unser angekratztes Ego?

Wie gehen wir gerade in den Momenten miteinander um, in denen nicht alles in bester Ordnung ist? Wenn wir uns geärgert haben, uns zurückgewiesen oder sogar verletzt fühlen? Gelingt es uns in solchen Augenblicken, uns dennoch dem anderen zuzuwenden, oder zeigen wir ihm die kalte Schulter?

Am Ende haben wir es immer selbst in der Hand, was wir mit den Steinen machen, die von Zeit zu Zeit in den Weg jeder Beziehung rollen. Bauen wir mit ihnen eine Brücke, oder errichten wir eine Mauer. Suchen wir in Konflikten den gemeinsamen Nenner, oder betonen wir die Unterschiede? Denken wir nur an uns, oder haben wir auch den anderen im Blick?

Oft ist es am Ende doch so: Kennen wir erst die ganze Geschichte, müssen wir uns eingestehen, dass wir an Stelle des anderen genauso gehandelt hätten. Wie sagt ein altes indianisches Sprichwort so schön: »Urteile nie über einen anderen, bevor du nicht einen Mond lang in seinen Mokassins gelaufen bist.« Was wir in diesen Situationen brauchen, ist Empathie – die Gabe, uns in andere Menschen einzufühlen. Denn Empathie schafft Vertrauen.

Definition von Empathie

Empathie, auch Einfühlungsvermögen genannt, ist die Fähigkeit, die Gedanken, Gefühle und Sichtweisen anderer Menschen nachzuvollziehen. Sie umfasst das kognitive Verstehen und das emotionale Nachempfinden ebenso wie die Bereitschaft, sich darauf einzulassen und angemessen zu reagieren. Empathie ist nicht nur eine positive Charaktereigenschaft, die Menschen vertrauenswürdig macht, sondern auch eine teilweise angeborene Fähigkeit, die wir trainieren können.

In den Vertrauensländern sind Menschen empathisch. Diese Erfahrung habe ich immer wieder auf meinen Reisen vor Ort gemacht. Bei Interviews, in öffentlichen Verkehrsmitteln, in Cafés – im Grunde überall dort, wo Menschen aufeinandertreffen. Die Menschen in diesen Ländern interessieren sich für die Gefühle und Gedanken anderer, nehmen Rücksicht auf deren Bedürfnisse und kümmern sich teils rührend um die Schwächsten der Gesellschaft. In Dänemark, einem der empathischsten Länder weltweit, trägt ein hohes Maß an Einfühlungsvermögen dazu bei, dass die Menschen dort gerne bereit sind, ihren eigenen Wohlstand zu teilen, als Geste der Fürsorge.

Wie sich Empathie in den Vertrauensländern äußert, ist durchaus verschieden. Ein paar zentrale Gemeinsamkeiten jedoch verbinden diese Länder: empathisch zu sein als Zeichen des Wohlwollens; der hohe Stellenwert von Beziehungen, für die Empathie unerlässlich ist; die Fürsorge für die Schwächsten der Gemeinschaft.

Wie wir Empathie praktizieren können

Woran aber erkennt man, dass Menschen empathisch sind, und wie können wir Empathie im Alltag zeigen?

Menschen halten uns für empathisch:

... wenn wir sie verstehen.
Wenn wir ihre Gedanken, Gefühle und Verhaltensweisen nachvollziehen können. Wenn wir wissen oder begreifen, was in ihnen vorgeht.

... wenn wir mitfühlen.
Wenn wir nachempfinden können, was sie bewegt. Wenn wir förmlich spüren, was sie fühlen.

... wenn wir angemessen handeln.
Wenn wir erkennen oder erahnen, was andere brauchen, und entsprechend handeln.

Wenn wir nach diesen Prinzipien handeln, dann halten uns andere für empathisch und schenken uns eher ihr Vertrauen.

Damit Sie wissen, wie Sie empathisch agieren und wem Sie guten Gewissens vertrauen können, weil er oder sie die Kunst der Empathie beherrscht, mache ich Sie gerne mit den einzelnen Zutaten für das entsprechende Rezept vertraut.

Zutaten für Empathie

Bevor wir uns genauer ansehen, woran wir empathisches Verhalten erkennen und wie wir selbst empathisch handeln können, gilt es, sich noch einmal die verschiedenen Arten von Empathie bewusst zu machen.

In Anlehnung an zwei der bedeutendsten Psychologen

unserer Zeit – Daniel Goleman, promovierter Psychologe der Harvard University und Autor des Klassikers *Soziale Intelligenz*, und seinen Kollegen und Freund Paul Ekman, weltbekannter Emotionsforscher – fassen wir in diesem Rezept drei wesentliche Empathiezutaten zusammen. Diese bilden die Grundlage für unser Empathierezept: die kognitive Empathie (das Mit-Denken), die emotionale Empathie (das Mit-Fühlen) und die emotionale Fürsorge (das Mit-Handeln).

Kognitive Empathie

Die kognitive Empathie ist die erste Zutat für unser Empathierezept. Es geht also um das Mit-Denken. Woran wir sie erkennen? Wer kognitiv empathisch ist, kann die Gefühle, Gedanken, Absichten, aber auch die Meinungen und Erwartungen anderer richtig einschätzen und interpretieren.

Menschen, die die Kunst der kognitiven Empathie beherrschen, verfügen über eine gute Menschenkenntnis. Sie sind gut darin, in den Gesichtern anderer zu lesen und Gemütszustände bei ihrem Gegenüber zu erkennen.

Wenn wir uns kognitiv empathisch zeigen, bedienen wir uns häufig eines einfachen Tricks: Wir wechseln die Perspektive. Wir stellen uns also vor, wir wären unser Gegenüber. Indem wir versuchen, die Welt durch die Augen des anderen zu sehen, verstehen wir leichter, was ihn bewegt. Intuitiv greifen wir dazu auch auf unseren eigenen Erfahrungsschatz zurück, auf das, was wir selbst bereits erlebt, gesehen oder gehört haben.

Angenommen, Sie treffen einen guten Freund, und der hat gerade schweren Liebeskummer. Seine Freundin hat ihn verlassen, und er ist am Boden zerstört. Wenn Sie kognitiv empathisch sind, dann versuchen Sie zu verstehen, was sich in seinem Inneren abspielt. Zudem erinnern Sie sich noch gut an Ihren letzten Liebeskummer und wissen daher: Die Situation, einen Menschen zu verlieren, den man liebt, tut unglaublich weh. Sie kennen das Gefühl, allein zu sein, und auch die Schmerzen, die damit verbunden sein können. All diese Informationen sammeln Sie gedanklich und formen sie zu einem Bild, einer Annahme über das, was in Ihrem Gegenüber vorgeht. Wissenschaftler nennen dieses Antizipieren auch die *Theory of mind,* also die Theorie über die Gedankenwelt des anderen. Sie hilft uns, das Verhalten anderer besser vorherzusagen und die Konsequenzen des eigenen Tuns abzusehen. Wer gut mit kognitiver Empathie ausgestattet ist, der kann somit bedachter agieren.

Die gute Nachricht: Statistisch gesehen werden wir von Tag zu Tag empathischer. Das zumindest lehrt uns die Wissenschaft. Ein Forscherteam um Varun Warrier von der University of Cambridge konnte im Jahr 2018 belegen, dass die Fähigkeit der kognitiven Empathie mit steigendem Alter zunimmt.

Das ist das Ergebnis der bisher größten Studie über Empathie mit mehr als 46 000 Teilnehmern. Dazu nutzten die Wissenschaftler eine bereits vorhandene Datenbank, in der die Daten der Probanden über ihr selbsteingeschätztes Empathievermögen gespeichert waren, und werteten diese mithilfe eines Analyseverfahrens statistisch aus. Ursprünglich wollten die Forscher herausfinden, welcher Zusammenhang zwischen dem Empathievermögen und psychischen Krankheitsbildern wie Schizophrenie, Autismus und Anorexie besteht. In ihrer Analyse zeigte sich allerdings auch ein Zusammenhang der Empathiefähigkeit der Probanden mit dem Alter.

Das Ergebnis war eindeutig: Je älter die Probanden, desto höher war ihr Empathievermögen. Die Wissenschaft-

ler vermuten dafür einen simplen und doch einleuch-
tenden Grund: die mit den Jahren wachsende Lebenser-
fahrung.

Dass sich eine Zunahme an Einfühlungsvermögen auch
im Verhalten niederschlägt – ältere Menschen also empathischer handeln –, konnten die Forscher hingegen nicht
belegen. Etwas zu können heißt eben nicht automatisch,
dass wir es auch tun. Es liegt also am Ende an jedem selbst,
aus seinem Empathievermögen das Beste zu machen.

Emotionale Empathie

Die emotionale Empathie ist die zweite Zutat für unser
Empathierezept und ebenso wichtig wie die erste. Hier
geht es um das Mit-Fühlen. Woran wir emotionale Empathie erkennen? Wer emotional empathisch ist, verfügt
über ein ausgeprägtes Mitgefühl. Er spürt regelrecht die
Emotionen anderer Menschen. Mitfühlende Menschen besitzen häufig feine Antennen und hören auch das, was nicht
gesagt wird. Sie können andere leicht mit ihrer Stimmung
anstecken oder lassen sich selbst anstecken.

Wir alle kennen dieses Phänomen aus unserem Alltag:
Sehen wir jemanden leiden, fühlt es sich mitunter so an, als
hätten wir selbst Schmerzen. Dabei wird in unserem Kopf
ein ganzes Netzwerk an Hirnarealen aktiviert.

Emotionale Empathie lässt uns allerdings nicht nur mit-
fühlen, sie infiziert uns auch – mit den Emotionen anderer.
Dieses Phänomen nennt man »Gefühlsansteckung«, weil
uns die Gefühle anderer anstecken wie die Viren bei einer
Grippe. Dann steigen uns Tränen in die Augen, weil unser
Gegenüber weint, oder wir müssen lächeln, wenn uns jemand anlächelt. Nicht umsonst sagt man auch: Lachen ist
ansteckend. Da ist tatsächlich etwas dran.

Diese emotionale Ansteckung, das wissen wir aus der Neurowissenschaft, hängt zu einem großen Teil von Spiegelneuronen ab. Diese winzigen Nervenzellen sitzen im Stirnlappen unseres Gehirns, dem präfrontalen Cortex. Im Hirnscanner lässt sich beobachten: Diese Neuronen zeigen beim Betrachten einer Handlung dieselbe Reaktion, als wenn wir diese Handlung selbst ausführen würden. Unser Hirn spiegelt also die neuronale Aktivität des Gehirns unseres Gegenübers. Daher kommt auch der Name »Spiegelneuron«. Sie sind der Grund, warum es uns leichtfällt, uns in andere hineinzuversetzen, denn unsere Neuronen feuern intuitiv, ohne dass wir aktiv etwas dafür tun müssen. Entdeckt wurde die neuronale Grundlage für unser Mitgefühl übrigens durch Zufall.

Im Jahr 1996 unternahm eine Gruppe italienischer Forscher um Giacomo Rizzolatti eine Reihe von Versuchen mit Affen. Ursprünglich wollten Rizzolatti und seine Kollegen herausfinden, wie Handlungen im Gehirn geplant und umgesetzt werden – und welche Nervenzellen bei diesem Vorgang aktiv sind. Für ihr Experiment wählten sie Affen, weil deren Gehirn dem von uns Menschen sehr ähnlich ist. Die Wissenschaftler ließen die Affen nach einer Nuss greifen und maßen, was im Gehirn des Tieres passierte. Das Messgerät reagierte allerdings auch, als ein Affe lediglich beobachtete, wie einer der Forscher nach einer Nuss griff. Die Nervenzellen des Affen spiegelten also die Nervenzellen des Wissenschaftlers. Die Spiegelneuronen waren entdeckt – und mit ihnen die Grundlage für unsere Gefühlsansteckung.

Wir Menschen lassen uns von den Gefühlen anderer besonders dann infizieren, wenn sie uns nahestehen, wir uns mit ihnen verbunden fühlen oder uns stark mit ihnen identifizieren. Nur wenn wir über einen ausgeprägten Resonanzboden für die Gefühle verfügen, wenn sie in unserem Innern auf Widerhall treffen, lassen wir uns anstecken.

Fanklubs von Fußballvereinen und von Musikbands funktionieren deshalb so gut, weil sie auf dem Prinzip der emotionalen Empathie basieren. Die Fans fühlen sich mit den Stars verbunden und besitzen daher einen großen Resonanzboden für die Gefühle, die diese durchleben. Das kann zu Hochstimmung und Jubelschreiben führen, wenn etwa der Lieblingsverein das Derby gewinnt. Dann wird gefeiert, getrunken, gegrölt, und nicht selten fließen dabei schon mal Freudentränen. Es kann aber auch ins Gegenteil umschlagen.

Vielleicht haben Sie noch die Bilder Tausender verstörter und zutiefst verzweifelter Mädchen vor Augen, als Mitte der 1990er-Jahre die britische Boyband »Take That« ihr Ende bekanntgab. Zahlreiche aufgelöste Teenager drohten sogar mit Suizid, weltweit wurden Seelsorge-Telefone eingerichtet, und tagelang schwänzten traurige Teenager den Unterricht. Über Wochen zierten Bilder weinender Mädchen die Fernsehbildschirme. Mascara-verschmierte Gesichter junger Frauen, denen ihr Schmerz und ihre Verzweiflung deutlich anzusehen waren. Selbst die sonst recht nüchterne *Tagesschau* berichtete mehrfach darüber. Und dabei ging es »nur« um das Ende einer Bandkarriere.

Warum aber reagierten die Fans der Boyband derart emotional? Ein Grund war sicher: Sie identifizierten sich sehr stark mit der Band. Eine Trennung der vier Musiker kam einer inneren Zerrissenheit gleich. Andererseits weckte die Auflösung der Gruppe menschliche Urängste, für die jeder von uns einen ausgeprägten Resonanzboden hat: Die Angst vor dem Alleinsein, dem Verlassenwerden oder auch vor dem Sterben. All diese Ängste sind tief in uns verankert. Deshalb lassen wir uns von Situationen, die uns daran erinnern, schneller anstecken. So weinen häufig auch Menschen auf Beerdigungen, die den Verstorbenen nur flüchtig kannten. Sie lassen sich von der Traurigkeit der anderen infizieren, ein klassischer Fall von Gefühlsansteckung. Im Fall der Boyband-Fans führte eine extreme Resonanz mit den Urängsten zu starken Gefühlsausbrüchen, obwohl sie nicht persönlich involviert waren.

Auch in unserem Alltag lassen wir uns immer wieder von Gefühlen anstecken. Manch einer geht gerade deshalb so gerne ins Kino, weil die gute Stimmung des Films in ihm noch Stunden später nachhallt. Wir müssen also die Person, deren Gefühle uns infizieren, nicht real treffen. Filme, Serien und Romane können uns anstecken. Sie eignen sich übrigens ganz wunderbar, um unsere Empathie zu trainieren.

Wer regelmäßig Romane liest, verbessert nachweislich seine Empathiefähigkeit. Das geht aus Studien des kanadischen Psychologen Raymond Mar aus dem Jahr 2006 hervor. Mar und seine Kollegen konnten zeigen: Wer regelmäßig liest, verbessert seine Fähigkeit, die Gedanken und Gefühle anderer Menschen wahrzunehmen und angemessen auf sie zu reagieren. Andere Studien stützen dieses Ergebnis und legen nahe, dass sich beim Ansehen von Filmen und Serien ähnlich starke Effekte zeigen. Wie es uns gelingt, in zwischenmenschlichen Beziehungen zu navigieren, ist also eine Fähigkeit, die jeder kultivieren kann. Nicht nur aus Eigeninteresse, sondern auch, weil sich das eigene Umfeld über einen einfühlsamen Mitmenschen freut. Wenn Ihr Schatz Sie beim nächsten Mal vom Fernseher weglocken möchte, können Sie also beruhigt antworten: »Ich bleibe noch ein bisschen sitzen. Ich trainiere gerade meine Empathie.« Und vielleicht setzt er sich dann sogar zu Ihnen, und Sie trainieren gemeinsam. Das macht noch mehr Freude.

Wie aber funktioniert der Mechanismus, durch den wir unser Mit-Fühlen durch Filme, Serien und Bücher kultivieren können? Durch Simulation der Wirklichkeit – mithilfe unserer Spiegelneuronen. Indem wir uns in die Protagonisten auf der Leinwand oder den Buchseiten hineinversetzen, können wir »so tun, als ob«. Wir können in die Rolle anderer Personen schlüpfen und probehandeln. Dann fiebern wir mit, wenn der Held in die Schlacht zieht, und bangen, ob die verlorenen Seelen am Ende endlich vereint sind. Und das völlig gefahrlos, aus sicherer Distanz. Es hilft uns dabei, die Veränderungen, die das Leben mit sich bringt, vertrauensvoll zu akzeptieren und gelassener damit umzugehen. Und nebenbei kultivieren wir unser Empathievermögen. Diesen Effekt können wir sogar systematisch nutzen.

Den Empathiemuskel trainieren: Wie wir von Filmen lernen können

Falls Sie leicht und humorvoll Ihren Empathiemuskel trainieren wollen, dann empfehle ich Ihnen einen meiner Lieblingsfilme: »Gott des Gemetzels«, eine schwarze Komödie von Roman Polanski. Dieser Film bringt die große Bandbreite menschlicher Emotionen so gelungen auf die Leinwand wie kaum ein anderer. Nicht umsonst wurden die beiden Hauptdarstellerinnen für ihre herausragende Schauspielleistung für zwei Golden Globes nominiert.

Die Handlung ist simpel: Zwei Elfjährige prügeln sich auf einem Spielplatz, einem der beiden Jungen werden dabei Zähne ausgeschlagen. Die Eltern des »Zahnlosen«, Penelope und Michael (Jodie Foster und John C. Reilly), haben die Eltern des »Übeltäters«, Nancy und Alan (Kate Winslet und Christoph Waltz), eingeladen, um den Vorfall vernünftig unter Erwachsenen zu klären. Was als friedliches Gespräch beginnt, macht schon bald seinem Titel alle Ehre: Das Gespräch eskaliert und wird zum verbalen »Gemetzel«. Vergessen sind gute Manieren und Anstand. Stattdessen tauchen hinter der bröckelnden Fassade die wahren Wesenszüge der Hauptfiguren auf und bieten einen tiefen Blick in den Abgrund der menschlichen Seele: Das Spektrum reicht von schonungsloser Offenheit, Zorn, Wut, Schadenfreude, Verachtung und Gleichgültigkeit bis hin zu Verständnis, Verletzlichkeit und Verbundenheit. Das ist für den Betrachter nicht nur sehr unterhaltsam, sondern auch ein Feuerwerk der Gefühlsausbrüche und damit prädestiniert, unser Einfühlungsvermögen zu trainieren.

Im ersten Schritt geht es um das Training unseres Mit-Denkens: die kognitiven Empathie. Alles, was Sie dazu tun müssen, ist, sich auf die Gesichter der Schauspieler zu konzentrieren. Sie sprechen Bände. Am besten wählen Sie zu Beginn des Films einen der vier Hauptcharaktere aus. Erfahrungsgemäß ist es leichter, sich auf eine Person zu konzentrieren, als ständig zwischen den Charakteren zu wechseln. Achten Sie genau auf die Mimik der Schauspieler. Keine Regung der Akteure sollte Ihnen entgehen. Nicht der betroffene Blick zu Boden, das Verdrehen der Augen und auch nicht die feinen Zuckungen um die Mundwinkel. Versuchen Sie das, was Sie beobachten, zu deuten. Ziehen Sie Schlussfolgerungen, und überprüfen Sie diese immer wieder auf Stimmigkeit.

Der zweite Schritt dient dem Kultivieren des Mit-Fühlens: der emotionalen Empathie. Dafür werden Sie dann selbst zum Schauspieler. Um nicht nur zu verstehen, sondern selbst zu spüren, was in den Protagonisten vor sich geht, setzen Sie einfach einen natürlichen Verstärker ein: Ihre eigene Mimik. Wie bei einer Pantomime ahmen Sie hier die Gesichtszüge Ihres Charakters nach, ohne dabei einen Laut von sich zu geben. Legt beispielsweise Penelope die Stirn in Falten, machen Sie es ihr nach. Wirft sie ihrem Mann Michael einen verachtenden Blick zu, tun Sie dasselbe. Sie werden merken: Mit der Gesichtspantomime wird es für Sie ein Leichtes sein, die große Bandbreite der Gefühle zu erkennen.

Einen Film auf diese Art zu sehen ist nicht nur sehr erhellend, sondern macht auch großen Spaß. Ich habe dieses kleine Experiment einmal mit Freunden durchgezogen – es war ein großartiger Abend. Noch heute, Jahre später, sprechen wir von unseren Gesichtsentgleisungen, die ganz schön die Lachmuskulatur beansprucht haben.

Natürlich muss es nicht unbedingt »Gott des Gemetzels« sein. Auch Leonardo DiCaprio in »Wolf of Wallstreet«, Jack Nicolson und Morgan Freeman in »Das Beste kommt zum Schluss« und viele andere Filme eignen sich ebenso dafür.

Bei der Auswahl sollten Sie allerdings eines bedenken: Die Stimmung des Films oder des gewählten Charakters kann sich auf Sie übertragen. Wer von sich weiß, dass er sensibel ist, der sollte sich gut überlegen, ob es unbedingt »Das Schweigen der Lämmer« mit Anthony Hopkins sein muss. Es gibt sicher leichtere Kost, um unseren Empathiemuskel zu trainieren.

Vielleicht probieren Sie diese Gesichtspantomime einmal aus. Sie werden sehen: Danach wird es Ihnen deutlich leichter fallen, im Film gezeigte Gefühlsregungen bei anderen zu erkennen und nachzuempfinden. Selbst dann, wenn Ihr Gegenüber versucht, sie zu verheimlichen. Übung macht eben empathisch.

Emotionale Fürsorge

Die dritte Zutat für das Empathierezept ist die emotionale Fürsorge. Woran wir sie erkennen? Wer emotional fürsorglich ist, der verspürt ein inneres Bedürfnis, für andere da zu sein. Wird seine Hilfe gebraucht, ist er direkt zur Stelle. Bei anderen sieht er gerne nach dem Rechten und hat Freude daran, sich zu kümmern. Während es bei den bereits beschriebenen Empathieformen um das Mit-Denken und das Mit-Fühlen geht, steht hier das Mit-Handeln im Zentrum. Wie das Wort »Fürsorge« bereits erahnen lässt, steht hier die Sorge für jemand anderen im Vordergrund.

Stellen Sie sich Folgendes vor: Sie sitzen in einem Café. Als die Kellnerin an Ihnen vorbeieilt, rutscht ihr ein Löffel vom Tablett und fällt klirrend zu Boden. Sie schrecken hoch, blicken die junge Frau an und sehen in ihrer Mimik, dass ihr das Malheur unangenehm ist. Da sie beide Hände voll mit Tellern und Tassen hat, läuft sie weiter. Was tun Sie?

Springen Sie auf, um den Löffel aufzuheben? Legen Sie ihn auf den Tisch vor sich? Oder laufen Sie womöglich sogar der Kellnerin nach, um ihr den Löffel zu bringen? Vielleicht beobachten Sie auch nur interessiert, wie sich die anderen Gäste verhalten? Oder Sie nehmen nicht weiter Notiz davon. Schließlich ist es ja nur ein Löffel auf dem Fußboden …

Mit fürsorglicher Empathie registrieren Sie nicht nur den Ärger in den Augen der Kellnerin, sondern verspüren gleichzeitig das Bedürfnis, ihr zu helfen. Dann hält Sie nichts mehr auf Ihrem Stuhl, und schon bücken Sie sich, um den Löffel aufzuheben. Fürsorglichen Menschen ist es wichtig, anderen unter die Arme zu greifen, wenn diese Hilfe benötigen. Daher ist diese Zutat eng mit der Zutat praktische Unterstützung aus dem Unterstützungrezept verbunden. Menschen, die fürsorglich empathisch sind, erwarten keine Gegenleistung, sondern unterstützen, weil es in ihnen steckt, herauswill und Freude macht. Gerade bei Müttern lässt sich dieser »Kümmer-Reflex« gut beobachten. Sie tun alles, damit es ihrem Sprössling gut geht. Sie schmieren das Pausenbrot, trocknen die Tränen und waschen die Wäsche – oft weit über das Jugendalter hinaus. Menschen, die gerne helfen und für andere da sind, verfügen im Allgemeinen über eine ausgeprägte emotionale Fürsorge.

Sie sehen, Empathie ist nicht gleich Empathie, aber sie wirkt in sämtlichen Bereichen unseres Lebens. Ob zu Hause, im Büro, im Sportverein oder beim Einkaufen im Supermarkt: Unser Einfühlungsvermögen schwingt immer dann mit, wenn wir auf andere Menschen treffen. Es ermöglicht uns, andere besser zu verstehen, auf sie einzugehen und so einen guten Kontakt zu ihnen aufzubauen.

Wie immer gilt: Wo Licht ist, ist auch Schatten. Im Alltag denken wir oft erst über Empathie nach, wenn sie fehlt. Dann fühlen wir uns nicht gesehen, nicht verstanden, bisweilen sogar zurückgewiesen und abgewertet – und dann leiden unsere Beziehungen und unser Vertrauen.

Wenn der Chef sich nicht dafür interessiert, wie sich seine Mitarbeiter fühlen. Wenn die Freundin keine Antennen dafür besitzt, dass ihre Worte verletzen. Wenn Eltern ihre Kinder bewusst links liegen lassen, um sie für ein Fehlverhalten zu bestrafen. Wenn Menschen mit Absicht die Hilferufe anderer ignorieren, anstatt zu helfen. Und auch wenn jemand Schadenfreude empfindet, weil einem anderen ein Missgeschick passiert – dann zeugt das von wenig Empathie.

Vor diesem Hintergrund wundert es mich nicht, dass gerade die skandinavischen Länder, die Niederlande oder auch Kanada und Vietnam die vorderen Plätze des

Vertrauens-Rankings belegen. Denn in diesen Ländern stehen Beziehungen hoch im Kurs: erst der Mensch und dann die Sache. Mitgefühl, sich in die Schuhe des anderen stellen und vor allem Fürsorge für andere Menschen werden dort großgeschrieben. Die Menschen dort besitzen eine ausgeprägte Empathie, allerdings nicht um ihrer selbst willen, sondern weil Empathie ein wichtiger Vertrauensstifter ist und dazu beiträgt, dass Beziehungen gelingen – beruflich und privat.

Empathie und ihre Wurzeln

Woher aber kommt Empathie? Lernen wir sie im Lauf unseres Lebens, oder tragen wir sie bereits in uns, wenn wir das Licht der Welt erblicken? Die richtige Antwort lautet: Beides ist der Fall. Auch das geht aus der bereits erwähnten Studie um Varun Warrier von der University of Cambridge hervor. Das Ergebnis der Empathiestudie mit mehr als 46 000 Teilnehmern zeigt: Empathie hat genetische Wurzeln. Zehn Prozent unserer Empathiefähigkeit lassen sich durch unsere Gene erklären.

Damit konnten die Wissenschaftler erstmals bestätigen, was viele Forschungskollegen bereits ahnten: Wir Menschen besitzen eine genetische Disposition für Empathie. Die Grundlagen, um uns in andere einzufühlen, sind uns somit tatsächlich angeboren.

Wie stark wir unsere Empathiefähigkeit entwickeln, hängt hingegen von äußeren Umständen ab. So konnte ein Forscherteam um den Psychologen Arien Knafo im Jahr 2008 als eines der ersten zeigen, dass Empathie zwar eine genetische Disposition hat, allerdings auch durch Umweltfaktoren beeinflusst wird. Dazu untersuchten die Forscher 409 Zwillingspaare auf ihre Empathiefähigkeit. Je ähnlicher die Erfahrungen der Zwillinge waren – etwa indem sie gemeinsam aufgewachsen waren, den Freundeskreis oder die Hobbys teilten –, desto ähnlicher waren sie sich in ihrer Empathiefähigkeit. Je stärker sich hingegen ihre Erfahrungen voneinander unterschieden, indem sie etwa getrennt voneinander aufwuchsen, desto größer waren die Unterschiede im Hinblick auf ihr Empathievermögen.

Auf unser eigenes Empathievermögen übertragen bedeutet das: Wir verfügen zwar von Geburt an über eine Grundausstattung an Empathie. Wie stark wir diese allerdings entwickeln, hängt zu einem wesentlichen Teil von anderen Faktoren ab: etwa von unserer sozialen Herkunft, unserer Erziehung, dem Umfeld, in dem wir leben, aber auch von dem Beruf, den wir ausüben, den Gewohnheiten, die wir pflegen, und nicht zuletzt von unserer eigenen Motivation und unserem Training. Denn die Frage, ob wir uns generell dafür interessieren, was andere fühlen und denken, spielt für unser Empathievermögen eine entscheidende Rolle. Wer regelmäßig übt, sich in die Gefühlswelt anderer hineinzuversetzen, der steigert durch wiederholtes Trainieren tatsächlich sein Empathievermögen.

Zu diesem Ergebnis kam eine Studie vom Max-Planck-Institut in Leipzig 2017. Den beiden Neurowissenschaftlerinnen Bethany Kok und Tania Singer gelang es erstmals zu beweisen, dass Empathie – und somit ein ganz zentrales Vertrauensrezept – sich tatsächlich kultivieren lässt. Die Wissenschaftler entwickelten dazu drei Trainingsmodule, die die Probanden über mehrere Wochen durchlaufen sollten. Jedes Trainingsmodul fokussierte sich auf eine andere Empathiezutat und sollte nach Annahme der Forscher ein anderes Hirnareal aktivieren. So wollten sie herausfinden, ob sich kognitive Empathie, emotionale Empathie und emotionale Fürsorge durch verschiedene Übungen trainieren lassen.

Das Ergebnis der Studie: Vor allem Trainingserfolge für gedankliche Perspektivübernahme (kognitive Empathie) und das Mitgefühl (emotionale Empathie) ließen sich nach der mehrwöchigen Übungsphase nachweisen. Diese waren sogar körperlich messbar, denn sie zeigten sich in Form besonders aktiver neuronaler Netzwerke in Gehirn. Das stellten die Forscher mithilfe eines Hirnscanners fest.

Besonders interessant ist zudem: Das neuronale Netzwerk, das für Mitgefühl zuständig ist, ist auch grundlegend für Vertrauen und Altruismus. Empathie lässt sich somit nicht nur trainieren, sie stimuliert gleichzeitig auch die Hirnareale, die für kooperatives Verhalten wie Fairness, Unterstützung und Vertrauen verantwortlich sind. Unseren Empathiemuskel zu trainieren hat also gleich mehrere Vorteile für unsere Vertrauenskompetenz.

Diese Studie beweist: Wie gut wir die Kunst der Empathie beherrschen, haben wir zu einem wesentlichen Teil selbst in der Hand – und damit auch unsere Fähigkeit, Vertrauen zu gewinnen und selbst zu schenken.

Tatsächlich gibt es große Unterschiede, was die Empathiefähigkeit angeht. Frauen waren sich schon immer sicher, und Männer haben es irgendwie geahnt: Frauen besitzen im Vergleich zu Männern nachweislich mehr Einfühlungsvermögen. Zu diesem Ergebnis kommt eine Studie unter der Leitung des Neurobiologen Roberto Mercadillo von der Nationalen Autonomen Universität von Mexico in Querétaro, im Jahr 2011. In einem Experiment präsentierte er jeweils zwölf Männern und Frauen hochemotionale Bilder kranker Kinder. Beide Gruppen zeigten sich betroffen. Im Kernspintomografen wurde jedoch deutlich, wie unterschiedlich die Gefühle verarbeitet wurden: Während bei den Männern nur einzelne Hirnareale aktiv waren, reagierte bei den Frauen gleich ein ganzes Nervennetzwerk.

Dieses befeuert nachweislich Gefühle wie Mitgefühl und emotionale Betroffenheit und steigert damit die Hilfsbereitschaft. Frauen besitzen somit aus Forschersicht einen messbaren Vorteil, um das Vertrauen ihrer Mitmenschen zu gewinnen. Eine 2009 veröffentlichte Langzeitstudie eines spanischen Forscherteams um María Mestre deutet sogar darauf hin, dass dieser Effekt mit zunehmendem Alter stärker wird.

Noch spannender wird es, wenn wir uns ansehen, wie sich Unterschiede im Empathievermögen zwischen Männern und Frauen unter Stress entwickeln. Frauen zeigen nicht nur generell mehr Einfühlungsvermögen, unter Stress vergrößert sich tatsächlich der Vorsprung gegenüber Männern. Unter Stress steigern sie somit ihre Fähigkeit, das Vertrauen ihres Gegenübers zu gewinnen.

Eine Forschergruppe um Livia Tomova vom Massachusetts Institute of Technology untersuchte im Jahr 2014 die Auswirkungen von Stress auf das menschliche Sozialverhalten. Das Ergebnis der Studie verblüffte die Forscher: Männer und Frauen reagierten unter Stress völlig entgegengesetzt. Bei Frauen verbesserten sich die empathischen Fähigkeiten sogar, während Männer mit erhöhter Egozentrik reagierten. Die weiblichen Probanden blieben auch unter Druck in der Lage, zwischen selbst- und fremdbezogenen Emotionen zu unterscheiden, und konnten so weiterhin empathisch auf andere reagieren. Die männlichen Versuchsteilnehmer hingegen zeigten eher Verhaltensmuster, die Forscher als klassische Kampf- oder Fluchtreaktionen deuten konnten.

Das individuelle Empathievermögen ist von Mensch zu Mensch sehr unterschiedlich ausgeprägt. Aber wissen, dass die Unterschiede zwischen Frauen und Männern so deutlich sind, kann uns helfen, einander besser zu verstehen und Missverständnisse und Konflikte zu vermeiden. Denn unser Empathievermögen nimmt unweigerlich Einfluss auf unsere Beziehungen: Wenn mann nicht versteht, was frau fühlt, wenn der Chef kein Mitgefühl zeigt, weil er tatsächlich keines hat; wenn wir uns nicht verstanden fühlen oder andere nicht verstehen, dann hat das oft mehr mit dem »Können« zu tun – etwa der Fähigkeit, die Perspektive zu wechseln – als mit dem »Wollen«.

Diese Erkenntnis erleichtert es uns, mangelnde Empathie unseres Gegenübers nicht persönlich zu nehmen. Oftmals würde die Person uns gerne verstehen, schon aus eigenem Interesse, kann es aber nicht. So ist ein »Was hast du denn schon wieder?« oftmals ein verdecktes »Ich verstehe dich nicht. Bitte hilf mir!«. Wenn wir darum wissen, dann fällt es uns deutlich leichter, gelassen zu bleiben und die Äußerung nicht als Angriff zu sehen. Oft ist das, was wir für eine fiese Spitze halten, einfach eines: Unvermögen.

Gerade in Stresssituationen kommt einem Mann leicht das Einfühlungsvermögen abhanden. Wenn männliche Artgenossen enttäuscht oder wütend sind, sollten wir kein Mitgefühl erwarten. Sie sind in diesem Moment dazu nicht in der Lage, wie die weiter hinten in diesem Kapitel genauer beschriebene Studie unter der Leitung von Claus Lamm eindrucksvoll beweist.

Erwartet frau dann Verständnis für ihre Situation oder emotionale Fürsorge, ist der Ärger vorprogrammiert – und Vertrauen wird auf eine harte Probe gestellt. Zu wissen, dass unsere Empathiefähigkeit durchaus variieren kann, kann uns also helfen, gelassener zu reagieren. Vielleicht denken Sie beim nächsten Mal daran, bevor Sie sich ärgern oder etwas persönlich nehmen. Es macht vieles leichter. Für uns und unser Gegenüber.

Warum Empathie Vertrauen schafft

Warum neigen Menschen jedoch dazu, anderen gerade dann zu vertrauen, wenn diese sich verständnisvoll und einfühlsam zeigen?

Ein Grund dafür liegt fast auf der Hand: die präventive Wirkung von Empathie. Beide Zutaten, kognitive Empathie und emotionale Empathie, senken die Gefahr, andere zu enttäuschen und zu verletzen, indem sie uns Aufschluss über die Gedanken und Gefühle, aber auch über die Wünsche und Erwartungen unseres Gegenübers geben. Letztere werden oft nicht offen ausgesprochen, was noch lange nicht heißt, dass sie nicht da sind. Kennt jemand sie nicht, tappt er leicht in so manches Fettnäpfchen.

Für uns bedeutet das: Unser Einfühlungsvermögen hilft uns sehr, die Vertrauensfallen im Alltag leichter zu erkennen und sie klug zu meiden. Empathie trägt somit dazu bei, Konflikten vorzubeugen oder sie schneller zu lösen. Wenn wir in der Lage sind, zwischen den Zeilen zu lesen, macht das vieles leichter. Wir können Missverständnisse und Enttäuschungen im Vorfeld verhindern und damit vermeiden, andere ungewollt zu verletzen. Das dient der Harmonie in unseren Beziehungen und schafft ein gutes Fundament, um Vertrauen darauf zu bauen.

Eine empathische Gesprächsführung verbessert ferner die Kommunikation. Sind wir in der Lage, durch die Augen unseres Gegenübers zu sehen, verstehen wir dieses leichter und können genauer auf es eingehen. So gelingt es uns, eine gute Gesprächsatmosphäre herzustellen und die Grundlage für ein vertrauensvolles Miteinander zu schaffen.

Der zweite Grund, aus dem alle drei Zutaten für Empathie eine vertrauensfördernde Wirkung haben: Sie helfen uns, die übrigen Vertrauenszutaten richtig zu dosieren, und zählen damit selbst zu den wichtigsten Vertrauenszutaten von allen. Wie eine feine Waage zeigt Empathie uns an, welche Menge der anderen Zutaten angemessen ist, damit wir ein harmonisches Miteinander schaffen, in dem Vertrauen entstehen und sich entwickeln kann. So verrät sie uns etwa, wann wir besser schweigen sollten, um nicht zu viel zu verraten (Verschwiegenheit). Sie gibt Aufschluss darüber, wie viel Offenheit unsere Beziehung verträgt, ohne den anderen zu verletzen (Ehrlichkeit). Und sie lässt uns spüren, wo die Grenzen des anderen liegen, um diese nicht unbedacht zu überschreiten (Respekt). Empathie kann uns aber auch einen wichtigen Hinweis auf Erwartungen und Wünsche geben, die der andere nicht offen ausspricht (fehlende Transparenz), und gibt uns damit die Chance, angemessen darauf zu reagieren. Beispielsweise indem sie uns verrät, was unser Gegenüber gerade braucht und was wir diesbezüglich für die Person tun können (Unterstützung).

Empathie ist damit die zentrale Fähigkeit, um Vertrauen aufzubauen und zu pflegen. Einerseits erleichtert sie uns die Navigation durch den Beziehungsdschungel, bewahrt uns vor Enttäuschungen, Verletzungen und Konflikten. Andererseits können die übrigen Vertrauenszutaten erst durch ein empathisches Feingefühl ihre volle Wirkkraft entfalten. Mit anderen Worten: Sie können noch so sehr ein Verfechter von Ehrlichkeit sein. Wenn Sie nicht merken, wann es Ihren Beziehungen eher schadet, als dass es ihnen guttut, dann hilft Ihnen das wenig. Es zerstört sogar Vertrauen. Nicht umsonst nennt Daniel Goleman Empathie »das Rezept für bessere Beziehungen«. Empathie macht das Leben einfacher, Vertrauen leichter und unsere Beziehungen erfüllender.

Empathie hat viele Vorteile

Empathie schafft nicht nur Vertrauen. Sie hat in vielen Bereichen Vorteile – beruflich und privat. So sind Chefs, die sich in ihre Mitarbeiter hineinversetzen, beliebter und haben sowohl glücklichere als auch messbar gesündere und damit produktivere Mitarbeiter. Das fand ein US-amerikanisches Forscherteam um Brent Scott von der Michigan State University im Jahr 2010 heraus. Dazu ließen die Forscher sechzig Mitarbeiter von insgesamt 13 Führungskräften zwei Wochen lang täglich Tagebuch führen und untersuchten den Einfluss der Empathie der Führungskraft auf das Wohlbefinden ihrer Mitarbeiter. Dazu sollten die Mitarbeiter das Einfühlungsvermögen ihres Vorgesetzten einschätzen und ihr seelisches und körperliches Wohlbefinden täglich protokollieren. Die Ergebnisse der Studie: Mitarbeiter, die ihre Führungskräfte als empathisch erlebten, klagten deutlich weniger über körperliche Beschwerden, waren seltener krank und erreichten ihre Ziele leichter.

Empathie ist also kein weicher Faktor, wie viele Führungskräfte glauben. Empathie ist ein wesentlicher Erfolgsfaktor, denn das Einfühlungsvermögen des Chefs trägt indirekt zur Effizienz und damit zum Erfolg des Unternehmens bei. Kurz gesagt: Empathie zahlt sich aus. Das wusste schon Henry Ford. Er sagte einmal: »Wenn es ein Geheimnis des Erfolgs gibt, so ist es das, den Standpunkt des anderen zu verstehen und die Dinge mit seinen Augen zu sehen.«

Der Wissenschaftsjournalist und Bestsellerautor Werner Bartens ist davon überzeugt, dass einfühlsame Menschen »gesund und glücklich« sind. Und John Gottman, einer der renommiertesten Paarforscher unserer Zeit, stellt in seinem internationalen Bestseller *Die 7 Geheimnisse der glücklichen Ehe* die tragende Rolle von Empathie für gelingende Beziehungen heraus. Ihm zufolge steigern empathisch und fair ausgetragene Konflikte sogar die Beziehungsqualität. Wird mitfühlend gestritten, halten Beziehungen deutlich länger und Paare lassen sich nachweislich seltener scheiden.

Tatsächlich belegen Dutzende von Studien die Vorteile von Empathie – für uns selbst, für unsere Beziehungen und für unsere Mitmenschen. Sie alle aufzuführen, das allein könnte dieses Buch füllen. Ich wähle daher nur zwei Studien, da sie am wichtigsten sind für die Verbindung von Empathie und Vertrauen. Konkret geht es hier um die Fragestellung: Was haben wir ganz persönlich davon, wenn wir empathisch sind? Denn letztendlich fällt es uns doch leichter, mitfühlend zu sein, wenn wir erkennen, dass auch wir etwas davon haben. Zum anderen lernen Sie einen »Klassiker« der Psychologie kennen, der deutlich macht, inwiefern andere davon profitieren, wenn wir empathisch sind. Dabei handelt es sich um ein Experiment, bei dem Sie mitmachen und am eigenen Leib erfahren können, wie unser Einfühlungsvermögen unser Verhalten gegenüber Dritten beeinflusst.

Empathie macht erfolgreicher

Einfühlsame Menschen sind beruflich erfolgreicher und verdienen mehr. Zu diesem Ergebnis kam eine Studie unter der Leitung der beiden Wirtschaftspsychologen Tassilo Momm und Gerhard Blickle von der Universität Bonn 2015. Für die Studie baten die Wissenschaftler 144 deutsche Arbeitnehmer, mithilfe eines Fragebogens über ihr Einfühlungsvermögen Auskunft zu geben (Selbstwahrnehmung). Ergänzt wurden die Ergebnisse um Einschätzungen durch Kollegen und Vorgesetzte (Fremdwahrnehmung). Die Forscher fanden heraus: Empathiefähigkeit ermöglicht nicht nur, Emotionen besser zu erkennen und zu verarbeiten. Sie trägt auch dazu bei, kluge und vorausschauende Entscheidungen zu treffen. Wer beispielsweise weiß, dass sein Chef von einem bestimmten Projekt besonders begeistert ist, der wird sich taktisch klug verhalten. Er wird sich dafür engagieren und eigene Bedenken unterdrücken. Wer einfühlsam ist, kann das politische Spiel im Unternehmen leichter durchschauen und sich entsprechend taktisch verhalten. Dann klappt es auch problemlos mit dem Aufstieg auf der Karriereleiter, dem gegenseitigen Vertrauen – und mit der Gehaltserhöhung.

Empathie fördert Hilfsbereitschaft

Empathie macht hilfsbereiter. Je mehr wir uns in die Gedankenwelt eines Menschen hineinversetzen, umso eher sind wir bereit, uns für diese Person zu engagieren. Zu diesem Ergebnis kam eine Studie unter der Leitung von Jasminka Majdandžić und Claus Lamm von der Universität Wien im Jahr 2012. Das sechsköpfige Forscherteam untersuchte dafür Entscheidungsprozesse in Notfallsituationen. Dazu stellten sie vierzig männliche Probanden im Alter zwischen zwanzig und vierzig Jahren vor eine Dilemma-Situation und erfassten ihre Reaktionen per Hirnscanner und Fragebogen. Im Experiment ging es um einen Klassiker der Psychologie: das Zug-Dilemma.

Stellen Sie sich Folgendes vor: Sie sehen, wie ein Zug auf eine Gruppe von fünf Gleisarbeitern zurast. Der Zug ist zu schnell, als dass die fünf Männer ihn rechtzeitig bemerken könnten. Die Bauarbeiten am Gleis sind einfach zu laut. Die Männer haben keine Chance, rechtzeitig zu entkommen, und werden deshalb gnadenlos überrollt werden. Es sei denn, Sie greifen ein.

Da nur Sie die Katastrophe kommen sehen, haben Sie als Einziger die Chance, in letzter Sekunde die Weiche so zu stellen, dass der Zug auf ein anderes Gleis umgeleitet wird. Sie könnten also die fünf Gleisarbeiter retten. Auf dem Nebengleis allerdings befindet sich ein anderer Gleisarbeiter, den Sie in diesem Fall »opfern« müssten. Sie stehen also vor der schweren Entscheidung: Retten Sie die fünf Gleisarbeiter, schicken dafür aber einen anderen in den Tod? Oder sehen Sie zu, wie die fünf Arbeiter vor Ihren Augen überfahren werden?

Wenn Sie sich wie die meisten Menschen verhalten, dann entscheiden Sie sich für Variante eins: Sie retten die fünf Gleisarbeiter. Ganz nach dem Motto: Fünf Leben sind wertvoller als eines. So weit der klassische Versuchsaufbau, den auch Lamm und Kollegen für ihre Studie nutzten. Allerdings veränderten Sie das Zug-Dilemma für einen Teil der Probanden. Diese erhielten zusätzlich genauere Informationen über den Arbeiter auf dem Nebengleis: Er bekam einen Namen, ein Alter um die dreißig, und ein Gesicht in Form eines Fotos. Darüber hinaus erfuhren sie eine kurze Geschichte aus dessen Leben, etwa eine Szene im Restaurant oder beim Sport. Die Probanden, für die der Gleisarbeiter plötzlich eine Geschichte hatte, »opferten« ihn seltener. Im Vergleich zu den Versuchsteilnehmern, die nichts über den Gleisarbeiter wussten, sank die Zahl der »Opferbereiten« um neun Prozent. In absoluten Zahlen bedeutet das: Nur sechs von zehn Probanden, die persönliche Informationen über den Arbeiter erhalten hatten, opferten diesen zugunsten seiner Kollegen. Immerhin vier Probanden entschieden sich dafür, ihn zu retten.

Die Ergebnisse der Hirnscans, die während des laufenden Experimentes gemacht wurden, machten deutlich: Die Personen, die zuvor Informationen über den Arbeiter erhalten hatten, zeigten eine erhöhte Hirnaktivität in Bereichen, die für empathisches Denken, Fühlen und Handeln verantwortlich sind. Die Probanden konnten also gar nicht anders, als sich in den einzelnen Gleisarbeiter hineinzuversetzen. Seine fiktive Geschichte machte ihn menschlicher. Außerdem wiesen die Versuchsteilnehmer einen deutlich erhöhten Stresslevel im Vergleich zu den unwissenden Probanden auf. Die Wissenschaftler schlussfolgerten daraus: Unser soziales Verhalten wird stark davon beeinflusst, ob wir andere mit ihren Gedanken und Gefühlen wahrnehmen – nicht nur in Notfallsituationen. Jemanden genauer zu kennen macht uns also tatsächlich hilfsbereiter – wenn auch nur dieser konkreten Person gegenüber.

Kein Wunder also, dass es das afrikanische Waisenkind »Maya«, das uns mit großen Kulleraugen vom Plakat der UNICEF anschaut, leichter hat, uns zum Spenden zu motivieren, als ein schwer greifbares Hilfsprojekt für Umweltschutz. Das Sterben des Regenwaldes oder die Senkung des CO_2-Ausstoßes wecken in uns schlicht und einfach weniger Mitgefühl und damit Hilfsbereitschaft.

Das Empathierezept:
Eine Frage der richtigen Zutaten

Ist also viel Empathie das, was wir anstreben sollten? Heißt mehr Einfühlungsvermögen automatisch immer mehr Vertrauen? Tatsächlich geht diese Gleichung nur bedingt auf. Es stimmt: Wenn wir uns anderen gegenüber empathisch verhalten, gewinnen wir leichter ihr Vertrauen. Allerdings kommt es dabei auch auf die richtige Mischung an: die Zusammensetzung der Zutaten dieses Empathierezepts. In manchen Situationen erwarten wir beispielsweise vor allem, dass jemand uns versteht und sich in uns hineinversetzt, um uns zu helfen. In anderen hingegen müssen wir nicht unbedingt verstanden werden, um das zu bekommen, was wir gerade brauchen.

Ein Arzt beispielsweise muss verstehen, welche Beschwerden ein Patient hat. Für ihn ist es wichtig zu erfassen, wo die Schmerzen auftreten, wie sich diese äußern und wie lange sie bereits bestehen (kognitive Empathie). Hinderlich ist es hingegen, wenn er bei dem leidenden Patienten so sehr mitfühlt, dass er selbst in Tränen ausbricht (emotionale Empathie). Das wirkt auf einen Patienten eher beunruhigend. Einem sehr mitfühlenden Arzt wird es zudem schwerfallen, einen klaren Kopf zu behalten, wenn sich der Patient vor Schmerzen windet. Er ist leichter persönlich betroffen und verliert die professionelle Distanz. Nicht umsonst operieren Ärzte nur in seltenen Fällen ihre Angehörigen oder Freunde. Sie wissen um die Gefahr der emotionalen Betroffenheit und geben die Behandlung ihnen nahestehender Personen meist an einen Kollegen ab. Ist ein Arzt selbst betroffen, leidet er mit dem Patienten – und das erschwert ihm eine gute Behandlung. Genau aber das erwarten Patienten von ihrem Arzt: fachmännischen Rat und schnelle Hilfe bei Beschwerden. Wird der Arzt diesen Erwartungen gerecht, berät und handelt er professionell (emotionale Fürsorge) – und gewinnt unser Vertrauen.

So erklärte mir Matthew Sorrentino, einer der führenden Herzchirurgen der USA, die richtige Dosierung von Empathie in seiner Rolle als Arzt. Und er muss es wissen: Schließlich operiert er seit drei Jahrzehnten täglich das wichtigste Organ unseres Körpers: das Herz. Empathie ist für ihn unerlässlich, um das Vertrauen seiner Patienten zu gewinnen, wie er mir erzählte: »Die richtige Balance zwischen Empathie und professioneller Distanz ist entscheidend, um als Arzt eine gute Leistung zu bringen. Fachlich und menschlich.« Matt traf ich in seiner Heimatstadt Chicago zum Interview.

Das Arzt-Dasein ist nur eines von zahlreichen Beispielen, das zeigt: Viel Empathie hilft nicht immer viel. Es kommt auf die richtige Mischung der Empathiezutaten an. Finden wir diese, können wir schnell und mit großen Schritten Vertrauen gewinnen. Fachlich und menschlich.

Empathie und ihre Schattenseiten

Es stimmt: Wer die Kunst der Empathie beherrscht, der genießt viele Vorteile. Doch bei all den positiven Aspekten wird eines leicht übersehen: Empathie hat durchaus ihre Schattenseiten.

Empathie laugt aus

Empathie ist anstrengend und nicht selten harte Arbeit. Sie laugt aus, wenn wir sie übertreiben, denn uns gedanklich und emotional in unsere Mitmenschen hineinzuversetzen ist durchaus kräftezehrender, als wir oft glauben. Nachdem sich die Forschung in den letzten Jahren vor allem auf die Vorteile von Einfühlungsvermögen gestürzt hat, werden zunehmend kritische Stimmen laut, die auf die Gefahren hinweisen. Aktuelle Studien belegen etwa, dass besonders einfühlsame Menschen schneller erschöpft sind und sich leichter überfordert fühlen. Grund dafür ist die erhöhte Ausschüttung des Stresshormons Cortisol. Stress ist also wortwörtlich ansteckend – selbst wenn wir ihn nur bei anderen beobachten.

Zu diesem Ergebnis kam die Untersuchung eines Forscherteams am Max-Planck-Institut in Leipzig im Jahr 2014. Tania Singer, die Sie bereits aus der Studie zum Empathie-Training kennen, ließ gemeinsam mit anderen Forschern 151 Probanden komplexe Kopfrechenaufgaben lösen und schwierige Vorstellungsgespräche führen. Währenddessen beurteilten zwei vermeintliche Experten die Leistung der Probanden. Wenig überraschend: Die meisten Probanden belastete diese Situation, bei ihnen stieg der Spiegel des Stresshormons Cortisol im Blut deutlich an. Überraschend war hingegen: Selbst bei den neutralen Beobachtern, die den fiktiven Bewerbern und Rechenkünstlern dabei zuschauen mussten, wie diese die Aufgaben meisterten, stieg die körpereigene Produktion des Stresshormons. Und zwar unabhängig davon, ob sie die Person kannten oder nicht. Die Forscher kamen zu dem Schluss, dass emotionale Verbundenheit keine Voraussetzung für empathischen Stress ist. Allein jemanden zu beobachten, der unter Stress leidet, löst bei uns eine Stressreaktion aus.

Was aber bedeutet das für unseren Alltag? Wer die Probleme seines Umfelds zu sehr annimmt, läuft schnell Gefahr, selbst darunter zu leiden. Gerade Pflegeberufe, die den Beschäftigten ohnehin ein starkes Einfühlungsvermögen abverlangen, bergen deshalb das Risiko, sich zu verausgaben. Kranken- und Altenpfleger sind häufig emotional überlastet. Aber auch Lehrer, Feuerwehrmänner, Ärzte oder Servicekräfte kommen bei zu viel Empathie schneller an ihre Belastungsgrenzen. Das zeigte eine große Studie unter der Leitung des Psychiaters Lawson Wulsin im Jahr 2014. Dafür untersuchten Wulsin und seine Kollegen die Daten von 214 413 Erwerbstätigen aus 55 verschiedenen Berufen im US-Bundesstaat Pennsylvania. Das Ergebnis bestätigte ihre Vermutung: Gerade Menschen, die beruflich besonders viel mit anderen interagieren müssen, etwa indem sie häufig mit Kunden im Kontakt sind oder in der Öffentlichkeit stehen, haben ein erhöhtes Risiko, an Depressionen zu erkranken. Gut nachvollziehbar, denn wer im Beruf mit jedem mitfühlt, der rennt einen emotionalen Marathon. Spätestens wenn er die Ziellinie des Feierabends erreicht, ist die Kondition erschöpft.

Empathie macht einsam

Einfühlungsvermögen hat tatsächlich eine begrenzte Kapazität: Wer sich tagsüber zu sehr empathisch verausgabt, der kommt abends abgestumpft nach Hause. Das belastet Beziehungen mitunter stark, wie ein amerikanisches Forschertrio herausfand. Jonathon Halbesleben von der University of Alabama und seine Kollegen untersuchten im Jahr 2009 den Einfluss von Arbeitsengagement auf familiäre Beziehungen. Dazu analysierten die Forscher insgesamt Daten von 844 Angestellten in verschiedenen Branchen – darunter Lehrer ebenso wie Bankangestellte, Feuerwehrmänner und Friseure. Die Mitarbeiter, die sich besonders gut in Kollegen hineinversetzen konnten oder diese nach Kräften unterstützten, hatten ein Problem: das Aufrechterhalten guter Beziehungen zu ihren Freunden und Verwandten. Nicht nur, dass sie logischerweise die Zeit, die sie im Job verbrachten, nicht für ihr Privatleben nutzen konnten. Sie zeigten sich im privaten Umfeld auch deutlich weniger empathisch. Die Forscher hatten dafür eine einfache Erklärung: Empathie ist eine begrenzte Ressource. Wer sie bereits im Job verbraucht, dem fehlt sie im Privaten.

Das erklärt auch, warum wir abends nicht sonderlich erfreut sind, wenn unser Partner uns nach einem anstrengenden Tag mit Themen behelligen möchte, die uns Mitgefühl abverlangen. Nicht nur, dass wir geistig geschafft sind, auch unsere Empathie ist erschöpft. Gespräche, in denen unser Mitgefühl gefragt ist, sollten wir daher eher auf Abende verschieben, an denen wir in besserer empathischer Kondition sind. Oder wir achten von vornherein darauf, unser Einfühlungsvermögen im Job nicht überzustrapazieren. Mitfühlen und Mithelfen sind zwar wichtig und fördern ein gutes Arbeitsklima, wenn aber danach der Haussegen schief hängt, ist es das sicher nicht wert. Gelingt es uns, bewusster mit unserer Empathie im Berufsalltag hauszuhalten, schont das nicht nur unsere Nerven. Es sorgt auch für bessere Gespräche mit Freunden und Familie, und das wiederum stärkt unsere eigene Vertrauenskompetenz den Menschen gegenüber, die uns besonders am Herzen liegen.

Auf das richtige Maß kommt es an

Viel Empathie, wenig Empathie – was ist denn nun richtig? Und was hilft uns, wenn es um Vertrauen geht? Die richtige Antwort lautet: Beides. Die Frage ist nicht, ob wir empathisch gegenüber Mitmenschen sein sollten, sondern eher wann, gegenüber wem und in welcher Dosis. Wer sich überhaupt nicht empathisch zeigt, die Gefühle anderer ignoriert und niemandem zur Seite steht, der ist schnell einsam. Empathie ist nun einmal eine zentrale Zutat für gute und vertrauensvolle Beziehungen. Wer allerdings zu empathisch ist, bei jedem mitfühlt, der riskiert nicht nur, sich emotional zu verausgaben. Er setzt auch seine Beziehungen im Privatleben aufs Spiel. Deshalb brauchen wir ein gutes Gleichgewicht zwischen Empathie auf der einen und Abgrenzung auf der anderen Seite. Abgrenzung dient der Harmonie in unseren Beziehungen und trägt dazu bei, dass wir ausgeglichener und zufriedener sind – und dann klappt es auch mit dem Vertrauen leichter.

Empathie in anderen Ländern

Werfen wir zuletzt einen Blick über den Tellerrand: Wie sieht es mit dem Einfühlungsvermögen in anderen Ländern aus? Wo neigen Menschen dazu, sich gedanklich in andere hineinzuversetzen, mitzufühlen und sich um das Wohl anderer zu sorgen? Und sind die empathischsten Länder auch die, in denen Menschen besonders vertrauensvoll sind?

Weltweit: Empathie und Gemeinschaftssinn

Antworten auf diese Fragen lieferte die bisher größte internationale Studie von US-amerikanischen Wissenschaftlern. Ein Forscherteam um William Chopik analysierte 2017 die Daten einer Online-Umfrage, an der insgesamt 104 365 Erwachsene aus 63 Ländern teilnahmen. Die Studie erfasste neben verschiedenen Persönlichkeitseigenschaften auch zwei Arten von Empathie: das Mitgefühl für andere (emotionale Empathie) und die Fähigkeit, sich in andere hineinzuversetzen (kognitive Empathie).

Dänemark, das seit Jahren die »Top Drei« der Vertrauensländer anführt, gelang auch in dieser Studie der Sprung auf das Treppchen: Platz drei. Viel interessanter als die einzelnen Platzierungen im Ranking ist allerdings eine andere Erkenntnis der Forscher. Anhand einer statistischen Analyse konnten sie zeigen: Gerade Länder, in denen die Menschen sehr empathisch sind, zeigten hohe Werte in Bezug auf Faktoren wie Kollektivität, Emotionalität und prosoziales Verhalten. Die Forscher gehen davon aus, dass diese Faktoren zu einem hohen Empathievermögen führen. Und damit geht ja auch größeres Vertrauen einher.

Was aber können wir für unsere Beziehungen daraus lernen? Mindestens eines: uns selbst nicht so wichtig zu nehmen und stattdessen das Wohl der Gemeinschaft stärker in den Fokus zu stellen (Kollektivität), denn das fördert offensichtlich unser Einfühlungsvermögen. Überraschend ist das sicher nicht. Aber handeln wir auch danach? Stellen wir unsere eigenen Interessen zurück, wenn wir wissen, dass es für andere gut ist? Wer jetzt vorschnell mit »Ja« antwortet, den erinnere ich gerne daran, dass unsere Steuerabgaben genau auf diesem Prinzip beruhen. Etwas von seinem eigenen Wohlstand abzugeben, damit es der Gemeinschaft gut geht. Die Menschen in Dänemark machen vor, wie es geht. Dort sieht man Steuern als Investition in die Gemeinschaft, stellt sein eigenes finanzielles Wohl hintan und freut sich, wenn es anderen gut geht. Unsere dänischen Nachbarn haben das Empathierezept auch auf nationaler Ebene verstanden. Sie denken und handeln für andere. Das klingt vielleicht selbstverständlich. Tatsächlich ist es das allerdings immer weniger, wie eine weitere Studie deutlich macht.

USA: Empathie im Sinkflug

Empathie verliert an Bedeutung. Zumindest unter amerikanischen Studenten. Zu diesem Ergebnis kam eine Metastudie eines Forscherteams aus den USA im Jahr 2014. Sara Konrath und Edward O'Brian, die auch an der zuvor beschriebenen Studie beteiligt waren, wollten herausfinden, ob sich die Empathiefähigkeit amerikanischer Studenten über die Jahre verändert hat. Dafür untersuchten sie 72 Stichproben mit amerikanischen Studenten von 1979 bis 2009. Insgesamt machten 13737 Probanden Angaben über ihr Empathievermögen.

Die Ergebnisse regen zum Nachdenken an: Über die letzten dreißig Jahre, so lange erstreckt sich der Zeitraum der Studie, ist das Empathievermögen stark zurückgegangen. Insbesondere im Hinblick auf die empathische Fürsorge, also das Bedürfnis, anderen zu helfen, sowie die kognitive Empathie, das Übernehmen der Perspektive des anderen. Am stärksten war dieser Effekt in den Stichproben aus den Jahren nach 2000 zu beobachten. Die Forscher sahen darin eine globale Tendenz, zu der sie weitere Untersuchungen anstreben.

Was aber sorgte für den drastischen Rückgang der Empathiefähigkeit? Konrath und O'Brian machten unter anderem die Explosion der sozialen Medien für den Empathieverlust verantwortlich. Diese senken die Anzahl der persönlichen Interaktionen enorm und lassen uns regelrecht abstumpfen.

Was jedoch bedeutet das für uns selbst? Ob wir unsere Empathie verkümmern lassen, haben wir selbst in der Hand. Wir können soziale Medien bewusster konsumieren und sie nicht zu unserem Lebensmittelpunkt machen. Wer sich in den sozialen Netzwerken wie Facebook, Instagram, Twitter und Co. mehr zu Hause fühlt als bei Freunden und Familie, wer lieber virtuelle Freundschaften pflegt und für reale keine Zeit mehr hat, der stumpft ab. Empathisch gesehen.

Sie fühlen sich nicht angesprochen? Halten das vielleicht sogar für übertrieben? Dann sind Sie bisher vermutlich vom Social-Media-Fieber verschont geblieben. Viele junge Leute allerdings leiden bereits darunter. Fragen Sie heute einmal Ihre Kinder, Nichten und Neffen oder andere junge Erwachsene: Auf was würdest du auf keinen Fall verzichten? In den meisten Fällen landet dabei das Smartphone auf Platz eins. Das zumindest zeigen zahlreiche Studien. Eine 2017 von der Marketingagentur SYZYGY veröffentlichte repräsentative Umfrage unter Millennials – Erwachsenen, die zwischen 1981 und 1998 geboren sind – spricht deutliche Worte: Demnach würden 48 Prozent der Millennials lieber einen Monat auf das Frühstück und ganze 28 Prozent sogar eher auf Sex verzichten als auf ihr Smartphone. Warum aber lässt der steigende Medienkonsum unser Empathievermögen schrumpfen?

Wer in Gesprächen mehr auf sein Smartphone blickt als in die Augen seines Gegenübers, wer lieber Nachrichten per Handy oder E-Mail schreibt, als jemanden persönlich zu treffen, wer mehr Zeit in den sozialen Meiden verbringt als mit echten Menschen, der gönnt seinem Empathiemuskel dauerhaft eine Pause. Und wie das mit Muskeln üblich ist: Sie verkümmern, wenn wir sie nicht regelmäßig und ausreichend trainieren.

9. Rezept:
NEUTRALITÄT

Stellen Sie sich vor, Sie sitzen in einem kleinen Friseursalon und lassen sich verwöhnen. Da Sie an diesem Tag frei haben, sind Sie sehr gemütlich unterwegs. Eine bequeme Hose, ein schlichter Pulli. Nichts, womit Sie Eindruck schinden, aber genau die richtige Kleidung zum Wohlfühlen.

Dann kommt der Moment, in dem Sie zahlen wollen. Leider müssen Sie feststellen, dass Ihr Portemonnaie noch im Wagen liegt. Sie erklären der Friseurin die Situation und fügen hinzu: »Ich gehe kurz zum Wagen, hole das Geld und bin sofort zurück.«

Die junge Frau mustert ihr Freizeitoutfit und zögert. Die Skepsis ist ihr förmlich anzusehen.

Um die Situation zu entspannen, setzen Sie noch einmal an: »Mein Auto steht hier um die Ecke. Sie können sich darauf verlassen: In fünf Minuten bin ich zurück und bezahle – mit Trinkgeld.«

Bevor Sie jedoch den Salon verlassen dürfen, verlangt die junge Frau von Ihnen ein Pfand. »Sicher ist sicher«, sagt sie und lächelt verlegen.

Schließlich händigen Sie ihr das Handy aus und machen sich auf den Weg zum Auto.

Wie fühlen Sie sich in diesem Moment? Was geht Ihnen durch den Kopf? Und wie gehen Sie mit der indirekten Unterstellung um, die Zeche prellen zu wollen? Denn genau aus diesem Grund besteht die Friseurin auf einem Pfand. Sie hat Angst, auf der offenen Rechnung sitzen zu bleiben und am Ende selbst Geld zuschießen zu müssen. Mit Vertrauen hat das wenig zu tun.

Wie oft erleben wir im Alltag Situationen, in denen andere an unserer Vertrauenswürdigkeit zweifeln, mal mehr und mal weniger offensichtlich. Ich meine Momente, in denen sich jemand noch einmal rückversichert, etwas eigenhändig überprüft und uns unterschwellig damit signalisiert, dass er uns nicht sonderlich vertraut. Wovon ich spreche: die Freundin, die uns kurz vor einer Verabredung eine Nachricht auf das Smartphone schickt und fragt, ob es bei der Zeit bleibt. Der Chef, der alle Dokumente nochmals über den eigenen Tisch wandern lässt, bevor sie das Unternehmen verlassen. Oder der Kollege, der am Ende eines Termins eigens darauf hinweist, dass wir die Informationen bitte vertraulich behandeln.

Nehmen wir einmal an, Sie sind die Person, der genau solche Dinge passieren. Was macht das unterschwellige Misstrauen mit Ihnen? Welches Gefühl bleibt zurück, wenn Sie ganz offensichtlich spüren, dass Ihr Gegenüber Ihnen zutraut, nicht sorgfältig oder zuverlässig zu sein? Würden Sie sich bemühen, den Skeptiker vom Gegenteil zu überzeugen? Oder sind Sie eher der Typ, der resigniert und vielleicht tatsächlich schludert?

Und um auf den Friseurbesuch zurückzukommen: Haben Sie sich einmal gefragt, wie die Situation sich entwickelt hätte, wenn Sie nicht im Freizeitlook, sondern mit Hemd, Bluse oder im Anzug erschienen wären? Hätte die Friseurin Sie dann vielleicht ohne Pfand das Geld holen lassen?

Und die entscheidende Frage: Würden Sie zu einem anderen Zeitpunkt noch einmal in den Salon gehen? In einen Laden, in dem man Ihnen ganz offensichtlich nicht über den Weg traut, obwohl Sie sich nichts haben zuschulden kommen lassen?

Wenn Sie wie die meisten Menschen ticken, dann hätten Sie den Friseursalon vermutlich zum letzten Mal betreten.

Denn auf grundlose Skepsis und spürbares Misstrauen reagieren wir höchst allergisch. Deshalb meiden wir Menschen, die uns auf diese Weise begegnen.

Wie viel leichter ist unser Leben hingegen, wenn wir einander grundsätzlich mit Vertrauen begegnen. Um im Beispiel des Friseursalons zu bleiben: Wenn wir uns nicht hektisch auf die Suche nach dem Portemonnaie machen müssen, sondern ganz entspannt am nächsten Tag zahlen können – und uns später mit einem guten Trinkgeld bedanken.

Ist es nicht ein schönes Gefühl, wenn jemand prinzipiell davon ausgeht, dass wir unser Wort halten? Wie sehr motiviert sind wir dann, genau das zu tun? Und davon abgesehen: Ist es nicht ein Zeichen von persönlicher Reife, eine kleine Unachtsamkeit nicht gleich als generelle Charakterschwäche zu deuten, sondern als das, was es ist: ein Versehen, das uns allen ab und zu passiert. Das würde unser Leben so viel entspannter machen. Wir könnten viel gelassener miteinander umgehen – und uns gegenseitig unser Vertrauen beweisen, statt es einzufordern.

Wie jedoch bezeichnet man diesen Vertrauensvorschuss, das vorbehaltlose Zutrauen, dass jemand sich vertrauenswürdig verhält? Vielleicht verwundert Sie das, aber das ist nichts anderes als eine Facette von Neutralität. Sich neutral zu verhalten bedeutet im Hinblick auf Vertrauen, in die Beziehung zu investieren, statt sich herauszuhalten.

Definition von Neutralität

Neutralität ist die Haltung, den Menschen möglichst vorurteilslos zu begegnen, sie gerecht und anständig zu behandeln – oder um den neumodischen Begriff zu benutzen: fair zu sein. Wer neutral agiert, der toleriert und akzeptiert fremde Meinungen, Handlungsweisen und Sitten und geht grundsätzlich von der Vertrauenswürdigkeit der Menschen aus. Damit ist Neutralität keine angeborene, positive Charaktereigenschaft, die Menschen vertrauenswürdig macht, sondern eine Fähigkeit, die sich erlernen und trainieren lässt.

Wie wir Neutralität praktizieren können

Woran aber erkennt man, dass Menschen sich neutral verhalten, und wie können wir Neutralität im Alltag praktizieren?

Menschen halten uns für neutral:

… wenn wir anderen vorurteilslos und offen begegnen.
Wenn wir unvoreingenommen auf andere zugehen. Wenn wir offen sind für andere Erfahrungen, ohne diesen grundlos mit Skepsis zu begegnen.

… wenn wir anderen tolerant und fair entgegentreten.
Wenn wir andere Denk- und Verhaltensweisen akzeptieren und sie nicht grundsätzlich ablehnen oder verurteilen. Wenn wir andere gerecht behandeln und nicht nur an unseren eigenen Vorteil denken.

… wenn wir davon ausgehen, dass andere vertrauenswürdig sind.
Wenn unsere Grundhaltung darin besteht, erst einmal von der Vertrauenswürdigkeit der Menschen auszugehen, statt hinter allem eine Gefahr zu wittern. Zumindest bis sie uns eines Besseren belehren. Gelingt uns das, werden wir in den allermeisten Fällen feststellen, dass unser Vertrauen nicht enttäuscht wird.

Dass das kein Luftschloss ist, sondern gerade in den vertrauensstarken Ländern zum Alltag gehört, zeigt auch diese Geschichte aus Kanada.

Vertrauen schafft Vertrauen – auch in Kanada

An einem heißen Sommertag war ich in Montreal für einige Interviews unterwegs. Für die Mittagspause suchte ich mir ein kleines Bistro in einer Nebenstraße und freute mich, das erste Mal an diesem Tag zur Ruhe zu kommen. Mit acht Kilo Kameraequipment auf den Schultern stundenlang durch eine Großstadt zu laufen ist wirklich nichts für Untrainierte, stellte ich fest.

Als ich zahlen wollte, merkte ich plötzlich, dass ich kein Geld dabeihatte. Nicht mal meinen Ausweis oder den Führerschein. Nichts. Denn all das steckte fein säuberlich geordnet in meinem Portemonnaie. Und das lag an einem sicheren Ort: im Safe meines Hotelzimmers.

Keine leichte Situation, denn dass ich kein Stammgast war, war mehr als deutlich. Dank meiner Kameraausrüstung war mein Touristenstatus nicht zu übersehen und verriet: Diese Frau ist auf der Durchreise. Nicht einfach, so das Vertrauen der Kellnerin zu gewinnen. Und das brauchte ich an dieser Stelle, um mich aus der Misere zu befreien.

Also machte ich mir Gedanken, wie ich vorgehen wollte: Bot ich ihr an, ein Pfand dazulassen? Aber was? Ausweis und Führerschein fielen weg, eine Armbanduhr trug ich nicht, und mein Smartphone brauchte ich als Navigationshilfe, um zurück zum Hotel zu finden. Großartig!

Am Ende stand ich verlegen vor der Kellnerin und erklärte ihr mein Dilemma. Mit dem, was dann geschah, hatte ich nicht gerechnet.

Die junge Frau lachte herzlich und sagte nur: »Ach, die Situation kenne ich. Das ist mir auch schon öfter passiert. Wir sind heute Abend bis um 19 Uhr hier. Komm einfach noch mal vorbei und zahle dann.«

Hatte ich richtig gehört? Kein Pfand? Keine Sicherheit, dass ich wiederkomme? Nichts? Sie ließ mich einfach so gehen? Oder hatte ich sie vielleicht missverstanden? Schließlich lief unser Gespräch auf Englisch.

Die junge Frau spürte meine Unsicherheit und fügte lächelnd hinzu: »Das ist schon okay. Ich weiß doch, dass du wiederkommst.« Dann drehte sie sich um und ging zum nächsten Tisch.

Und ich? Ich eilte auf direktem Weg zum Hotel, stellte meinen Rucksack in die Ecke, schnappte mir das Portemonnaie und rannte den gesamten Weg zurück. Diesen großen Vertrauensvorschuss wollte ich so schnell wie möglich bestätigen.

Im Bistro angekommen, begrüßte mich die Kellnerin schon von Weitem mit den Worten »Siehst du, ich wusste doch, dass du wiederkommst!«, und wir mussten beide lachen. Ich zahlte und gab das erste Mal in meinem Leben mehr Trinkgeld, als der Rechnungsbetrag ausmachte. Als Dankeschön.

Ich blieb noch eine Weile im Bistro und kam mit Melissa ins Gespräch, der netten Kellnerin, die mir aus meiner Misere geholfen hatte. Mich interessierte brennend, was sie dazu veranlasst hatte, mich ohne Pfand gehen zu lassen. Warum sie das Risiko einging, dass ich die Zeche prellte. Denn im Zweifelsfall hätte sie den Betrag selbst zahlen müssen, so wie in der Gastronomie auch in Deutschland üblich.

»Warum ich dir vertraut habe? Na ja, du hast mir keinen Grund gegeben, es nicht zu tun.«

Ich staunte nicht schlecht über ihre Antwort. Ich hatte ihr zwar keinen Grund gegeben, mir *nicht* zu vertrauen, aber genau genommen auch keinen, es zu tun. Sie tat es einfach. Aus Prinzip.

Die Geschichte aus Kanada könnte uns sicher auch hierzulande passieren. Ausnahmen bestätigen ja bekanntlich die

Regel. In den vertrauensvollen Ländern hingegen ist diese positive Grundhaltung den Mitmenschen tief im Denken verankert.

Überrascht hat mich, mit welcher Selbstverständlichkeit die Menschen anderenorts auch Fremden Vertrauen schenken – nicht nur Freunden, Verwandten oder Personen, mit denen sie täglich zu tun haben.

Wie sich Neutralität im Alltag äußert, das verbindet die vertrauensstarken Nationen tatsächlich. So konnte ich vier gemeinsame Neutralitätszutaten finden, die in keinem Vertrauensrezept fehlen dürfen. Diese können wir wirkungsvoll den vorangegangenen Rezepten untermischen, denn sie sind echte Vertrauensstifter, die unsere Beziehungen harmonisch abrunden.

Damit Sie wissen, wie Sie durch den Einsatz von Neutralität vertrauensstärkend agieren und wem Sie guten Gewissens vertrauen können, mache ich Sie gerne mit den einzelnen Zutaten vertraut.

Zutaten für Neutralität

Folgende Merkmale können uns im Alltag helfen, Menschen zu erkennen, die die Kunst der Neutralität beherrschen. Sie dienen uns überdies als Orientierung, wie wir uns selbst neutral verhalten können.

Vorurteilsfreiheit

Die erste Zutat für Neutralität und gleichzeitig eine wesentliche Grundlage für jede Form von Vertrauen ist die Vorurteilsfreiheit. Woran man sie erkennt? Menschen, die frei von Vorurteilen sind, begegnen anderen offen und unvoreingenommen. Sie beurteilen Menschen weder aufgrund von Äußerlichkeiten – wie Körperfülle, Kleidungsstil, Haarfarbe oder Tattoos –, noch aufgrund von Einstellungen, Denk- oder Verhaltensweisen. Jemand, der unvoreingenommen ist, steckt Mitmenschen nicht in Schubladen, sondern macht sich die Mühe, sie selbst kennenzulernen. Er lässt sich nicht von Gerede und Gerüchten beeinflussen, sondern vertraut auf eigene Erfahrungen.

Sie werden feststellen: Vorurteilsfreiheit ist eng verknüpft mit dem Vertrauensrezept Respekt und seinen Zutaten Wohlwollen, Anerkennung, Augenhöhe sowie den anderen Zutaten für Neutralität.

Menschen, die anderen unvoreingenommen begegnen, werden häufig als fair, respektvoll und ausgleichend empfunden. Auch deshalb fühlen sich Mitmenschen in ihrer Nähe wohl und sind eher bereit, ihnen zu vertrauen.

Toleranz

Die zweite und ebenso wichtige Zutat für Neutralität ist Toleranz. Woran man sie erkennt? Ein toleranter Mensch ist offen für Denkarten, Verhaltensweisen und Überzeugungen, die von seinen eigenen abweichen. Das bedeutet nicht, dass er sie gutheißen muss, er kann sie allerdings gelten lassen, ohne sie kategorisch abzulehnen.

Das macht die Toleranzidee zu einer Notwendigkeit, um in unserer heutigen Gesellschaft leben zu können. Menschen mit verschiedenen politischen, religiösen und kulturellen Hintergründen können nur friedlich zusammenleben, wenn sie die Andersartigkeit ihrer Mitmenschen akzeptieren. Nur so kann eine Gesellschaft entstehen, in der jeder seinen Platz hat. Das macht den Toleranzgedanken zu einem wesentlichen Pfeiler für ein gelingendes Miteinander. Deshalb ist Toleranz eng verknüpft mit dem Vertrauensrezept Respekt und seinen Zutaten Wohlwollen, Rücksicht, Anerkennung, Augenhöhe sowie den Zutaten, die Sie in diesem Rezept noch kennenlernen werden.

Was passiert, wenn Menschen andere Meinungen, Glaubensrichtungen und Ähnliches *nicht* tolerieren, können wir uns jeden Abend in den Nachrichten ansehen. Krieg ist die wohl schlimmste Form von Intoleranz. Wir müssen jedoch gar nicht so weit wegschauen. Die meisten Konflikte, die wir in unserem Alltag erleben, gehen auf Intoleranz zurück: Wenn Menschen nicht willens oder in der Lage sind, andere Denk- und Verhaltensweisen als die eigenen zuzulassen, sondern ihren eigenen Standpunkt als den einzig richtigen ansehen.

Können wir uns hingegen darauf verständigen, dass es nicht nur Schwarz und Weiß gibt, sondern die Welt bunt ist und Vielfalt eine Bereicherung und keine Bedrohung, ist das ein wichtiger Schritt zu einem gelassenen und harmonischen Umgang miteinander. Oder, um es mit den Worten von Meryl zu sagen, einer jungen Designerin, die ich in New York traf: »Toleranz verleiht unseren Beziehungen und unserem Leben mehr Farbe.«

Tatsächlich ist Toleranz kein »Nice to have«, um gute Beziehungen zu führen. Es ist eine absolute Notwendigkeit, gerade dann, wenn Meinungen auseinandergehen und man dennoch einen gemeinsamen Weg finden will. Ohne das Dulden anderer Sicht- und Denkweisen sind Konflikte praktisch vorprogrammiert.

Was aber hat das mit Vertrauen zu tun? Konflikte sind Vertrauensfallen, in denen wir häufig und schnell Vertrauen verlieren. Entweder weil jemand es uns entzieht oder weil unser eigenes Vertrauen in andere Menschen erodiert. Das jedoch muss nicht sein, denn toleranter zu sein kann uns auf zwei Arten helfen, das Vertrauen in unseren Beziehungen zu bewahren: einerseits als Vertrauensstifter, als wichtige Zutat, um Vertrauen aufzubauen und zu erhalten. Andererseits als Konfliktschlichter, um eine

Auseinandersetzung zu entschärfen und so das Vertrauen zu bewahren.

Vor diesem Hintergrund wird deutlich, warum Toleranz eine elementare Zutat für Vertrauen ist, die wir unbedingt brauchen, um vertrauensvolle und stabile Beziehungen zu führen.

Wie sich Toleranz und Vorurteilslosigkeit souverän umsetzen lassen, zeigt auch die folgende ungewöhnliche Geschichte aus Kanada:

Wenn Vielfalt zur Normalität wird

Im November 2015 setzte Justin Trudeau, Premierminister Kanadas, ein beeindruckendes Zeichen für Neutralität. Als er kurz nach seiner Wahl das neue Kabinett vorstellte, konnten Menschen auf der ganzen Welt ihren Augen kaum trauen. Denn die Zusammensetzung der neuen Regierung war für politische Verhältnisse mehr als ungewöhnlich. Die von Trudeau ernannten Regierungsvertreter waren ein Sinnbild für Toleranz und Vorurteilslosigkeit und suchten weltweit ihresgleichen. Die dreißigköpfige Regierungsmannschaft bestand exakt zur Hälfte aus Männern und Frauen sowie einer sehr ungewöhnlichen Mischung an Charakteren. Trudeau hatte sich einen Indianer, einen Eishockeyspieler, Flüchtlinge, Einwanderer und sogar einen Ex-Astronauten an die Seite geholt, um das Land zu regieren. Darunter auch einige Politikneulinge, ohne jegliche Vorerfahrung, denen er dennoch dieses verantwortungsvolle Amt zutraute.

Als Trudeau auf einer Pressekonferenz gefragt wurde, warum er ein so untypisches Kabinett zusammengestellt hatte, antwortete er souverän: »Weil 2015 ist.«

Diese Antwort verrät viel über die Haltung des kanadischen Premiers. Seit seinem Amtsantritt macht er sich stark für Toleranz, Vorurteilslosigkeit und Fairness – und wird dafür belohnt. Trudeau ist in der Bevölkerung beliebt, genießt ein hohes Ansehen, und die Menschen im Land vertrauen ihm.

Bei solch einem Vorbild an der Regierungsspitze wundert es mich nicht, dass Kanada zu den Ländern gehört, in denen Menschen einander tolerant begegnen und viel Vertrauen schenken. Menschen lernen auch durch Vorbilder, und der Mann im höchsten Amt Kanadas macht vor, wie es geht.

Nachdem ich selbst die Kanadier als sehr offen gegenüber anderen Denk- und Verhaltensweisen erlebt hatte, war ich neugierig, was die Statistik dazu sagt. War nur mein Eindruck so, oder sind die Kanadier auch messbar toleranter als andere Nationen? Tatsächlich ist dem so.

Laut einer 2018 veröffentlichten globalen Studie der BBC ist Kanada mit Abstand das toleranteste Land der Welt. So halten 74 Prozent der Kanadier ihre Mitmenschen für »sehr/eher tolerant«. Insgesamt 19 428 Erwachsene aus 27 Ländern waren für die Online-Studie gefragt worden: »Wie tolerant, glaubst du, sind Menschen in deinem Land gegenüber anderen in Bezug auf verschiedene Sichtweisen und Kulturen?« Im internationalen Durchschnitt glaubt nicht einmal die Hälfte der Befragten, dass ihre Landsleute »sehr/eher tolerant« sind. In Deutschland sind es immerhin 47 Prozent.

Fairness

Die dritte Zutat für das Neutralitätrezept ist Fairness – auch als Gerechtigkeit bekannt. Woran man sie erkennt? Ein fairer Mensch geht mit anderen gerecht und anständig um. Er befolgt gemeinsame Regeln, um sich redlich gegenüber der Gemeinschaft zu benehmen. Er verhält sich kollegial und legt Wert darauf, dass anderen durch sein Handeln keine Nachteile entstehen.

Im Kern von Fairness liegt der Gleichheitsgedanke, die gleichwertige Behandlung aller Mitglieder einer Gemeinschaft. Deshalb begegnet uns Fairness häufig in Begleitung anderer Vertrauenszutaten aus den Rezepten für Ehrlichkeit, Respekt, Empathie und Neutralität.

Damit wir in einer Gemeinschaft friedlich zusammenleben können, müssen wir miteinander kooperieren und uns prosozial verhalten. Fairness ist eine elementare Zutat dafür. Ebenso wie Unterstützung, Empathie und Vertrauen sind die Grundzüge dafür in uns genetisch angelegt. Das stellen die beiden Verhaltensforscher Natalie und Joseph Henrich in ihrem Buch *Why Humans Cooperate: A Cultural and Evolutionary Explanation* – zu Deutsch: *Warum Menschen kooperieren: Eine kulturelle und evolutionäre Erklärung* heraus. Sie zeigen anhand der Betrachtung verschiedener Theorien und Experimente aus der Kooperationsforschung, dass Menschen ein tiefes Verlangen nach Fairness haben und bereit sind, dafür einiges in Kauf zu nehmen.

Und das kennen die meisten von uns aus eigener Erfahrung. Rache ist manchmal eben wirklich süß. Zumindest dann, wenn sie als gerecht empfunden wird. Das hat eine evolutionspsychologische Erklärung: Rache, die der Gerechtigkeit dient – die unfaires Verhalten sanktioniert und faires Verhalten positiv bestärkt –, fördert den Zusammenhalt und das Vertrauen innerhalb einer Gruppe. Damit Gerechtigkeit siegt, sind Menschen sogar bereit, in die eigene Tasche zu greifen.

Das bestätigte auch eine Studie unter der Leitung des Verhaltensforschers David De Cremer von der University of Cambridge aus dem Jahr 2010. Das Forscherteam konnte zeigen, dass gerade als unehrlich und unfair erlebtes Verhalten dazu führt, dass Menschen anderen ihr Vertrauen entziehen. Dazu ließen die Forscher ihre Probanden das »Ultimatumspiel« spielen, ein bekanntes Experiment aus der Spieltheorie. Der Versuchsaufbau ist einfach: Person A bekommt 100 Dollar, die sie mit Person B teilen muss. Wie viel A von dem Betrag an B abgibt, ist ihr überlassen. Sie kann auch alles oder nichts von der Geldsumme mit B teilen. B hingegen hat nur zwei Möglichkeiten. Entweder nimmt B das Angebot an, dann erhalten beide den durch A bestimmten Anteil der 100 Dollar. Oder B lehnt ab, dann gehen beide leer aus. Die spannende Frage lautet also: Ab wann nimmt B das Angebot an?

Vielleicht sagen Sie jetzt: Immer. Denn ein bisschen Geld zu bekommen ist schließlich besser, als ganz leer auszugehen. Rational betrachtet stimmt das durchaus. Allerdings entscheiden Menschen in diesem Experiment nicht rational, sondern emotional. Sie treffen ihre Entscheidung aufgrund der erlebten Fairness, die von A ausgeht.

Das Experiment wurde bis heute viele Tausend Mal von Forschern auf der ganzen Welt durchgeführt. Das Ergebnis ist stets dasselbe: Erst ab einem Teilungsverhältnis von sechzig zu vierzig, also einem Mindestwert von 40 Dollar, willigt B im Durchschnitt in den Deal ein. Darunter lehnt B ihn ab und geht lieber leer aus, als das unfaire Verhalten von A zu unterstützen.

Was das Experiment so besonders macht: Es zeigt den Stellenwert von Fairness für gelingende Beziehungen. Verletzt jemand die ungeschriebene Fairness-Regel, scheuen wir weder Kosten noch Mühe, um ihn zu bestrafen, und entziehen ihm unser Vertrauen.

Das zeigte auch das Ergebnis der Studie von De Cremer: Die Probanden im Experiment erwarteten nicht nur Fairness von ihrem Gegenüber, sie gründeten ihr Vertrauen oder Misstrauen auch darauf, ob sich jemand ihnen gegenüber fair verhielt. Nachdem das Spiel abgeschlossen war, wurden die Probanden befragt, wie vertrauenswürdig sie ihren Mitspieler einschätzten. Diejenigen, die das Verhalten ihres Mitspielers als unfair erlebt hatten, schätzten ihn deutlich weniger vertrauenswürdig ein als diejenigen, die das Verhalten ihres Gegenübers als fair erlebt hatten.

Das Experiment von De Cremer ist nur eines von vielen, die zeigen: Fairness ist nicht nur eine elementare Zutat, um Vertrauen zu gewinnen, sondern auch ein hoher Wert, den Menschen geschützt wissen wollen. Gelingt es uns, diesen aktiv in unsere Beziehungen einzubringen, profitieren wir davon sogar doppelt. Einerseits gewinnen wir leichter das Vertrauen unseres Gegenübers, andererseits vermeiden wir dadurch Sanktionen, die uns sehr wahrscheinlich erwarten, wenn wir uns unfair verhalten. Fair gewinnt – nicht nur im Hinblick auf Vertrauen.

Wie wichtig Fairness ganz allgemein für das persönliche Wohlbefinden ist, konnte ein Forscherteam um Shigehiro Oishi von der University of Virginia im Jahr 2011 zeigen. Dazu untersuchten die Forscher in einer groß angelegten Studie den Zusammenhang zwischen nationaler Einkommensungleichheit und persönlichem Wohlbefinden. Sie gingen davon aus, dass mit zunehmender Ungleichheit der Gehälter die Menschen einander weniger vertrauen. Den Grund dafür vermuteten sie in der wahrgenommenen Ungerechtigkeit: im Sinne von »die Reichen werden immer reicher«. Sie nahmen an, dass sich die fehlende Fairness und das sinkende Vertrauen in Mitmenschen negativ auf das persönliche Glück auswirken.

Um ihre Annahme zu überprüfen, analysierten die Forscher die Daten von mehr als 53 000 Befragten einer groß angelegten Umfrage in den USA, dem *General Social Survey*, aus den Jahren 1972 bis 2008.

Die Wissenschaftler fanden heraus: In Jahren mit größerer Einkommensgleichheit waren die Amerikaner glücklicher als in Jahren mit stark differenzierenden Gehältern. Dieser Effekt zeigte sich für die unteren bis mittleren Einkommensschichten, nicht jedoch für die oberen. Nun könnte man annehmen, dass sich das persönliche Glück in Jahren mit geringen Einkommensunterschieden durch einen höheren Verdienst und den damit einhergehenden höheren Lebensstandard erklären ließ.

Tatsächlich konnte der Zusammenhang zwischen höherer Einkommensungleichheit und geringerem Wohlbefinden jedoch durch ein sinkendes Vertrauen und die erlebte Ungerechtigkeit erklärt werden. Mit anderen Worten: Unfairness und ein geringes Vertrauen in andere Menschen machen unglücklich. Im Übrigen auch über die Landesgrenzen der Vereinigten Staaten hinaus, wie andere Studien zeigen.

Ob wir glücklich sein und vertrauensvolle Beziehungen führen können, darauf nehmen also auch äußere Rahmenbedingungen Einfluss. Erlebte Fairness auf nationaler Ebene – etwa durch Einkommensgleichheit, Chancengleichheit, ein intaktes Rechtssystem und ein demokratisches politisches System – können es uns erleichtern, unseren Mitmenschen zu vertrauen und glücklich zu sein. Ein Aspekt, den wir im Hinterkopf behalten können, wenn wir bei den nächsten Wahlen vor der Frage stehen, wem wir unsere Stimme anvertrauen.

Vertrauensvorschuss

Auch der Vertrauensvorschuss darf in keinem Neutralitätsrezept fehlen. Woran man ihn erkennt? Menschen, die Vertrauen vorschießen, gehen grundsätzlich von der Vertrauenswürdigkeit des anderen aus. Sie investieren Zuversicht in die Beziehungen, anstatt sich herauszuhalten, und glauben daran, dass ihre Mitmenschen ihnen wohlgesinnt sind. Sie besitzen also eine gesunde Portion Optimismus und Gelassenheit, die es ihnen ermöglichen, auch das im Vertrauen liegende Risiko und die Unsicherheit auszuhalten, die nun einmal in der Sache liegen. Nicht zuletzt, weil sie um die vielen positiven Effekte wissen, die Vertrauen hat.

Menschen, die Vertrauen aktiv investieren, wissen, dass Vertrauen prinzipiell enttäuscht werden kann, und entscheiden sich dennoch dafür – aus Überzeugung. Diese Erfahrung habe ich in vielen Interviews mit Menschen weltweit gesammelt.

In Chicago traf ich beispielsweise auf Kathrin – verheiratet und Mutter von zwei Söhnen –, die in ihrem Leben bereits einige Schicksalsschläge verkraften musste. Sie erzählte mir, dass sie Menschen stets einen Vertrauensvorschuss gewährt, aus Prinzip. Natürlich war ich neugierig, wie ihr das immer wieder aufs Neue gelang, trotz der vielen Enttäuschungen, die wir alle in unserem Leben erfahren. Ihre Antwort kam aus tiefstem Herzen, das spürte ich: »Anderen zu vertrauen ist eine Entscheidung. Und die habe ich getroffen. Ich habe ein gesundes Selbstvertrauen. Ich weiß, dass ich mich auf mich verlassen kann. Und deshalb weiß ich auch: Selbst wenn ich mal enttäuscht werde, es ist nicht das Ende der Welt. Dieses Bewusstsein hilft mir, meine Grundsatzentscheidung für Vertrauen nicht infrage zu stellen.«

Vertrauen als Entscheidung, an das Gute im Menschen zu glauben und sich bewusst zu sein, dass Enttäuschungen dazugehören, ohne deshalb Vertrauen grundsätzlich infrage zu stellen. Diese Antwort habe ich von meinen Interviewpartnern immer wieder gehört: in verschiedenen Sprachen, von Menschen aus allen vertrauensstarken Nationen.

Auch von Shi Xing Mi, dem Schweizer Shaolin-Mönch, den Sie bereits kennengelernt haben. Seine Antwort auf meine Frage, warum einige Menschen anderen leicht einen Vertrauensvorschuss geben und andere eher misstrauisch sind, war die mit Abstand ungewöhnlichste. Denn er antwortete mit dieser Geschichte:

»Jeder von uns trägt zwei Wölfe in sich. Der eine heißt Vertrauen, der andere Misstrauen. Beide kämpfen miteinander. Jeden Tag, immer wieder aufs Neue. Mal gewinnt der eine und mal der andere.« Dann schwieg er.

»Welcher Wolf aber gewinnt am Ende?«, wollte ich wissen. Denn das war doch die spannende Frage.

»Der Wolf, den du fütterst. Wenn du weißt, welchen Wolf du dauerhaft an deiner Seite möchtest, dann kümmere dich gut um ihn. Dann bleibt er dein treuer Begleiter, wohin auch immer dein Weg dich führt.«

Zwei Perspektiven auf die Frage, wie wir es schaffen, anderen Menschen grundsätzlich zu vertrauen. Was aber hilft uns ganz konkret für den Vertrauensvorschuss, die Neutralitätszutat Nummer vier? Ist es die Grundsatzentscheidung für Vertrauen, wie Kathrin es von sich beschreibt, oder eher ein wieder und wieder »Füttern« von Vertrauen – also das Entscheiden in den vielen kleinen Momenten des Alltags –, wie in der Geschichte von Shi Xing Mi?

Eine Antwort darauf gab mir Jan, ein niederländischer Unternehmer, den ich in Enschede zum Interview traf. Jan ist ein lockerer Typ, mit blonden, wilden Locken, der in seiner Freizeit gerne das Sakko gegen sein Surfbrett eintauscht, wie er mir erzählte. »Ich glaube, das Geheimnis, um Menschen immer wieder aufs Neue Vertrauen zu schenken, ist die einmal getroffene Entscheidung. Der

Deal mit dir selbst. Wenn du den gemacht hast, dann haut dich auch eine Enttäuschung nicht so schnell aus den Socken. Denn an deiner grundlegenden Entscheidung ändert das nichts. Es ist wie beim Surfen. Wenn du dich entschieden hast, dass du raus aufs Wasser willst, dann halten dich weder Regen noch Kälte oder Wind davon ab. Wenn du den Entschluss gefasst hast, dann fragst du dich nicht mehr, ob du aufs Brett willst, sondern nur noch, wie dir das gelingt. Und das hilft dir, auch bei starken Windböen die Geduld und die Kraft zu haben, aufs Brett zu kommen. Sogar wenn es dich zuvor übel geschmissen hat.«

Auch Götz Werner, Gründer und Aufsichtsrat der Drogeriemarktkette dm, ist davon überzeugt, dass Vertrauen mit einer Entscheidung beginnt. Eines Nachmittags, ich saß im ICE auf dem Weg von Münster nach Berlin, klingelte mein Handy. Am anderen Ende war tatsächlich Götz Werner: »Sie würden gerne mit mir über Vertrauen sprechen, habe ich gehört. Was genau möchten Sie denn von mir wissen?« Ein rasanter Start in ein unglaublich spannendes Interview. Die Quintessenz bringt der Unternehmer so auf den Punkt: »Zutrauen ist der Anfang von Vertrauen. Wenn du jemandem nicht zutraust, sich vertrauenswürdig zu verhalten, dann wird er es auch nicht tun. Vertrauen ist zu Beginn einer Beziehung – wenn man sich noch gar nicht kennt – ein großes Wort. Ich spreche lieber von Zutrauen, es grundsätzlich für möglich zu halten, dass sich jemand anständig verhält. Und aus Zutrauen, das nicht enttäuscht wird, entsteht schnell Vertrauen.«

Zutrauen zu verschenken – vielleicht eine Brücke, die uns hilft, wenn das Wort »Vertrauen« noch zu groß klingt. Denn, wie es Götz Werner formuliert: »Zutrauen ist der erste Schritt ins Vertrauen.«

Diese Beispiele zeigen: Vertrauen ist eine Entscheidung. Ein Entschluss, grundsätzlich von der Vertrauenswürdigkeit der Mitmenschen auszugehen und ihnen zuzutrauen, sich anständig zu verhalten. Die Grundsatzentscheidung für Vertrauen zu treffen in dem Wissen, dass man prinzipiell enttäuscht werden kann.

Das scheint eines der Geheimnisse zu sein, warum es Menschen in vielen Ländern leichter gelingt, anderen einen Vertrauensvorschuss zu geben.

Die neun Vertrauensrezepte können uns dabei helfen, mit Vertrauen klug in Vorleistung zu gehen, es zu investieren, statt es einzufordern. Denn die darin enthaltenen Zutaten liefern uns Anhaltspunkte, wem wir guten Gewissens Vertrauen schenken können. Mit regelmäßigem Training kommt mit der Zeit auch die Routine, und die ist ein wesentlicher Aspekt, der uns den Weg ins Vertrauen erleichtert. Das erfuhr ich von Guido Möllering, Professor für Wirtschaftswissenschaften an der Universität Witten-Herdecke. Der Vertrauensforscher beschäftigt sich seit mehr als zwanzig Jahren mit dem Thema Vertrauen. Er erklärte mir: »Je häufiger wir anderen vertrauen und damit positive Erfahrungen machen, desto leichter fällt uns mit jedem weiteren Mal der Schritt ins Vertrauen.« Vertrauen hat auch mit Training, sprich Routine zu tun. Wer sich immer wieder aufs Neue dafür entscheidet, dem fällt später die Grundsatzentscheidung für Vertrauen leichter.

Worauf es am Ende ankommt, ist die Entscheidung. Ein Entschluss, den jeder für sich treffen kann. Es stimmt tatsächlich: Vertrauen kann jeder.

Neutralität schafft Vertrauen

Warum aber gewinnen gerade Menschen das Vertrauen anderer, die sich neutral verhalten? Die ihren Mitmenschen unvoreingenommen begegnen? Die sich fair und tolerant verhalten? Und die grundsätzlich von der Vertrauenswürdigkeit ihres Gegenübers ausgehen?

Neutralität schafft einen bewertungsfreien Raum. Darin können wir sagen, was wir denken und fühlen, ohne die Angst zu haben, dafür verurteilt und abgelehnt zu werden. Eine neutrale Haltung vermittelt Wohlwollen. Sie dient uns als Hinweis auf ein faires, anständiges Verhalten der Person. Damit reduziert Neutralität das gefühlte Risiko, das wir im Vertrauen wittern. Warum das so ist, dazu gerne ein paar Beispiele aus der Praxis:

Wer neutral agiert, der steckt Mitmenschen nicht in Schubladen. Er begegnet anderen vorurteilsfrei, gibt ihnen die Chance, ihn kennenzulernen, und zieht keine voreiligen Schlüsse. Er bewertet weder, was sie sagen, noch, wie sie aussehen. Ein Typ in Jogginghose und Turnschuhen ist für ihn nicht mehr oder weniger wert als ein Anzugträger mit Schlips und Kragen. Er ist offen gegenüber Denk- und Verhaltensweisen, die von seinen eigenen abweichen. Er behandelt seine Mitmenschen fair, kommuniziert auf Augenhöhe und geht grundsätzlich von der Vertrauenswürdigkeit anderer aus. Diese unvoreingenommene und tolerante Haltung macht es anderen Personen leichter, authentisch zu sein und zu teilen, was sie in ihrem Inneren bewegt. Die dadurch auf natürliche Weise entstehende Nähe und bedingungslose Anerkennung bieten einen guten Nährboden für Vertrauen, auf dem es wachsen und gedeihen kann.

Darüber hinaus wirkt der freiwillige Vertrauensvorschuss

bindend und beziehungsstärkend. Wie wir bei den Vertrauensmythen und auch im Beispiel mit Melissa aus Kanada gesehen haben, wollen Menschen geschenktes Vertrauen bestätigen. Das führt dazu, dass sie sich tatsächlich als vertrauenswürdig erweisen. Hier greift der *Pygmalion-Effekt,* die positive Form der selbsterfüllenden Prophezeiung. Sieht jemand das Beste in seinem Gegenüber, glaubt an dessen Vertrauenswürdigkeit und schenkt ihm deshalb sein Vertrauen, steigt die Wahrscheinlichkeit, dass das Gegenüber sich tatsächlich vertrauenswürdig verhält.

Vertrauen, das investiert und bestätigt wird, stärkt die Beziehung und lässt das gegenseitige Vertrauen in ihr wachsen. Das geschenkte Vertrauen auf der einen Seite führt somit zu Vertrauen auf der anderen Seite. In anderen Worten: Vertrauen schafft Vertrauen. Ein Mechanismus, den wir selbst aktiv anwenden können, indem wir anderen einen Vertrauensvorschuss geben. Denn dann werden wir in den allermeisten Fällen feststellen, dass unser Vertrauen nicht enttäuscht, sondern bestätigt wird.

Neutralität in anderen Ländern

Wie aber halten es die Länder, die über ein generell hohes Vertrauen verfügen, mit der Neutralität? In welchen Gewändern kommt sie daher, und was können wir von den Menschen in diesen Ländern lernen?

Kanada: Vielfalt als Stärke

Ein Land, in dem Neutralität ganz großgeschrieben wird, ist Kanada, zwei Beispiele dafür habe ich Ihnen ja bereits gegeben. Woran man das noch merkt? Die Kanadier sind ein sehr aufgeschlossenes und tolerantes Volk. Nicht zuletzt durch die große Affinität zum Sport, vor allem Eishockey, haben sie ein Grundgefühl für Fairness und Toleranz entwickelt. In Kanada ist man es gewohnt, mit Menschen aus unterschiedlichen Ländern und Kulturen Sport zu treiben, zu arbeiten und aufzuwachsen. Laut einem Bericht der Vereinten Nationen (UN) aus dem Jahr 2017 besitzt fast jeder vierte Kanadier einen Migrationshintergrund. Tendenz steigend.

Schon von klein auf wird Kindern vermittelt, dass »Fair Play« – sich fair zu verhalten – nicht nur eine Regel im Sport, sondern eine Leitlinie für das harmonische Zusammenleben mit anderen ist. Rücksicht zu nehmen und respektvoll mit anderen umzugehen, das lernen die Kanadier schon in Kindertagen.

An der Spitze des Landes steht Justin Trudeau, der kanadische Premierminister. Sein ungewöhnlich zusammengestelltes Kabinett haben Sie bereits kennengelernt. Seit seinem Amtsantritt 2015 macht er sich für Toleranz, Offenheit und Fairness stark und wird dafür regelmäßig von seinen Landsleuten gefeiert. Er spricht in seinen öffentlichen Reden aus, was sich kaum ein europäischer Politiker heute zu sagen trauen würde: »An alle, die vor Verfolgung, Terror und Krieg flüchten: Kanada wird euch willkommen heißen. Unabhängig von eurem Glauben. Vielfalt ist unsere Stärke.«

Mit solchen Statements lebt Trudeau einer neuen, jungen Generation den kanadischen »Way of Life« vor. Toleranz, Fairness und Vorurteilsfreiheit, drei wesentliche Zutaten für Neutralität, sind plötzlich angesagt. Ein Beleg dafür, dass sich dieses Vertrauensrezept vorleben und einüben lässt.

Ein lebhaftes Beispiel dafür begegnete mir in Kanada persönlich: Dort traf ich auf Frederique, einen erst zehnjährigen Jungen, der mir vorschwärmte: »Trudeau, der ist schon ganz schön cool. Wenn ich groß bin, will ich mich auch für Gerechtigkeit einsetzen.«

Wenn sich schon die Kleinsten so für wichtige Vertrauenszutaten begeistern, wundert es nicht, dass Kanada eines der vertrauensvollsten Länder der Erde ist.

Schweden: Das harmonische Miteinander

Und wie sieht es bei unseren schwedischen Nachbarn aus, in dem Land, das seit Jahren stets unter den »Top Drei« der vertrauensvollsten Länder der Erde rangiert?

Die Schweden sind ein sehr neutrales Volk. Das hat auch historische Gründe: Bis ins Jahr 1905 gab es ein fast hundert Jahre anhaltendes Bündnis zwischen Norwegen und Schweden, das friedlich aufgelöst wurde. Etwa seit diesem Ereignis gilt im Heimatland von Astrid Lindgren die Devise, keine Allianzen zu bilden, nicht Partei zu ergreifen und sich im Kriegsfall aus allen Konflikten herauszuhalten. Diese neutrale konfliktvermeidende Einstellung prägt die Grundhaltung vieler Schweden bis heute.

Wer schon einmal mit Schweden zu tun hatte, der wird bemerkt haben, dass unsere nordischen Nachbarn harmonieliebend und kompromissbereit sind. Viele Schweden mögen keine Konflikte und weichen ihnen aus, wo immer sie können. So kommt es beispielsweise, dass Schweden das Wort »Nein« gerne vermeiden, weil sie keinen Unmut bei ihrem Gegenüber hervorrufen wollen. Das erzählte mir Sören, ein junger Architekt, den ich in Stockholm zum Interview traf.

»Wir Schweden mögen das Wort ›Nein‹ nicht. Es klingt so unhöflich und ablehnend. Stattdessen nutzen wir viele Varianten von ›Ja‹. Je nach Betonung bedeutet ein ›Ja‹ auch schon mal ›Vielleicht‹ oder sogar ›Nein, muss nicht sein‹.« Für mich wirkt das auf den ersten Blick kompliziert, für die Menschen in Schweden hingegen ist das ein Leichtes.

International: Konsens-Kultur und flache Hierarchien

Werfen wir zum Schluss noch einen Blick auf einige Merkmale für gelebte Neutralität, die viele Vertrauenschampions weltweit verbinden.

Was bei uns schnell als »fauler Kompromiss« gesehen wird, hat in anderen Ländern mit einem hohen Grundvertrauen in andere Menschen durchaus Methode: der Konsens.

Die Bewohner von Schweden, Norwegen, Dänemark, Kanada, den Niederlanden und auch der Schweiz haben im Hinblick auf die Lösung von Differenzen eines gemeinsam: Sie alle versuchen, eine gute Lösung für alle Beteiligten zu finden. Von Streitkultur keine Spur, stattdessen Toleranz, Fairness, Rücksicht und der Blick auf das gemeinsame Ziel.

»Im Berufsalltag kann das schon mal bedeuten, dass der Schwede, Däne oder Norweger noch diskutiert, wo der Deutsche schon längst die Flinte ins Korn geworfen und genervt das Meeting verlassen hätte. Konsens statt Konflikt lautet die skandinavische Devise.« Das erfuhr ich von Bernd Muckenschnabel, dem CEO eines großen Ferienhausanbieters mit skandinavischen Wurzeln.

Anderen Sichtweisen als der eigenen Raum zu geben, sie zu tolerieren, und zwar unabhängig davon, wer sie geäußert hat, ist ein wesentliches Merkmal einer neutralen Haltung. So ist es in den Niederlanden etwa nichts Ungewöhnliches, dass der Chef vor den Augen aller mit dem Praktikanten diskutiert und dessen Vorschlag am Ende umgesetzt wird. Die besten Argumente überzeugen, nicht die Position in der Hierarchie. Auch hier wirkt das Prinzip der Neutralität: Vorgesetzte behandeln ihre Angestellten gleichberechtigt, sehen sie als ebenbürtig. Hierarchien sind deutlich flacher als in Deutschland und haben kaum Bedeutung.

»Woran erkennt man dann in den Niederlanden, wer Chef und wer Mitarbeiter ist?«, fragte ich Henk, einen niederländischen Unternehmer, den ich schon seit vielen Jahren kenne.

»Der Chef arbeitet länger und trägt mehr Verantwortung. Mehr zu sagen hat er eigentlich nicht, denn die besten Argumente überzeugen. Jeder fühlt sich berechtigt, in Besprechungen seine Meinung zu äußern. Und zwar unabhängig von seiner Position oder davon, wie lange er bereits im Unternehmen ist. Ein so starkes Bewusstsein für Hierarchien wie in Deutschland, das habe ich bei uns noch nicht erlebt.«

Diese Gemeinsamkeiten zu betonen, sich unvoreingenommen, fair und tolerant zu begegnen und grundsätzlich davon auszugehen, dass andere vertrauenswürdig sind: Das ist das Wesen von Neutralität – und schafft Vertrauen. Eine Zutat, die wir viel öfter in unser Leben holen dürfen.

Nicht ohne Grund ist das Neutralitätsrezept das letzte der insgesamt neun Vertrauensrezepte. Es rundet nicht nur die Rezeptsammlung ab, es hilft überdies dabei, alle zuvor genannten Zutaten anzuwenden. Denn egal, ob es darum geht, sich in Verschwiegenheit zu üben, Ehrlichkeit an den Tag zu legen, Respekt zu zollen oder eines der übrigen Rezepte umzusetzen: Mit einer neutralen Haltung gelingt dies deutlich leichter. Das macht die vier Neutralitätszutaten – Vorurteilsfreiheit, Toleranz, Fairness und Vertrauensvorschuss – zu wesentlichen Grundzutaten, die in keinem Vertrauensrezept fehlen dürfen.

Was wir von den vertrauensstarken Ländern lernen können

Wie Sie gesehen haben, können wir einiges von den Bewohnern der Vertrauensländer lernen. Menschen aus diesen Nationen machen es vor: Vietnam, Kanada, USA, Schweden, Schweiz, Dänemark, Norwegen und die Niederlande. Vertrauen kann jeder.

Die zahlreichen Interviewpartner auf meinen Reisen durch diese Länder haben mir nicht nur ihre persönlichen Geschichten erzählt. Sie haben mir auch ihre bewährten Zutaten und Rezepte für Vertrauen verraten und die Erlaubnis gegeben, sie zu teilen.

So ist dieses umfassende Rezeptbuch mit lebendiger Wissenschaft, internationalen Geschichten, persönlichen Anekdoten und meinen eigenen Erfahrungen als Coach und Wirtschaftspsychologin entstanden. Die darin enthaltenen neun Vertrauensrezepte führen uns nicht nur vor Augen, wie facettenreich Vertrauen ist. Sie geben uns auch wertvolle Tipps und Hinweise, wie Vertrauen für jeden von uns gelingen kann.

Die Rezepte an sich können uns Mut machen und inspirieren, denn sie zeigen: Vertrauen ist kein Buch mit sieben Siegeln, sondern ein Zusammenspiel von unterschiedlichen Fähigkeiten – den Zutaten –, die wir erlernen und trainieren können. Nicht umsonst trägt dieses Buch den Titel *Vertrauen kann jeder*. Denn Vertrauen, ob wir es selbst gewinnen oder verschenken wollen, ist auch eine Sache des Trainings.

Jedes Training beginnt bekanntermaßen immer mit einem ersten Schritt: der Entscheidung anzufangen. Ich wünsche Ihnen deshalb die Kraft, sich dafür zu entscheiden, dem Vertrauen mehr zu vertrauen. Der Rest, der kommt dann fast wie von selbst. Denn: Vertrauen schafft Vertrauen.

Diese neun Vertrauensrezepte und ihre Zutaten haben Sie auf den vorangegangenen Seiten kennengelernt:

Verschwiegenheit
Ehrlichkeit
Respekt
Transparenz
Reliabilität
Aufrichtigkeit
Unterstützung
Empathie
Neutralität

Wie aber können Sie sich diese neun Rezepte merken? Hatte ich nicht anfangs gesagt, dass Vertrauen leicht ist, wenn wir wissen, wie es geht? Tatsächlich ist es das auch. Denn oft sind Dinge viel einfacher, als sie auf den ersten Blick aussehen ...

Vielleicht haben Sie es bereits bemerkt: Die Anfangs-buchstaben dieser neun Vertrauensrezepte ergeben gemeinsam das Wort VERTRAUEN.

Eine kleine Eselsbrücke für unseren Alltag, damit diese Vertrauensstifter leichter in Erinnerung bleiben. Womöglich schreiben Sie sich die Rezepte auf eine Karte und hängen diese an Ihren PC-Bildschirm, den Kühlschrank, den Badezimmerspiegel oder einen anderen Ort, an dem Sie die neun Vertrauensrezepte gut im Überblick haben. Ich beispielsweise habe sie als Bildschirmschoner auf meinem Smartphone.

Eine Übersicht aller Vertrauensrezepte finden Sie auch auf meiner Website (www.eva-schulte-austum.de) in der Rubrik »kostenlos«. Falls Sie selbst nicht kreativ werden möchten – und dennoch alle Rezepte leicht im Blick behalten wollen.

Dass ich die Rezepte gerne präsent habe, heißt nicht, dass ich mein ganzes Leben daraufhin ausrichte. Glauben Sie mir, es ist unrealistisch, alles in jeder Situation richtig machen zu wollen. Wer diesen Anspruch an sich hat, der frustriert sich sehr leicht selbst. Denn die falschen Maßstäbe erzeugen in uns schnell ein Gefühl von Unzulänglichkeit, und das schadet unserem Selbstvertrauen.

Den Perfektionisten unter Ihnen möchte ich deshalb zurufen: Trainieren Sie, aber seien Sie nicht zu hart mit sich. Legen Sie die Messlatte nicht zu hoch, und versuchen Sie nicht, alles immer richtig zu machen. Richtig gut zu sein – vor allem jeden Tag ein bisschen besser als gestern –, das reicht vollkommen.

Es geht also nicht darum, alle neun Rezepte auswendig zu lernen, eine Checkliste zu erstellen und zukünftig alles, was Sie tun, daraufhin zu überprüfen. Es geht vielmehr darum, ein Bewusstsein dafür zu entwickeln, was Vertrauen braucht, um entstehen und wachsen zu können. Und wenn Sie die wesentlichen Facetten im Hinterkopf haben, dann handeln Sie immer häufiger auch intuitiv danach.

Ich habe Ihnen die Zutaten aus aller Welt vorgestellt, damit Sie in Zukunft selbst entscheiden können, welche davon in Ihr persönliches Vertrauensrezept passen. Probieren Sie einfach aus, was Ihnen schmeckt.

In diesem Sinne: Betrachten Sie das Ganze spielerisch. Dann macht das Experimentieren mit den bewährten Zutaten gleich doppelt Freude. Sie kennen das bestimmt: Eine gute Köchin oder ein guter Koch wird frei kochen, experimentieren – und sich nicht an die Rezepte klammern. Damit Ihnen das gelingt, wünsche ich Ihnen die spielerische Neugier, sich selbst im Alltag zu beobachten, aber auch den Mut, Neues auszuprobieren und Altes abzulegen. Sie werden überrascht sein, wie leicht Sie mit den richtigen Zutaten eine vertrauensvolle Basis in Ihren Beziehungen schaffen können: zu Kunden, Kollegen, Freunden – und sogar zu Menschen, die Sie noch gar nicht kennen.

Immer wieder werde ich von meinen Coaching-Klienten und Gästen meiner Vorträge gefragt: »Wie steht es denn um Ihr eigenes Vertrauen? Beherrschen Sie alle Rezepte und Zutaten perfekt?« Berechtigte Fragen an eine Vertrauensexpertin. Die ehrliche Antwort lautet: »Nein, das tue ich nicht.« Obwohl ich mich seit zehn Jahren beruflich mit dem Thema Vertrauen und seinen Wirkmechanismen beschäftige, kann ich sagen: Nur weil ich weiß, welche Vertrauenszutaten sich besonders bewährt haben, heißt das nicht, dass ich immer danach handele. Auch mir passiert es, dass ich zu einer Verabredung zu spät komme, dass ich vergesse, auf eine E-Mail zu antworten, oder dass ich nicht so unvoreingenommen an eine Sache herangehe, wie ich es mir selbst wünschen würde. Und das ist okay.

Auch mir passiert es, dass ich hin und wieder in eine der vielen Vertrauensfallen tappe. Das ist nur menschlich und Teil des Spiels: Wer vertraut, kann verletzt werden. Wer allerdings nicht vertraut, der verletzt sich selbst. Denn ohne Vertrauen könnten wir keine Beziehungen führen, keine Verbundenheit spüren, Nähe und Geborgenheit wären uns fremd, und in der Quintessenz wären wir einsam. Einsam glücklich zu werden grenzt ans Unmögliche, denn als soziale Wesen brauchen wir andere Menschen, um glücklich zu sein. Der Weg zum Glück führt also immer auch über Vertrauen. Die Frage ist somit nicht, ob wir es uns leisten können, anderen zu vertrauen. Die Frage ist vielmehr, ob wir es uns leisten wollen, es nicht zu tun …

Auf der anderen Seite gilt auch: Wem vertraut wird, der

kann andere enttäuschen. Auch das ist Teil des Spiels. Wie häufig uns das allerdings passiert und ob wir deshalb gleich das Vertrauen anderer verlieren, darauf können wir Einfluss nehmen, wie wir im Ehrlichkeitsrezept gesehen haben.

Es geht also nicht darum, keine Fehler zu machen, sondern sie zu erkennen, Verantwortung zu übernehmen und dafür einzustehen. Dann verzeihen uns andere so manchen Fehltritt. Insbesondere wenn wir uns im Großen und Ganzen vertrauenswürdig verhalten.

Aus eigener Erfahrung weiß ich: Wenn wir uns grundsätzlich für Vertrauen entscheiden und unseren Alltag als Trainingsfeld begreifen, dann erkennen wir Vertrauensfallen mit der Zeit leichter, tappen seltener hinein und finden schneller wieder heraus. Und das ist das Entscheidende.

Damit es Ihnen gelingt, Vertrauen zu verschenken und geschenktes Vertrauen zu bewahren, braucht es Übung. Denn aus Übung entsteht Routine, und die erleichtert es, souveräner mit Vertrauen im Alltag umzugehen. Auf dem Weg dorthin wünsche ich Ihnen viel Freude dabei, sich auszuprobieren. Denn Ihr Vertrauenstraining darf Spaß machen. Genauer gesagt, sollte es das sogar.

Andernfalls ist es wie mit dem Jo-Jo-Effekt beim Abnehmen: Wenn wir uns zu lange selbst kasteien, dann kommt der Moment, in dem uns die Puste ausgeht, wir die Lust verlieren und in alte Muster zurückfallen.

Damit uns das bei den Vertrauensrezepten nicht passiert, brauchen wir Spaß an der Sache. Mir etwa macht es auch nach Jahren immer noch Freude, täglich zu experimentieren, um meine Vertrauenskompetenz weiterzuentwickeln. Dafür findet jeder von uns zahlreiche Gelegenheiten direkt vor seiner Nase. Unser Alltag ist voll von kleinen Momenten, in denen wir durch einfache, kleine Gesten Vertrauen stiften können. Ein freundliches Lächeln, da zu sein, wenn jemand unsere Hilfe benötigt, oder ein Kompliment, das von Herzen kommt. Das sind leichte und gleichzeitig wirkungsvolle Möglichkeiten, um Wohlwollen zu zeigen und ein Beziehungsangebot zu machen, aus dem Vertrauen erwachsen kann.

Eine Geste, von der wir viel öfter Gebrauch machen könnten: einem lieben Menschen zu sagen, wie viel er uns bedeutet. Durch einen Anruf, eine Nachricht aufs Handy, eine E-Mail oder ganz klassisch – auf dem guten alten Postweg mit einer handgeschriebenen Karte.

Gerade wenn unser Gegenüber es nicht erwartet, wir die Person damit positiv überraschen, können diese kleinen Gesten, in denen sich die Vertrauenszutaten spiegeln, zu echten Vertrauensstiftern werden. Sie stärken nicht nur unsere Beziehungen und verleihen ihnen mehr Tiefe, sie machen auch unseren Alltag – und den der Menschen, mit denen wir täglich zu tun haben – so viel unkomplizierter und entspannter. Das lässt sich leicht überprüfen: Denken Sie doch mal an einen Moment, in dem Ihnen jemand gezeigt oder sogar gesagt hat: »Schön, dass es dich gibt.« Wie fühlte sich das an? Was ging Ihnen durch den Kopf? Und mit welchem Gefühl denken Sie gerade jetzt in diesem Moment an diese Person?

Sie sehen, manchmal braucht es gar nicht so viel, damit wir Nähe schaffen, aus der sich Vertrauen entwickeln kann.

Und noch etwas: Wir alle lernen jeden Tag dazu. Auch in puncto Vertrauen. Unabhängig davon, ob Sie sich dieses Buch selbst gekauft, es ausgeliehen oder geschenkt bekommen haben: Wenn Sie bis hierher gelesen haben, dann sind Sie schon weiter als viele andere. Sie interessieren sich für das Thema Vertrauen. Sie machen sich Gedanken, diskutieren, recherchieren. All das ist mehr als nur der erste wichtige Schritt. Sie haben bereits ein Stück Wegstrecke hinter sich gelassen. Vielleicht packen Sie Ihre Lieblingszutaten einfach in Ihren Wanderrucksack. Sie sind ein guter Wegbegleiter auf Ihren zukünftigen Wanderungen zu gelingenden und glücklichen Beziehungen …

Ich kann nur ahnen, was Sie an Erfahrungen machen werden und welche kleinen und größeren Aha-Erlebnisse Ihnen noch bevorstehen. Ich wünsche Ihnen von Herzen viel Freude beim Ausprobieren und Staunen. Denn genau dazu dient dieses Buch. Als Rezeptbuch für ein erfülltes Leben. Und wie beim Kochen ist es besonders spannend, einmal Zutaten und Rezepte aus anderen Ländern auszuprobieren.

Über die bewährten Vertrauensrezepte hinaus sind es vor allem drei grundsätzliche Aspekte, die die Menschen in Vietnam, Kanada, den USA, Schweden, in der Schweiz, in Dänemark und Norwegen sowie in den Niederlanden gemeinsam haben. Wenn wir im Bild bleiben wollen: Ich stelle Ihnen hier das Kochgeschirr vor, mit dem sich die

Zutaten der Rezepte zubereiten lassen. Drei Dinge sind es, die man zum Vertrauen braucht: eine wohlwollende Grundhaltung anderen gegenüber, den hohen Stellenwert von Beziehungen und den Sinn für Gemeinschaft.

Wohlwollende Grundhaltung

Die Menschen in den vertrauensstarken Ländern handeln ganz selbstverständlich nach den neun Vertrauensrezepten. Für sie sind die Zutaten und Rezepte allerdings kein Selbstzweck – es geht nicht darum, fair zu sein um der Fairness willen. Sie handeln danach, weil sie eine wohlwollende, anderen Menschen zugewandte Grundhaltung besitzen. Sie wünschen anderen das Beste und tragen auf ihre Weise – durch die kleinen und größeren Gesten im Miteinander – dazu bei. Deshalb unterstützen sie andere, beherrschen die Kunst des »Gönnenkönnens« und sehen die Leistung anderer nicht als Konkurrenz, sondern als Ansporn, selbst besser zu werden. So wie beispielsweise in Dänemark, Schweden, den Niederlanden und den USA. Schadenfreude oder Neid finden wir in diesen Ländern seltener als anderswo.

Auch zahlreiche Studien und Modelle aus der Vertrauensforschung stellen das grundsätzliche Wohlwollen anderen gegenüber als zentrale Zutat für vertrauensvolle und glückliche Beziehungen heraus. Hervorzuheben ist daraus das bis heute mehr als 18 000-mal zitierte Modell von Mayer, Davis und Schoorman von 1995. Das einst theoretisch entwickelte Modell gilt heute als Maßstab für zahlreiche Studien, Experimente und wissenschaftliche Theorien im Hinblick auf die Frage: Wie entsteht zwischenmenschliches Vertrauen? Verschiedene Forscher weltweit konnten zeigen: Wohlwollen ist ein zentraler, universeller und unbedingt notwendiger Aspekt, damit Vertrauen wachsen und sich entwickeln kann. Da wundert es nicht, dass gerade Länder, in denen eine wohlwollende Haltung gegenüber anderen selbstverständlich ist, auch die Nationen sind, in denen Menschen ein hohes Grundvertrauen besitzen.

Hoher Stellenwert von Beziehungen

Diese menschenfreundliche Haltung spiegelt sich auch darin wider, welche Prioritäten die Menschen in den vertrauensvollen Nationen setzen. Grundsätzlich legen sie Wert auf ein harmonisches Miteinander. Erfolg wird an der Qualität der Beziehungen gemessen, nicht an Leistungen und Ergebnissen. Letztere lassen die Menschen in den vertrauensstarken Nationen nicht außer Acht – sie kommen allerdings erst an zweiter Stelle. Das gemeinsame Motto lautet: »Erst der Mensch und dann die Sache.«

Dafür gibt es viele eindrückliche Beispiele, einige davon haben Sie bereits kennengelernt. Hier noch einmal die Eckpunkte: Die Menschen nehmen Rücksicht auf die Bedürfnisse anderer. Sie handeln nach dem Prinzip »Konsens statt Konflikt« und versuchen stets eine Lösung zu finden, die alle mittragen können. Was für Unruhe sorgen oder die Harmonie im Miteinander stören könnte, wird taktvoll vermieden. Wichtig sind die Pflege persönlicher Kontakte, gegenseitige Unterstützung und das Mitgefühl für Benachteiligte. Für die Menschen in diesen Ländern zählt nicht, was du hast, sondern wer du bist. Die Überzeugung, dass jeder Mensch wertvoll ist und Respekt verdient, schafft Verbindung und erleichtert den Weg zu vertrauensvollen Beziehungen.

All diese Zutaten lassen sich unter dem Begriff einer *femininen Kultur* zusammenfassen. Geprägt wurde dieser Begriff durch Geerd Hofstede, einen der bekanntesten Kulturforscher unserer Zeit. Er war der Erste, dem es Ende der 1960er gelang, das schwer fassbare Phänomen »Kultur«

umfassend greifbar und messbar zu machen. Dazu analysierte er die Daten von 110 000 IBM-Mitarbeitern weltweit und suchte nach Gemeinsamkeiten und Unterschieden zwischen den Kulturen. Heute umfasst das Modell von Hofstede insgesamt sechs Dimensionen und gibt Aufschluss über die Kultur von 93 Ländern weltweit.

Gerade die Länder, die über eine feminine Kultur verfügen – in denen Wert auf Gleichheit gelegt wird, in denen die Qualität von Beziehungen, Mitgefühl und Harmonie im Zentrum stehen –, sind auch die Länder, die statistisch gesehen über ein hohes Grundvertrauen in andere Menschen verfügen.

Sinn für Gemeinschaft

Die Länder, in denen die Bewohner ein hohes Grundvertrauen in ihre Mitmenschen haben, sehen sich als Teil einer großen Gemeinschaft und fühlen sich ihren Landsleuten verbunden. Sie betonen, was sie miteinander verbindet, statt hervorzuheben, was sie trennt. Sie suchen nach Gemeinsamkeiten statt nach Unterschieden. Und sie legen Wert auf einen fairen, gleichberechtigten Umgang miteinander. So halten die Menschen die Hierarchien flach, begegnen sich auf Augenhöhe und üben sich in Bescheidenheit.

Auf struktureller Ebene finden sich in nahezu allen vertrauensstarken Ländern eher geringe Einkommensunterschiede, intakte Rechtssysteme, stabile politische Systeme, weniger Korruption und das Prinzip des Sozialstaats, der die Grundlage dafür schafft, dass es allen gut gehen kann. Diese Rahmenbedingungen gründen sich auf dem Gemeinschaftsgedanken und werden von der Mehrheit der Landesbewohner mitgetragen. Womöglich fällt es ihnen deshalb leichter, für andere zurückzustecken und sich für die Gemeinschaft zu engagieren. Diese Dinge sind es, die aus einem »Ich« ein »Wir« machen. Aus dieser Verbundenheit heraus, dem Gefühl des Zusammenhalts, entsteht in diesen Ländern leichter Vertrauen.

Wenn wir also etwas von den Ländern mit einem hohen Grundvertrauen lernen können, dann das: Vertrauensvolle Beziehungen sind kein Zufall. Wir können sie aktiv mitgestalten. Sie sind die Folge dessen, was wir aus unserem Leben machen, welche Entscheidungen wir treffen, welche Einstellung wir anderen gegenüber haben – und wie wir uns dann verhalten. Heute. Morgen. Und in Zukunft.

Dank

Dieses Buch zu schreiben war für mich ein großer Herzenswunsch. Ich bin so dankbar für die Menschen, die mich dabei unterstützt und inspiriert haben. Die mir den Rücken freigehalten, die Zweifel genommen und mich darin bestärkt haben, an mich und meinen Traum zu glauben.

Ich danke meiner Mutter, die dieses Buch leider nicht mehr miterleben kann. Dafür, dass sie an mich geglaubt hat – und dass ich ihr versprechen musste, meinen Traum zu leben. Das mache ich. Jetzt. Und in Zukunft. Denn versprochen ist versprochen!

Meinem Vater, von dem ich das »Forscher-Gen« geerbt habe. Von dir habe ich gelernt, neugierig die Welt zu entdecken und stets das Positive in den Dingen zu sehen. Danke für deinen Rückhalt.

Meinem Bruder Jan, den ich um nichts in der Welt eintauschen würde. Danke für deine Unterstützung. Deine Leichtigkeit war für mich immer ein Vorbild und ist es noch heute. Schön, dass es dich gibt!

Danke an meine wundervolle Lektorin Caroline Draeger. Für ihre Geduld mit mir und diesem Buch. Für ihr Engagement und ihr Vertrauen, mich schreiben zu lassen. Jürgen Bolz für sein besonnenes Wesen und die Unterstützung im Hintergrund. Danke an Margit Ketterle, die Verlagsleiterin Sachbuch, und den Knaur Verlag für den Mut und das Vertrauen, mit mir dieses Buch zu machen. Mein Dank gilt auch dem gesamten Knaur-Power-Team im Hintergrund: Isabelle Materne, Lucas Meinhardt, Johannes Schermaul und den vielen guten Seelen, die Arbeit in dieses Buch gesteckt haben.

Danke an Margarete Beckermann, für deine sprühende Energie, die zahlreichen Telefonate, Nachrichten, Karten, positiven Gedanken, dein großes Engagement, das umfangreiche Lektorat – einfach alles!

Danke an Dirk und Lisa Schulte-Austum, für eure emotionale Unterstützung und euer positives Wesen. Dafür, dass ihr euch so herrlich mit mir freuen könnt und einfach immer da seid.

Danke auch an Marita Wedi. Dafür, dass du immer an mich geglaubt hast. Für deine herzliche und klare Art, deine Zuversicht und deine große Unterstützung in den entscheidenden Momenten! Ich habe so viel von dir gelernt, danke dafür!

Ein großes Dankeschön geht an all meine Gesprächspartner auf meinen Reisen: für den Mut, die Offenheit und das Vertrauen, eure Geschichten und Gedanken mit mir zu teilen. Für eure unglaubliche Gastfreundschaft – das Umlegen von Terminen, Urlauben. Für die Sofas und Betten, auf und in denen ich nächtigen durfte. Für eure Geduld mit der Technik. Eure Anekdoten haben den Vertrauensrezepten nicht nur mehr Würze verliehen, die Begegnungen mit euch haben mich auch sehr geprägt. Danke dafür!

Mein Dank gilt nicht zuletzt den Wissenschaftlern und Experten, die mir mit fachlicher Expertise zur Seite gestanden haben: Prof. Dr. Antoinette Weibel, für unsere herzliche Begegnung und ihre Unterstützung bei der Kontaktaufnahme zu weiteren Wissenschaftlern. Prof. Dr. Guido Möllering, für ein unglaublich spannendes Interview und die umfangreiche Zusammenstellung von fast tausend Seiten Forschungsliteratur. Dr. Bent Greve und Meik Wiking, für ihre dänische Perspektive als Glücksforscher auf das Thema Vertrauen. Prof. Dr. Svein Johansen, der mit norwegischer Bescheidenheit seinen großen Wissensfundus mit mir geteilt hat. Prof. Dr. Lars Trägårdh, der sich trotz »Kinderdienst« Zeit für unser Gespräch genommen hat. Prof. Dr. Apostoles Papacostas, für seine wertvolle und inspirierende Sicht auf das Thema Misstrauen.

Mein Dank gilt auch Dr. Reinhard Sprenger, der meinen Blick für die Gegensätze von Vertrauen erweitert hat. Götz Werner, für das sympathische und spontanste Interview von allen. Und Arpad Sölter, der mir als Kulturexperte einen anderen Einblick in andere Länder und ihre Besonderheiten gegeben hat.

Ein Dank auch an die Menschen, die mich während dieses Buches besonders inspiriert haben: Gunnar Haberland, für die wunderbare Zusammenarbeit mit dir für die Bühne. Gaby Somberger, die leider viel zu früh gehen musste und mir doch so viel mitgegeben hat. Matthias Messmer, für die richtige Frage zur richtigen Zeit. Matthias Fischedick, für deine beeindruckende Leichtigkeit, deinen Rat, deine Perspektive auf die Dinge und dein Vertrauen. Tetje Mierendorf, für deinen Mut, dein großes Herz und deinen inspirierenden Vortrag, der mich ermutigt hat, selbst mutiger zu sein. Und an Claudia Sandkötter, die mich daran erinnert hat, meinem Bauchgefühl noch mehr zu vertrauen.

Haltung kann man nur zeigen, wenn man Halt findet. Und den geben mir auch meine Freunde. Ohne euch wären manche Nächte härter, manche Berge steiler und viele Abende weniger großartig gewesen. Von Herzen danke ich Miriam Brockmann, Dorothee Merker, Nicolai Hentrich, Sebastian Kröger, Alex Reckels, Maik Schmiedeler, Sandra Staudt.

Ich danke auch all den Menschen, die mich je verletzt, enttäuscht oder belogen haben. Ohne euch wären mir der wahre Wert von Vertrauen und die Kraft, die es entfalten kann, vielleicht verborgen geblieben. Man kann die Sterne eben am besten sehen, wenn es dunkel ist. Auch wenn das vielleicht merkwürdig klingt: Ich bin tatsächlich dankbar dafür. Auch ihr habt euren Teil dazu beigetragen, dass ich meinen Weg gegangen bin. Auf eure Weise.

Danke an die German Speakers Association (GSA), allen voran Margit Hertlein und Silvia Ziolkowski für die besten Mentee-Paten, die ich mir wünsche konnte. Danke an René Borbonus, Martina-Maria Reichert, Michael Rossié, Ulrike Scheuermann, Ralf Schmitt und Bettina Stark.

Darüber hinaus danke ich folgenden Menschen, die mich auf dem Weg zu diesem Buch begleitet haben: Bernd und Petra Adamaschek, Prof. Dr. Peter Baumgart, Dr. Cüneyt Bilecen, Mari-Theres Braun, Uwe und Dagmar Brettner, Dr. Christian Brinkmann, Evy Billermann, Jonas Demel, Matthias Echelmeyer, Ulla Echelmeyer, Vera Echelmeyer, Frank Engel, dem Team von Essmann's Backstube, Dieter Düvelmeyer, Thomas Hans, Ria und Thomas Hovekamp, Kay Lendermann, Johannes Mester, Marco von Münchhausen, Stefan Nottmeier, Annette Richter-Westermann, Markus Reiffenschneider, Susanne Schlüters, Rolf Schmiel, Timo Schmitt, Timo Stücker, Jürgen Steindle, Wolfgang Tenbusch, Johannes Warth, Ulrich Weßeler, Stefanie Windhoff, Thorsten Wille, Christoph Wüllner.

Münster, im Winter 2018

Weiterführende Literatur

Alliger, G. M., & Dwight, S. A. (2000). A meta-analytic investigation of the susceptibility of integrity tests to faking and coaching. *Educational and Psychological Measurement*, 60(1), 59–72.

Bartens, W. (2015). *Empathie: Die Macht des Mitgefühls: Weshalb einfühlsame Menschen gesund und glücklich sind.* München: Droemer.

Bartlett, F. C. (1932). *Remembering: An experimental and social study.* Cambridge: Cambridge University.

Brunell, A. B., Kernis, M. H., Goldman, B. M., Heppner, W., Davis, P., Cascio, E. V., & Webster, G. D. (2010). Dispositional authenticity and romantic relationship functioning. *Personality and Individual Differences*, 48(8), 900–905.

Butler Jr, J. K., & Cantrell, R. S. (1984). A behavioral decision theory approach to modeling dyadic trust in superiors and subordinates. *Psychological reports*, 55(1), 19–28.

Charities Aid Foundation (2018). *World Giving Index. A global view of giving trends.*

Chopik, W. J., O'Brien, E., & Konrath, S. H. (2017). Differences in empathic concern and perspective taking across 63 countries. *Journal of Cross-Cultural Psychology*, 48(1), 23–38.

Costa, A. C., & Bijlsma-Frankema, K. M. (2007). Trust and control interrelatedness: New perspectives on the trust-control nexus in organizational relations.

Covey, S. M., & Merrill, R. R. (2009). *Schnelligkeit durch Vertrauen: die unterschätzte ökonomische Macht.* GABAL Verlag GmbH.

Creed, W. D., Miles, R. E., Kramer, R. M., & Tyler, T. R. (1996). Trust in organizations. *Trust in organizations: Frontiers of theory and research*, 16–38.

Cummings, L. L., & Bromiley, P. (1996). The organizational trust inventory (OTI). *Trust in organizations: Frontiers of theory and research*, 302(330), 39–52.

Das, T. K., & Teng, B. S. (2001). Trust, control and risk in strategic alliances: An integrated framework. *Organization Studies,* 22(2), 251–283.

De Cremer, D., & Mulder, L. B. (2007). A passion for respect: On understanding the role of human needs and morality. *Gruppe. Interaktion. Organisation. Zeitschrift für Angewandte Organisationspsychologie (GIO),* 38(4), 439–449.

De Cremer, D., van Dijk, E., & Pillutla, M. M. (2010). Explaining unfair offers in ultimatum games and their effects on trust: An experimental approach. *Business Ethics Quarterly,* 20(1), 107–126.

Dekker, H.C. (2004). Control of inter-organizational relationships: Evidence on appropriation concerns and coordination requirements. *Accounting, Organizations and Society,* 29(1), 27–49.

DePaulo, B. M., & Kashy, D. A. (1998). Everyday lies in close and casual relationships. *Journal of personality and social psychology,* 74(1), 63.

Deutsch, M. (1958). Trust and suspicion. *Journal of conflict resolution,* 2(4), 265–279.

Dunn, E. W., Aknin, L. B., & Norton, M. I. (2014). Prosocial spending and happiness: Using money to benefit others pays off. *Current Directions in Psychological Science,* 23(1), 41–47.

Ekman, P. (2004). *Gefühle lesen. Wie Sie Emotionen erkennen und richtig interpretieren. 2.*

Falk, A., & Kosfeld, M. (2006). The hidden costs of control. *American Economic Review,* 96(5), 1611–1630.

Farley, S. D. (2011). Is gossip power? The inverse relationships between gossip, power, and likability. *European Journal of Social Psychology,* 41(5), 574–579.

Feinberg, M., Willer, R., & Keltner, D. (2012). Flustered and faithful: Embarrassment as a signal of prosociality. *Journal of Personality and Social Psychology,* 102(1), 81–97.

Ferrin, D. L., Kim, P. H., Cooper, C. D., & Dirks, K. T. (2007). Silence speaks volumes: the effectiveness of reticence in comparison to apology and denial for responding to integrity- and competence-based trust violations. *Journal of Applied Psychology,* 92(4), 893.

Fiske, S. T. (2009). *Social beings: Core motives in social psychology*. John Wiley & Sons.

Foster, E. K. (2004). Research on gossip: Taxonomy, methods, and future directions. *Review of general psychology*, 8(2), 78.

Gabarro, J. J. (1978). The development of trust, influence and expectations. *Interpersonal behavior: Communication and understanding in relationships*, 290–303.

Gambetta, D. (1988). *Trust: making and breaking co-operative relations*. Basil Blackwell. Inc. Cornwall, UK.

Garrett, N., Lazzaro, S. C., Ariely, D., & Sharot, T. (2016). The brain adapts to dishonesty. *Nature neuroscience*, 19(12), 1727.

Gawronski, B., & Walther, E. (2008). The TAR effect: When the ones who dislike become the ones who are disliked. *Personality and Social Psychology Bulletin*, 34(9), 1276–1289.

Goldman, B. M., & Kernis, M. H. (2001). Development of the authenticity inventory. *Unpublished data, University of Georgia.*

Goldman, B. M., & Kernis, M. H. (2002). The role of authenticity in healthy psychological functioning and subjective well-being. *Annals of the American Psychotherapy Association*, 5(6), 18–20.

Goleman, D. (2006). *Soziale Intelligenz*. München: Droemer.

Gottman, J. M. (2014). *Die 7 Geheimnisse der glücklichen Ehe*. Ullstein eBooks.

Gottman, J. M., & Levenson, R. W. (1992). Marital processes predictive of later dissolution: behavior, physiology, and health. *Journal of personality and social psychology*, 63(2), 221.

Gottman, J., & Silver, N. (2014). *Die Vermessung der Liebe: Vertrauen und Betrug in Paarbeziehungen*. Stuttgart: Klett-Cotta.

Halbesleben, J. R., Harvey, J., & Bolino, M. C. (2009). Too engaged? A conservation of resources view of the relationship between work engagement and work interference with family. *Journal of Applied Psychology*, 94(6), 1452.

Handy, C. (2007). *Understanding organizations*. Penguin, UK.

Henrich, N., & Henrich, J. P. (2007). *Why humans cooperate: A cultural and evolutionary explanation*. Oxford University Press.

Hofstede, G. (2011). Dimensionalizing cultures: The Hofstede model in context. *Online readings in psychology and culture*, 2(1), 8.

Holt-Lunstad, J., Smith, T. B., Baker, M., Harris, T., & Stephenson, D. (2015). Loneliness and social isolation as risk factors for mortality: a meta-analytic review. *Perspectives on Psychological Science*, 10(2), 227–237.

Kelly, A. E., & Wang, L. (2012). A Life without Lies: Can Living More Honestly Improve Health? *Presentation at the American Psychological Association*.

Kernis, M. H., & Goldman, B. M. (2006). A multicomponent conceptualization of authenticity: Theory and research. *Advances in experimental social psychology*, 38, 283–357.

Knafo, A., Zahn-Waxler, C., Van Hulle, C., Robinson, J. L., & Rhee, S. H. (2008). The developmental origins of a disposition toward empathy: Genetic and environmental contributions. *Emotion*, 8(6), 737.

Kok, B. E., & Singer, T. (2017). Effects of contemplative dyads on engagement and perceived social connectedness over 9 months of mental training: A randomized clinical trial. *Jama psychiatry*, 74(2), 126–134.

Konrath, S. H., O'Brien, E. H., & Hsing, C. (2011). Changes in dispositional empathy in American college students over time: A meta-analysis. *Personality and Social Psychology Review*, 15(2), 180–198.

Levenson, R. W., & Gottman, J. M. (1983). Marital interaction: physiological linkage and affective exchange. *Journal of personality and social psychology*, 45(3), 587.

Levenson, R. W., & Gottman, J. M. (1985). Physiological and affective predictors of change in relationship satisfaction. *Journal of personality and social psychology*, 49(1), 85.

Levine, E. E., Bitterly, T. B., Cohen, T. R., & Schweitzer, M. E. (2018). Who is trustworthy? Predicting trustworthy intentions and behavior. *Journal of personality and social psychology*.

Lewicki, R. J., McAllister, D. J., & Bies, R. J. (1998). Trust and distrust: New relationships and realities. *Academy of management Review*, 23(3), 438–458.

Li, P. P. (2007). Towards an interdisciplinary conceptualization of trust: A typological approach. *Management and organization review*, 3(3), 421–445.

Li, P. P. (2008). Toward a geocentric framework of trust: An application to organizational trust. *Management and Organization Review*, 4(3), 413–439.

Luhmann, N. (1979). *Trust and power.* New York.

Luhmann, N. (2000). Familiarity, confidence, trust: Problems and alternatives. *Trust: Making and breaking cooperative relations*, 6, 94–107.

Luks, A. (1988). Helper's high. *Psychology Today*, 22, 39–39.

Luks, A., & Payne, P. (2001). *The healing power of doing good: The health and spiritual benefits of helping others.* iUniverse.

Majdandžić, J., Bauer, H., Windischberger, C., Moser, E., Engl, E., & Lamm, C. (2012). The human factor: behavioral and neural correlates of humanized perception in moral decision making. *PloS one*, 7(10), e47698.

Mar, R. A., Oatley, K., Hirsh, J., dela Paz, J., & Peterson, J. B. (2006). Bookworms versus nerds: Exposure to fiction versus non-fiction, divergent associations with social ability, and the simulation of fictional social worlds. *Journal of research in personality*, 40(5), 694–712.

Marcus, B. (2007). Tests und Tools: Neuere Erkenntnisse zum Inventar berufsbezogener Einstellungen und Selbsteinschätzungen (IBES). *Zeitschrift für Personalpsychologie*, 6(3), 129–132.

Mayer, R. C., Davis, J. H., & Schoorman, F. D. (1995). An Integrative Model of Organizational Trust. *Academy of Management Review*, 20(3), 709–734.

Mendes, N., Steinbeis, N., Bueno-Guerra, N., Call, J., & Singer, T. (2017). Preschool children and chimpanzees incur costs to watch punishment of antisocial others. *Nature Human Behaviour*, 2, 45–51.

Mercadillo, R. E., Díaz, J. L., Pasaye, E. H., & Barrios, F. A. (2011). Perception of suffering and compassion experience: brain gender disparities. *Brain and cognition*, 76(1), 5–14.

Mestre, M. V., Samper, P., Frías, M. D., & Tur, A. M. (2009). Are women more empathetic than men? A longitudinal study in adolescence. *The Spanish journal of psychology*, 12(1), 76–83.

Momm, T., Blickle, G., Liu, Y., Wihler, A., Kholin, M., & Menges, J. I. (2015). It pays to have an eye for emotions: Emotion recognition ability indirectly predicts annual income. *Journal of Organizational Behavior*, 36(1), 147–163.

OECD (2018). *Taxing Wages 2016–2017.* Paris.

Oishi, S., Kesebir, S., & Diener, E. (2011). Income inequality and happiness. *Psychological Science*, 22, 1095–1100.

Packard, D., Kirby, D., & Lewis, K. (1996). *Die Hewlett-Packard-Story: wie Bill Hewlett und ich unser Unternehmen aufbauten.* Campus-Verlag, Frankfurt a. M.

Ping Li, P. (2012). When trust matters the most: The imperatives for contextualising trust research. *Journal of Trust Research*, 2(2), 101–106.

Popliger, M., Talwar, V., & Crossman, A. (2011). Predictors of children's prosocial lie-telling: Motivation, socialization variables, and moral understanding. *Journal of experimental child psychology*, 110(3), 373–392.

Powell, W. W. (1996). Trust-Based Forms of Govornanco. *Trust in organizations: Frontiers of theory and research*, 51.

Reimann, M., Schilke, O., & Cook, K. S. (2017). Trust is heritable, whereas distrust is not. *Proceedings of the National Academy of Sciences*, 114(27), 7007–7012.

Reuben, E., Sapienza, P., & Zingales, L. (2009). Is mistrust self-fulfilling? *Economics Letters*, 104(2), 89–91.

Rizzolatti, G., Fadiga, L., Gallese, V., & Fogassi, L. (1996). Premotor cortex and the recognition of motor actions. *Cognitive brain research*, 3(2), 131–141.

Rogers, T., Zeckhauser, R., Gino, F., Norton, M. I., & Schweitzer, M. E. (2017). Artful paltering: The risks and rewards of using truthful statements to mislead others. *Journal of personality and social psychology*, 112(3), 456.

Rosenthal, R., & Jacobson, L. (1968). *Pygmalion in the classroom: Teacher expectation and pupils' intellectual development*. New York: Holt, Rinehart and Winston.

Rousseau, D. M., Sitkin, S. B., Burt, R. S., & Camerer, C. (1998). Not so different after all: A cross-discipline view of trust. *Academy of management review*, 23(3), 393–404.

Rowland, L., & Curry, O. S. (2018). A range of kindness activities boost happiness. *The Journal of Social Psychology*, 1–4.

Salazar, E., Domínguez, E., de la Fuente, J., Meins, A., Iborra, O., Rodríguez-Artacho, M. A., & Gómez Milán, E. (2012). The Mental Nose: Thermography and The Pinocchio Effect. *Enviado a publicar*.

Schweitzer, M. E., Brooks, A. W., & Galinsky, A. D. (2015). The organizational apology. *Harvard Business Review*, 94(9), 44–52.

Scott, B. A., Colquitt, J. A., Paddock, E. L., & Judge, T. A. (2010). A daily investigation of the role of manager empathy on employee well-being. *Organizational Behavior and Human Decision Processes*, 113(2), 127–140.

Shaw, A., DeScioli, P., Barakzai, A., & Kurzban, R. (2017). Whoever is not with me is against me: The costs of neutrality among friends. *Journal of Experimental Social Psychology*, 71, 96–104.

Shaw, J. C., Wild, E., & Colquitt, J. A. (2003). To justify or excuse?: A meta-analytic review of the effects of explanations. *Journal of Applied Psychology*, 88(3), 444.

Siegrist, M., Gutscher, H., & Earle, T. C. (2005). Perception of risk: the influence of general trust, and general confidence. *Journal of Risk Research*, 8(2), 145–156.

Sitkin, S. B., & Roth, N. L. (1993). Explaining the limited effectiveness of legalistic »remedies« for trust/distrust. *Organization science*, 4(3), 367–392.

Slepian, M. L., Chun, J. S., & Mason, M. F. (2017). The experience of secrecy. *Journal of personality and social psychology*, 113(1), 1.

Slepian, M. L., Masicampo, E. J., Toosi, N. R., & Ambady, N. (2012). The physical burdens of secrecy. *Journal of Experimental Psychology: General*, 141(4), 619.

Spitzberg, B. H., & Cupach, W. R. (2013). *The dark side of close relationships.* Routledge, Abingdon-on-Thames.

Sprangers, M. A., & Schwartz, C. E. (1999). Integrating response shift into health-related quality of life research: a theoretical model. *Social science & medicine*, 48(11), 1507–1515.

Sprenger, R. K. (2007). *Vertrauen führt: Worauf es im Unternehmen wirklich ankommt.* Campus Verlag, Frankfurt a. M.

Steger, M. F., & Kashdan, T. B. (2009). Depression and Everyday Social Activity, Belonging, and Well-Being. *Journal of Counseling Psychology*, 56(2), 289–300.

Talwar, V., & Crossman, A. (2011). From little white lies to filthy liars: The evolution of honesty and deception in young children. *Advances in child development and behavior*, 40, 139–179. JAI.

Thielmann, I., & Hilbig, B. E. (2015). The traits one can trust: Dissecting reciprocity and kindness as determinants of trustworthy behavior. *Personality and Social Psychology Bulletin*, 41(11), 1523–1536.

Tomova, L., von Dawans, B., Heinrichs, M., Silani, G., & Lamm, C. (2014). Is stress affecting our ability to tune into others? Evidence for gender differences in the effects of stress on self-other distinction. *Psychoneuroendocrinology*, 43, 95–104.

Vlaar, P. W., Van den Bosch, F. A., & Volberda, H. W. (2007). On the evolution of trust, distrust, and formal coordination and control in interorganizational relationships: Toward an integrative framework. *Group & Organization Management*, 32(4), 407–428.

Warrier, V., Toro, R., Chakrabarti, B., Børglum, A. D., Grove, J., Hinds, D. A., & Baron-Cohen, S. (2018). Genome-wide analyses of self-reported empathy: correlations with autism, schizophrenia, and anorexia nervosa. *Translational psychiatry*, 8(1), 35.

Wulsin, L. R., Alterman, T., Bushnell, P. T., Li, J., & Shen, R. J. (2014). Prevalence rates for depression by industry: a claims database analysis. *Social Psychiatry and Psychiatric Epidemiology*, 49, 1805–1821.

Weiterführende Links

ASEP (2018). Interpersonal Trust Index.
http://www.jdsurvey.net/jds/jdsurveyMaps.jsp?Idioma=
I&SeccionTexto=04&NOID=104.
Zuletzt abgerufen: 12.12.2018.

BBC (2018). BBC Global Survey: A world divided?
https://www.ipsos.com/ipsos-mori/en-uk/bbc-global-survey-
world-divided.
Zuletzt abgerufen: 12.12.2018.

Postbank (2015). Studie zum Umgang mit Geld in Deutschland.
https://www.postbank.de/postbank/pr_presseinformation
_2015_08_05_tabuthema_geld.html.
Zuletzt abgerufen: 12.12.2018..

Statistisches Bundesamt (2018). Verdienstunterschiede 2018.
https://www.destatis.de/DE/ZahlenFakten/ImFokus/
VerdiensteArbeitskosten/Verdienstunterschiede2018.html.
Zuletzt abgerufen: 12.12.2018.

SYZYGY (2017). Egotech. Wie man Kopf, Herz und Geldbeutel von Konsumenten gewinnt. Studie über Millenials
https://www.syzygy.net/germany/de/news/egotech-studie.
Zuletzt abgerufen: 12.12.2018.

Transparency International (2017). Corruption Perceptions
Index 2017.
https://www.transparency.de/korruptionsindizes/cpi-2017/.
Zuletzt abgerufen: 12.12.2018.

Vereinte Nationen (2018). United Nations Population
Division. Department of Economic and Social Affairs.
http://www.un.org/en/development/desa/population/
migration/data/estimates2/estimates17.shtml.
Zuletzt abgerufen: 12.12.2018.

Dr. med. Yael Adler erklärt
fast alles, was uns peinlich ist

DARÜBER SPRICHT MAN NICHT

Weg mit Körpertabus

Dr. med. Yael Adler ist täglich mit Tabuthemen ihrer Patienten konfrontiert. Seien es Inkontinenz, Erektionsstörungen, Unfälle mit Sexspielzeug, Körpergeräusche – Frauen und Männer suchen bei ihr ärztlichen Rat und vertrauen sich ihr auch darüber hinaus an. Yael Adler weiß, was die Menschen beschäftigt, was für viele unmöglich ist, öffentlich auszusprechen – und was doch Hunderttausende gemein haben.

In diesem Buch erzählt die Ärztin unverkrampft, humor- und verständnisvoll von Tabuzonen und Tabuthemen des menschlichen Körpers.

Ein Buch, das informiert, unterhält und vielen Menschen aus der Seele spricht.

»Nichts ist spannender als Tabus & Peinlichkeiten«
Yael Adler

Raphael M. Bonelli

PERFEKTIONISMUS

Wenn das Soll zum Muss wird

Wahre Fallgeschichten über die Modekrankheit »Perfektionismus«.

Der Psychiater und Psychotherapeuth Raphael Bonelli erzählt ebenso unterhaltsam wie einfühlsam 70 Fallgeschichten aus der eigenen Praxis: von der Braut, die sich nicht traut, und vom hilflosen Hochstapler, von mickrigen Genitalien und Prüfungsangst, von bedrohlichen Liebesbriefen, übergriffigen Schwiegermüttern, Adonis-Komplexen, »Elefantenschenkeln«, »Wespentaillen« und »Superbusen«, von eingebildeten Krankheiten und jeder Menge sonstiger Patienten, die sich im Schönheits-, Schlankheits-, Leistungs- und Gesundheitswahn verheddert haben.

»Der Autor schildert anhand von tragikomischen, teils erschütternden Geschichten aus der eigenen Praxis, wie Perfektionisten ticken – und beschreibt, wie wir uns von falschem Ehrgeiz lösen können.«
emotion